DER MAGIER DER VERNUNFT

JÜRGEN WERTHEIMER

IMMANUEL
KANT

Der Magier der Vernunft
in 24 Episoden

1. Auflage
© 2023 Benevento Verlag bei Benevento Publishing Salzburg – Wien, einer Marke der Red Bull Media House GmbH, Wals bei Salzburg

Medieninhaber, Verleger und Herausgeber:
Red Bull Media House GmbH
Oberst-Lepperdinger-Straße 11–15
5071 Wals bei Salzburg, Österreich

Satz: MEDIA DESIGN: RIZNER.AT
Gesetzt aus der Palatino, Neutra Text
Umschlaggestaltung: Thierry Wijnberg
Coverabbildung: © Science Photo Library / picturedesk.com
Bild S. 221: © DLA Marbach
Printed by Neografia, Slovakia
ISBN 978-3-7109-0164-5

INHALT

VORREDE

Tausende eng bedruckte Seiten voller abstrakter Maximen, logischer Schlussfolgerungen und moralischer Ansprüche. Das Ganze in endlosen Satzlabyrinthen, in denen man sich schier verirren kann. Ich könnte mir vorstellen, dass man vor Kant heutzutage ehrfürchtig erstarrt. Weil ich nicht in dieser Schockstarre verharren wollte, habe ich die Scheu überwunden und versucht, mich der Ikone Kant gewissermaßen aus der Froschperspektive anzunähern. Und mich, ausgehend von den eingängigeren seiner Texte, allmählich vorzuarbeiten. Ganz subjektiv und, wenn man so will, sogar unsystematisch. Wohl wissend, dass es eine methodische Todsünde ist, sich einem, ja DEM Systematiker schlechthin, unsystematisch zu nähern.

Aber vielleicht ist es doch möglich, gerade so, als Sammler von Anekdoten, Episoden und Fragmenten, aus vielen Splittern ein Bild zusammenzusetzen, das Konturen Kants – der Methode Kant, des Menschen Kant – erkennen lässt. Ohne den Anspruch des Spezialistentums, ohne Enthüllungswut, aber auch ohne die Absicht, ihn für etwas zu benutzen. Da wir gerade bei Bekenntnissen sind: Ich bin Literaturwissenschaftler, kein Philosoph. Statt diesen »Mangel« schamhaft zu verbergen, hoffe ich, ihn nutzen zu können, weil ich der Meinung bin, literarische Fantasie kann gelegentlich der abstrakten Philosophie etwas auf die Sprünge helfen. Sie kommt an den Menschen heran, ohne sich ihm anzubiedern. Sie hat die Fähigkeit, Situationen zu konkretisieren. Und nicht zuletzt widmet sie sich auch dem gerade bei Kant oft vernachlässigten Bereich der Gefühle und Emotionen. Und: Sie unterliegt nicht den Gesetzen strenger Logik, sondern möchte vor allem eines – Geschichten erzählen. Warum nicht auch eine Geschichte des Denkens.

Eines ganz besonderen Denkstils, mit dem er auch unter seinen Zeitgenossen bereits herausstach. Natürlich war er nicht von Anfang an der Superstar der Vernunft, als den wir ihn kennen und bewundern. Aber relativ früh, spätestens nach seiner *Kritik der reinen Vernunft* aus dem Jahr 1781, begann er Furore zu machen.

Kant wurde Kult, eine Art Popstar des Denkens. Was seinem Beinahe-Zeitgenossen Wolfgang Amadeus Mozart scheinbar mühelos zuflog, musste er sich hart und diszipliniert erarbeiten. Dennoch: Was die Sogwirkung und Suggestionskraft seines Werkes betrifft, scheint der Vergleich mit dem genialen Salzburger Überflieger nicht ganz unangebracht. Es gab viele brillante Musiker – Mozart überspielte sie alle. So wie es in der Zeit der Aufklärung scharenweise gelehrte Vordenker der Vernunft gab und Kant sie dennoch wundersamerweise in den Schatten stellte. Und dies, obwohl er seinen Lesern, seinem Publikum, in keiner Weise entgegenkam. Im Gegenteil: Er entführte sie über schroffe Satzgebilde und spröde, »kantige« Begriffe in die Höhenluft abstrakten

Denkens – und sie folgten ihm willig. Schon zu seinen Lebzeiten entstand eine regelrechte kleine Kant-Industrie: Brustbilder von Kant in Gips und Stein, Kant-Väschen mit erhabenem Kant-Porträt, dazu Medaillen, Kupferstiche, Gipsabdrücke. Das Superhirn als Nippesfigur.

Doch auch seine Ideen brannten sich ins kollektive Bewusstsein ein, und der Vordenker aus der Königsberger Provinz erreichte Millionen von »Followern«. Der »Kategorische Imperativ« wurde zum Credo ganzer Generationen, sein Glaube an die Kraft der »Kategorien« wurde zur Ersatzreligion, und Generationen armer Schüler wurden auf ein imaginäres Pflichtgefühl eingeschworen.

Etwas später begannen »Kantianer« und Kant-Kritiker und »Neukantianer« sich in philosophischen Seminaren weltweit hitzige Gefechte zu liefern, und Kant wurde mehr und mehr zum Tummelplatz von Kant-Spezialisten – ein Gehege, zu dem Außenstehende, Laien kaum mehr Zugang hatten. Kant begann ein eigener Kosmos zu werden, in dem man leben und überleben konnte.

Das sich anbahnende Jubiläum wird sicher genutzt werden, um den Mythos Kant neu zu besichtigen und einer kritischen Untersuchung zu unterziehen. Ich möchte dennoch einen etwas anderen, weniger ambitionierten Weg gehen. Dabei erhebe ich nicht den Anspruch, Kant besser und immer noch besser zu verstehen und in jede seiner gedanklichen Windungen eindringen zu können. Das bleibe das Vorrecht der Kant-Spezialisten.

Mir geht es in diesem Essay nur darum, dem Phänomen Kant etwas näher zu kommen, ohne sich ihm anzubiedern, ihn ernst, aber nicht todernst zu nehmen, nicht nur gebannt auf die Konturen seines Hauptwerks zu starren, sondern auch den kleinen Nebenwegen des großen Kant zu folgen. Keine der folgenden Episoden ist völlig frei erfunden – freilich gelegentlich ein wenig angereichert und weitergesponnen. Der historische Kern wurde sozusagen narrativ etwas ausgebaut. Nicht um der Übertreibung willen, sondern allenfalls um Eigenarten dieser ziemlich einzigartigen Figur zur Kenntlichkeit zu bringen.

Vor allem seinen bedingungslosen Einsatz für das beileibe nicht selbstverständliche Recht und die Verpflichtung, aus der Hängematte der Trägheit zu steigen und die Kraft des autonomen Denkens zu aktivieren. In Zeiten einer aufsteigenden KI, die uns das Denken abzunehmen scheint, eines »woke«-artigen Dogmatismus, der nichts mit Aufgewecktsein zu tun hat, und einer Gendermechanik, die das Denken und Sprechen weniger beflügelt als beschwert, ist dieser Impuls wichtiger denn je!

Also tun wir einen ersten Schritt und beginnen diese kleine Kant-Exkursion.

GEDANKEN-SPIELE

Er war im Bann dieses Spieles. Gut, er verdiente sich sein Geld damit. Seine Schüler mochten ihn. Aber es war doch mehr als nur ein Zeitvertreib oder Broterwerb. Es war auch mehr als das trockene Klackern der Billardkugeln, wenn sie sich touchierten. Jeden Morgen um halb zehn war Kant für eineinhalb Stunden in diesem Café hinter dem Hafen und spielte, meist mit seinen Schülern, denen er mit unendlicher Geduld beizubringen versuchte, den Queue nicht verkrampft, sondern ganz locker zu führen. Bei den allermeisten ein hoffnungsloses Unterfangen. Wenn er sah, wie sie mit verdrehtem Oberkörper über dem Tisch hingen und linkisch herumstocherten, hätte er schreien können. Für sie war der grüne Tisch ein Schlachtfeld, und die Elfenbeinbälle waren Kanonenkugeln.

Da fehlte jede Eleganz und Leichtigkeit, das war nur ein animalisches Gewürge, wenn sie mit gerötetem Gesicht unter den Rauchschwaden, die unter der Decke hingen, platt auf dem Tisch lagen und die Kugeln besinnungslos hin und her jagten.

Am liebsten spielte er aber allein und gegen sich selbst. Nur leicht gebückt, den Queue wie einen Geigenbogen oder ein Florett federnd, vibrierend. Angespannt, aber nicht verkrampft, dann der Stoß mit konzentrierter Kraft.

11

Weiß über Grün, Rot über Grün, immer innerhalb des Raumes, der nur zwei Quadratmeter grünen Filzes umschloss. Das war sauber, trocken und genau. Er spielte schon lang nicht mehr nach Regeln, wollte nicht Serien spielen, Points sammeln. Er stieß eine Kugel an, manchmal hart, touchierte sie seitlich, gab ihr Effet – sie zeichnete, indem sie die beiden anderen berührte, für ihn jedes Mal eine neue geometrische Figur aus dem grünen Nichts. Wenn die Kugeln aufeinandertrafen, sich die Energien von einer auf die andere übertrugen, sie lautlos wie von Zauberhand präzise Bahnen über das grüne Feld zogen, konnte ihn das berauschen. Eine Maschinerie, in der es keinen Zufall gab, nur logische Kraftverlagerungen. Die Manifestation einer Gesetzmäßigkeit und Ordnung, die keinen Anfang und kein Ende kannte. Nur er allein setzte Anfang und Ende, bestimmte den Plan, organisierte das Spielsystem. Jeden Morgen aufs Neue, auf die Minute genau. Er allein war dann Herr des Verfahrens. Später, wenn sie endlich ihren Rausch vom Vorabend ausgeschlafen hatten, trudelten allmählich die anderen mit verquollenen Gesichtern ein. Er unterrichtete sie lustlos, professionell. Nahm das Geld, das sie ihm gönnerhaft zusteckten, ging seiner Wege. Ihr Spiel war nicht sein Spiel.

Wieder an der frischen Luft ging er oft runter zum Hafen an der Pregel. Die Schiffe der preußischen Seehandlungssozietät kannte er alle. Die meisten von den polnischen, litauischen, spanischen auch. Die Sloops, die mit ihren dreieckigen Großsegeln hereingedümpelt kamen, die Barques, Briggs und Brigantinen, ab und zu ein Klipper mit schlankem Rumpf aus Übersee.

Manche davon mit vielen kleinen Zusatzsegeln bestückt, um auch bei Flaute Fahrt aufzunehmen. Er
mochte es, wenn sie mit klatschnassen, gerefften Segeln
anlegten und, kaum angelandet, von einem Heer von
Schauerleuten, ameisenartig gebückt mit mächtigen
Ballen auf dem Rücken, gelöscht wurden. Er sah ihnen
gebannt zu, ohne jemals auch nur für einen Moment
in Versuchung zu geraten, ein Schiff besteigen zu
wollen oder gar über das Meer zu fahren: Polen, Li-
tauen, Cadiz waren ihm bloße Namen ohne irgend-
einen Geschmack, ein Aroma wie Elemente einer ma-
thematischen Gleichung. In seinem kleinen
grünledernen Notizbuch notierte er dennoch penibel
alle Schiffsnamen, die Zeiten des Anlandens, die Art
der Ladung, ihre Herkunft. So als wollte er ergründen,
nach welcher Regel sie die blauen Flächen der Meere
durchkreuzten.

Wann das begonnen hatte, diese Sucht, die Dinge
und die Menschen aus der Entfernung wie durch eine
Linse zu beobachten, wusste er nicht mehr. Seine
Kindheit war für ihn nicht von großem Interesse. Eltern
und Geschwister standen wie hölzerne Schachfiguren
vor ihm. Es genügte ihm, sie zu beobachten – an ihren
Geschäften teilzunehmen war nicht seine Sache.
Dennoch mochte man ihn. Er verkehrte mit den Ge-
fährten an den Schulen und später der Universität,
galt als höflich und unauffällig, vielleicht ein wenig
schrullig – aber niemand hatte Angst vor Immanuel
Kant.

Was dann allmählich im Lauf der Jahre mit ihm
geschah, war gänzlich unerwartet. Dass er zu einem
Monument, einem Koloss der Philosophie werden

würde, konnte niemand ahnen. Inzwischen ist er von seiner eigenen Legende überwuchert. Kategorischer Imperativ, Transzendentalphilosophie. Man erstarrt in Ehrfurcht. Oder gibt sich überlegen. Es fällt leicht, im spöttischen Tonfall über Kant herzufallen und sich über seine vermeintliche Weltfremdheit lustig zu machen oder sich in philosophischem Fachjargon über ihn zu stülpen. Sehr viel reizvoller ist es, einen unbefangenen Blick auf ihn zu werfen und mit einem Mal einen fantasievollen, weltklugen, weisen Magier der Vernunft zu entdecken. Einen, der manisch, nein systematisch versucht, dem Leben und dem widersprüchlichsten Lebewesen dieser Erde auf die Spur zu kommen: dem Menschen, diesem Rätsel, dieser kuriosen Mixtur aus Rationalität und Irrwitz, Verstand und Affekt, Kalkül und Trieb, Unterwürfigkeit und Anarchie, Neugier und Stumpfsinnigkeit. Missratenes Tier? Krone der Schöpfung? Halbgott? Zufallsprodukt?

Er konnte nicht anders – musste wissen und ergründen, warum die Kugeln so und nicht anders rollten. Was geschah, wenn sie eine »Karambolage« hatten, manchmal sogar über die Bande sprangen und auf den Fußboden kullerten. Waren die Menschen, war die menschliche Gesellschaft etwas anderes als ein groß angelegtes Billardexerzierfeld? Konnte man die Laufwege ihrer Existenz nach logischen Gesetzen beschreiben, steuern – das blinde Schicksal ausschalten? Herr des Spieles, Herr des Verfahrens werden?

Anstatt sich dem Chaos Mensch ungeschützt auszusetzen, unternimmt Kant einen wahrhaft groß angelegten und mutigen Rettungsversuch. Mittels dreier ebenso einfacher wie elementarer Fragen versucht er Licht ins Dunkel unserer dubiosen Existenz zu bringen. Gleichsam die trügerischen »Zauberlaternen« unserer Illusionen zu löschen. Seine Fragen:

1. Was kann ich wissen?
2. Was soll ich tun?
3. Was darf ich hoffen?

Alle seine Schriften, auch seine Ehrfurcht gebietenden drei großen »Kritiken«, *Kritik der reinen Vernunft* (1781), *Kritik der praktischen Vernunft* (1788) und *Kritik der Urteilskraft* (1790), beziehen sich letztlich auf diese eine, für ihn allein entscheidende, finale Frage:

Was ist der Mensch?

Natürlich fragt Kant auch nach Universalien wie Gott, Natur und Universum. Der Bezugspunkt all dessen jedoch bleibt immer einzig und allein der Mensch. Alles andere als eine Selbstverständlichkeit in einer Zeit, in der die Schatten der Mystik und Metaphysik, der Religion und des Grundgefühls der Allmacht Gottes noch immer alles Denken und Verhalten bestimmten. Das entschiedene »Erstens der Mensch!« der Philosophie Kants kam so gesehen einem gesellschaftlichen Weckruf gleich. Und seine zum Programm gewordene Aufforderung »Habe Mut, dich deines eigenen Verstandes zu bedienen!« war nichts anderes als ein aktionistischer Appell von säkularer Wucht. Revolutionär vor allem durch den Mut, an die Kompetenz jedes einzelnen Individuums zu appellieren, sein eigenes Geschick selbst in die Hände zu nehmen.

Manche fragen sich, wie das sein kann. Wie es sein kann, dass ein einzelner, damals sicher nicht ganz unbekannter, aber auch nicht omnipräsenter Philosoph aus der Provinz sich einen solchen Auftrag zu übernehmen zutraut. Noch dazu ein Mann, der, wie ja immer wieder betont wird, die Grenzen seiner mittelgroßen preußischen Provinzhauptstadt an der Ostsee – Königsberg – kaum verlassen hat. Der nicht in einer der großen, mondänen Metropolen des Geisteslebens wie Paris oder London zu Hause war oder zumindest als Teil einer Denkfabrik wie der der Enzyklopädisten brillierte. Einer, der sich allenfalls ab und an ein Fässchen Spreewälder Gurken gönnte und auf die Minute genau seine Runden im Park zog. Nach riskanten Abenteuern und leidenschaftlichen Amouren sucht man in seiner Vita vergebens. Im Meer geschwommen ist Kant vermutlich nie, und einen 3000er wie Petrarca hat er auch nicht erklommen. Die Schrecken des Krieges hat er nie unmittelbar erfahren, und der Atem der großen Zeitenwende der Französischen Revolution streifte ihn nur mit großem Abstand. Die Frage, wie ein solcher Mann, der das, was man im Allgemeinen mit dem Begriff der Welterfahrung bezeichnet, eher vom Hörensagen als aus persönlicher Erfahrung kannte, es sich zutraute, ein Projekt dieser Dimension zu stemmen und die Denkwelt nachhaltig aus den Angeln zu heben, ist dennoch vergleichsweise einfach zu beantworten. Man muss nicht gleich von »Genialität« sprechen, wenn man feststellt, dass Künstler und manchmal auch Wissenschaftler ganz offenbar über ein besonders fein austariertes Sensorium verfügen. So wie es Weltreisende gibt, die bei all ihren Erkundungen nichts wirklich sehen und erkennen, so gibt es auch gegenteilige Begabungen. Individuen, die nur eine Prise, eine Spur, eine winzige Dosis Wirklichkeit benötigen. Ein bisschen Realität, das aber ausreicht, um eine Welt im Ganzen zu konstruieren. Diese Form der natürlichen Intelligenz benötigt vergleichsweise wenige Daten, um ein Maximum an Erkenntnissen zu generieren – anders als die künstliche Intelligenz, die mit einer Unmenge von Daten gefüttert werden muss, um daraus ein Minimum an komplexen Ergebnissen ableiten zu können. So vermochte Shakespeare es, von seinem mickrigen Provinzstädtchen Stratford-upon-Avon aus das Weltwissen seiner Zeit zu erschließen. Mit seinen im Vergleich zu den heutigen Riesenteleskopen geradezu dilettantisch wirkenden optischen Apparaturen schaffte es Kopernikus, das All neu zu denken. Warum also sollte es Kant nicht gelingen können, aus ein paar Körnchen Wirklichkeit eine Welt, seine Welt, neu zu konfigurieren. Zumal Königsberg damals bereits eine florierende Hansestadt war und mit vielen Anrainerkulturen in regem Austausch stand. Ein geopolitischer Hotspot wie jetzt war Königsberg seinerzeit sicherlich nicht, wenngleich die Nähe zu Russland, den baltischen Ländern und Polen auch damals schon kulturelle Unterschiede und Spannungen erkennbar werden ließ. Ungestört von höfischen Interessen und brandenburgischen Regularien flossen Warenströme aus weit entlegenen Landschaften in die Stadt – oft organisiert durch die Königsberger Juden. Güter, Geld, Kulte, Ideen konnten in diesem kommunalen Gemeinwesen freier und ungestörter als in vielen anderen Regionen zirkulieren, englische und schottische Handelshäuser gründeten Niederlassungen, selbst zwischen Königsberg und Lissabon florierte der Handel. In den Buchhandlungen wurden die Thesen der internationalen Vordenker – Philosophen wie John Locke, David Hume, Jean-Jacques Rousseau, Gottfried Wilhelm Leibniz – diskutiert; Menschen, die bereits das Großprojekt »Europäische Aufklärung« gedanklich auf Kiel gelegt hatten. Was fehlte, war eine Art Synthese, eine methodologische Vertiefung all dieser gedanklichen Ansätze, und genau diese sollte der gewitzte Erkenntnisexperte von der Uni Königsberg liefern. Ein Kompendium, eine Summe und eine Hochrechnung all dessen, was sich Europa im Verlauf von 2000 Jahren so ausgedacht hatte. Bestandsaufnahme dessen, was gut ist, dessen, was fehlt, und ein scharfer Blick dorthin, wo die Schwachstellen liegen könnten.

AUDE SAPERE

Eigentlich wollte er immer alles wissen. Jetzt, mit Mitte 20, rollten die Kugeln in seinem Kopf unaufhörlich, und es gab kein Gebiet, das ihn nicht beschäftigte: Hat sich die Erdachse im Lauf der Jahrmillionen möglicherweise etwas verschoben, und ist die Welt dadurch ins Wanken gekommen? Brennt in der Seele ein Feuer ähnlich der natürlichen Glut? Wäre das Erdbeben von Lissabon, das die westliche Welt in Aufruhr versetzte, vorauszusagen gewesen? Saugen sich die Westwinde über dem großen Meer mit Wasser voll? In welchem Verhältnis stehen Bewegung und Ruhe zueinander? Sind im Reich der Vernunft Nischen für Gespenster und Götter zu finden? So ging das weiter und weiter, kaum eine Woche, in der er keinen naturwissenschaftlich-mathematischen oder philosophisch-theologisch grundierten Aufsatz über Gott und die Welt schrieb. Gelegentlich ging es auch um Menschen, und er stellte sich Fragen wie die, ob im Optimismus nicht auch Trägheit steckt? Warum man sich durch übertriebene Neigung zur Spitzfindigkeit nicht auch zu Tode denken könne? Was verstehen wir unter dem »Schönen« eigentlich? Kann man moralisch träumen? Und kann der Kopf wie jedes andere Organ krank werden? Er sprach nicht gern über sich selbst, es sei denn, er bekam sich als Gegenstand seiner Forschung zu fassen. Noch keine 30, verspürte er dennoch bereits gelegentliche Affektionen der Nerven, über die er sich Notizen machte. Den metallenen Klang in seinem rechten Ohr, dieses leise Sirren, konnte er durch das kratzende Geräusch seiner Schreibfeder fast übertönen. Dennoch registrierte er jedes Zucken und Pochen der Nerven in seinem Kopf – den er doch brauchte, den er keinesfalls verlieren durfte. Das war doch alles, was ihn ausmachte. Der musste ihm noch 30, 40 Jahre gehorchen. Man musste Mut haben, um gegen dieses zerstörerische Rauschen im Kopf, dieses Rauschen in der Welt, anzugehen. Man musste mutig und kühn sein. Gerade er mit seinem kleinen Körper, der sich in dieser Welt der Riesen durchsetzen musste. Manchmal huschte er morgens, wenn es noch etwas dämmrig war, beim Anziehen nackt am Wandspiegel in seiner Kammer vorbei und erschrak vor dem verbogenen Gespenst, das er da erblickte. Dann warf er sich schnell in den hechtgrauen, halblangen Rock, den er sich vom Angesparten sündhaft teuer hatte schneidern lassen, und schrieb. Morgens früh um fünf. Doch er saß bereits da, im Hofstaat der Gedanken, kampfbereit. Und er schrieb sich in Rage. Jahrzehnte später, 1795, brachte er es auf den Punkt:

»Habe Mut, dich deines eigenen Verstandes zu bedienen«, andere sagen »erkühne dich, weise zu sein« – jeder wird pflichtschuldigst in diesen Leitsatz der Aufklärung einstimmen und zustimmend nicken. Ganz so, als ob wir, gerade wir, heutzutage noch den Mut hätten, so einfach auf uns selbst zu bauen, und uns trauten, die eigene Meinung ohne Rückendeckung durch die breite Masse in den Mittelpunkt zu stellen. Selbst die »Querdenker«, die selbst ernannten Aufklärer von heute, quaken nach, was ihnen ihre Vordenker eingeben. Wir anderen sichern uns reflexartig ab und sondieren den Wind der öffentlichen Meinung, meist des »Mainstream«, bevor wir das Wagnis eingehen, die eigene Meinung zu äußern. Die Forderung, sich des eigenen Verstandes zu bedienen, setzt in der Tat einiges voraus. Vor allem, dass man davon genug hat. Angenommen, dies wäre der Fall, gilt es weitere Hürden zu überwinden. Vor allem die Hürde der eigenen Faulheit und Feigheit. Kant wird sehr deutlich, weil er spürt, dass die breite Masse sich mit der Rolle des hilflosen Opfers abgefunden hat, denn: »Es ist so bequem, unmündig zu sein.«

Für das Denken hat man ja gottlob seine Experten, Berater und all die klugen Leute, die einem sagen, wo es langgeht – zu Kants Zeiten wie heute. Rudel von Ratgebern, Coaches, Seelsorgern, Meinungsmachern jeder Couleur, die alle davon leben, und zwar gut leben, das Hausvieh bei der Stange zu halten, denn mündige Menschen sind keine Kunden mehr. Früher hat man sich seiner Sünden durch Ablasszahlungen entledigt. Heute bezahlen wir intellektuelle Dienstleister dafür, dass sie uns erst verdummen, gefügig machen und dann überwachen, dass wir auch brav in der gewünschten Denkbahn bleiben. Dabei konnte nicht einmal Kant ahnen, dass der folgenreichste Schritt in Richtung einer freiwilligen Unterwerfung und Selbstentmündigung uns erst noch bevorsteht. Bald wird eine superschlaue künstliche Intelligenz das für uns offenbar viel zu anstrengende Geschäft des Selber-

denkens übernehmen, während wir uns bequem zurücklehnen, intellektuell die Segel streichen und
fröhlich dabei zusehen, wie man für uns denkt und
unser Leben durchtaktet. Der Triumph einer Verdum-
mungsstrategie unter eifriger Mitwirkung ihrer späteren Opfer. Offenbar hat man noch immer nicht begriffen, dass wir dabei sind, genau das abzuschaffen,
was die Aufklärung schaffen wollte: den autonomen
Menschen, das kreative, für sich selbst verantwortliche
Individuum, das all seine mentalen Kräfte optimiert
und bündelt. Stattdessen perfektionieren wir die Technologie der Gehirnprothetik und vernachlässigen das
eigene Potenzial.

Oder verhält es sich möglicherweise genau umgekehrt, und wir sind im Begriff, dank einer tiefen KI in
den Bereich dessen vorzudringen, was Kant möglicherweise vorgeschwebt haben mag, als er von einem ver-
nunftgesteuerten Individuum träumte? Wir werden
später einen Versuch unternehmen, dies zu ergründen.

Wie auch immer: Kants Verdacht, dass wir dazu neigen,
uns domestizieren und im »Gängelwagen« der Mächtigen nach Belieben herumkutschieren zu lassen, wiegt
schwer. Und man fragt sich unwillkürlich, was er
dagegensetzen wollte. Was schlägt er vor, um uns aus
dieser Abhängigkeit herauszuführen? Und welches
Menschenbild schwebte ihm eigentlich vor?

Wollte er irrlichternde Libertins auf dem Egotrip,
die sich selbst für die Klügsten und Größten hielten?
»Quer«-Denkende, die sich für klüger als alle anderen
hielten und alles, was von »oben« kam, misstrauisch
betrachteten und letztlich verachteten? Ganz sicher

nicht – und so nimmt seine Argumentation eine steile und nicht ganz unbedenkliche Wendung nach der Devise: »Räsoniert, soviel ihr wollt, aber gehorcht.«

Was das konkret heißt? Was diese Argumentation markiert? Nun, nichts anderes als den Beginn des deutschen Sonderwegs. Man könnte auch sagen, eine dezidierte Absage an jene Revolution, die er gedanklich eben eingeleitet zu haben schien – mithin die mentale Entschärfung eines politischen Sprengsatzes. Der Akzent seines Emanzipationsappells liegt nämlich allein auf dem Denken, nicht auf dem Handeln. Anwendungsbeispiele finden sich zuhauf. Ein Lehrer findet eine verordnete Unterrichtsmethode falsch und erbärmlich und verweigert deshalb den Dienst. Nein, sagt Kant. Er hält seinen Unterricht wie vorgesehen, schreibt aber gleichzeitig eine scharfe Polemik gegen diese Methode. Ein Soldat hält eine gewisse Form der befohlenen Kriegsführung für barbarisch und menschenverachtend – und desertiert oder verweigert den Dienst. Falsch, sagt Kant. Er schlägt vor, den Befehlen vorschriftsmäßig zu gehorchen, ordnungsgemäß an dem Gemetzel teilzunehmen, sich das Blut von den Händen zu wischen, dann aber eine geharnischte Kritik über die unhaltbaren Zustände im Heer zu schreiben – nicht für die Schublade, sondern für ein geeignetes öffentliches Medium, um so eine Diskussion anzustoßen, an deren Ende möglicherweise eine Änderung der fatalen Praxis stehen könnte. Keiner hat also das Recht – so die Theorie Kants –, gegen geltendes Recht zu verstoßen. Jeder Bürger soll jedoch das Recht haben, seine Meinung, seine Überlegungen unzensiert öffentlich mitzuteilen. Keine ganz geringe Forderung zu einer Zeit, in der nahezu jede auch nur ansatzweise kritische Publikation strenger kirchlicher oder staatlicher Zensur unterlag. Kant kontert und protestiert energisch gegen permanente Denkverbote und fordert stattdessen nicht nur Gedanken-, sondern Publikationsfreiheit oder, in seinen Worten, die bedingungslose Freiheit,»von seiner Vernunft in allen Stücken öffentlichen Gebrauch zu machen«, eben getreu dem Motto »Räsoniert, soviel ihr wollt, und worüber ihr wollt; aber gehorcht!«

Hört sich gewiss griffig an ... aber ist diese Denkweise nicht auch gefährlich? Eine Art verklausulierter Doppelbeschluss oder der Einstieg in praktizierte und philosophisch legitimierte kollektive Schizophrenie? Das eine tun und das andere nicht lassen. Man baut Mist, hat aber ein gutes Gewissen dabei, denn man arbeitet ja gedanklich an dessen Beseitigung ... In Frankreich ging man in solchen Fällen auf die Barrikaden. In England war man traditionell pragmatischer und orientierte sich am Gegebenen. Das deutsche Modell, das Kant hier auf die Schiene setzt und gewaltig ins Rollen bringt, ist einzigartig. Hochkultivierte Gedankenakrobatik, die man später mit der Formel »handlungsarm und gedankenschwer« nobilitieren wird und dann im Allgemeinen mit der Floskel, das sei eben »deutscher Idealismus«, abhakt.

In seiner *Kritik der praktischen Vernunft* wird Kant diese Denkfigur wieder und wieder durchdeklinieren, sie uns förmlich einhämmern und dieses »So-als-ob«-Denken trainieren: Verhalte dich immer so, als ob das Gewicht und Gesicht der Welt von dir und deinen

24

Taten abhinge. So, als ob man aus allem ein Gesetz, ein Naturgesetz, ableiten könnte. Als ob von deiner Entscheidung das Schicksal der Welt abhinge – unabhängig davon, wie diese Welt im Ganzen tatsächlich beschaffen ist.

Was man freilich tun kann, falls andere nicht gewillt sein sollten, sich entsprechend dieser Maximen zu verhalten – die Antwort darauf bleibt Kant uns schuldig. Und wir arbeiten uns bis zum heutigen Tage noch immer an ihr ab. Deshalb die Perfektion unserer moralischen Regelwerke (siehe die Menschenrechtskonventionen, die Grundrechte). Deshalb aber auch die Hilflosigkeit gegenüber entschlossenen Aggressoren, die davon ausgehen, dass unser Denksystem und ihres nichts miteinander zu tun haben. Wir sagen »die Würde des Menschen ist unantastbar«. Aber was tun wir, wenn sie angetastet wird?

Aber so weit sind wir noch nicht. Vorerst begnügen wir uns, mit Kant darüber nachzusinnen, wie man mit der Unterscheidung zwischen »öffentlichem« und »privatem« Vernunftgebrauch umzugehen hat. Immer wenn es heikel wird, jongliert er virtuos mit seinen Begriffen. Und es wird heikel und auch ein wenig paradox, wenn er den Begriff der »Öffentlichkeit« allein den wissenschaftlichen Studien, die einer schreibt, vorbehält und alles andere – die Predigt eines Pfarrers, die Übergriffe eines Soldaten, den Dogmatismus dubioser Lehren – als bloß »privaten« Vernunftgebrauch verharmlost. Wenn es um gewisse gesellschaftliche Mechanismen geht, ist nämlich plötzlich Schluss mit »räsonieren« – dann ist »gehorchen« angesagt: letztlich im Beruf, bei der Arbeit, im gesellschaftlichen Verkehr. Schreiben kann einer, was er will – freilich nur schreiben. Die Öffentlichkeit ist aus Papier.

Ist das wirklich ein Ausweg? Der Ausgang aus der angeblich selbst verschuldeten Unmündigkeit, nach dem wir uns sehnen? Wie Maschinen entgegen der eigenen Überzeugung zu funktionieren und weiterzumachen wie bisher, und dabei insgeheim – im kleinen Zirkel – den Aufstand zu proben? Geht dieser Spagat ohne mentale Verbiegungen? Andererseits: Verhalten wir uns nicht eigentlich mehr oder weniger alle so? Macht Kant nicht einen für uns taktische Duckmäuser geradezu maßgeschneiderten Vorschlag? Gehorchen, mitmachen. Und dabei das Gefühl haben, alles zu durchschauen und auf dem richtigen Weg zu sein. Die geballte Faust in der Tasche als Logo. Wäre es nicht sehr viel besser, wenngleich wesentlich riskanter, in laufende Verfahren einzugreifen und etwas aufklärerischen Sand in allzu glatt laufende Getriebe zu streuen? Sicherlich, Aufklärung ist ein langwieriger Prozess, der Geduld und Zeit braucht – nur, so viel Zeit wie vor 300 Jahren sollte man sich nicht mehr lassen. Wir haben sie schlicht nicht mehr.

Wie auch immer: Es ist schon ein ganz eigenwilliger und letztlich auch irreführender argumentativer Trick, den der Vordenker aus Königsberg im Namen einer gestundeten Revolte da schlägt und vorschlägt. Auf der Kanzel opportunistisch gehorchen (»privater Vernunftgebrauch«) und im Hinterstübchen der Ideen für die *happy few* subversive Gedanken ausbrüten … ein etwas fragwürdiges, vielleicht sogar etwas ironisches Plädoyer für ein Weiter-so. Eine Art unsichtbare Revolte.

Wir sind nun mal, damals ebenso wenig wie heute, keine Mitglieder einer Gelehrtenrepublik, die durch Schriften zum »eigentlichen Publikum, nämlich der Welt«, sprechen. Sein Hass gegen die »Vormünder« und elitären Gehirnvernebler ist unbedingt bewundernswert. Das angebotene Mittel, um diese Herrschaft zu durchbrechen, hält hingegen der kruden Wirklichkeit schlicht nicht stand. Dafür hat das Langfristexperiment der letzten 200 Jahre den Beweis erbracht. Im Gegenteil: Unser ganzes aufklärerisches Vorausdenken findet in einer Blase statt und hat immer weniger mit der Welt außerhalb dieser Blase zu tun. Die Welt der schönen Theorien und Vorschläge hat immer weniger mit der des Alltags zu tun. Wir predigen Konsens und stiften Konfrontation – und die beiden Welten wissen nichts voneinander. Und wollen auch gar nichts voneinander wissen. Denn das Entscheidende findet ja in der Blase statt, dort, wo das vermeintlich »eigentliche Publikum« sitzt. Den Beginn dieses fatalen Abspaltungsprozesses können wir bei Kant lokalisieren. Ob er den blinden Fleck seiner Theorie ahnte, wissen wir nicht. Es wäre ein Wunder, wenn nicht. Es wäre ein Wunder, wenn ein Analysator seines Formats die Fragilität seiner Kopfgeburten nicht durchschaut hätte. Und dennoch hat er – wider besseres Wissen – an ihnen verbissen weitergearbeitet. Und sei es nur, um die Wirksamkeit seiner Mittel, der Mittel des Verstandes, durchzusetzen. Notfall unter zeitweiliger Ausblendung all dessen, was sich gleichzeitig da »draußen« wirklich abspielt. Zugegeben, das Ganze ist schon ein wenig skurril, und gelegentlich wurde Kant klar, dass das »System« an allen Ecken und Enden knirschte. Aber immerhin war das Erkunden möglicher Freiräume besser als der sture Dogmatismus vieler seiner Kollegen an der Königsberger Universität, der Albertina. Magister und Privatdozent war er nun endlich geworden, und in seinen Vorlesungen konnte er sich von den schulischen und verschulten Schikanen und inspirationslosen Stunden erholen. Wenn sich der Hörsaal bis zu den Türen füllte und die jungen Männer sich um ihn drängelten, lebte er auf. Ohne Brille, die er zum Lesen stets abnahm, konnte er ihre Gesichter zwar nur verschwommen erkennen – aber er glaubte zu spüren, dass sie bei ihm waren. Sonst im sozialen Verkehr eher zurückhaltend, hatte er hier eine Bühne und streifte alle Hemmungen ab. Er brachte sie zum Lachen. Nein, sie lachten nicht über ihn, sondern mit ihm. An manchen Tagen – und das morgens um sieben Uhr – verwandelte er das Auditorium in ein Theater, sprühte vor Witz, kommentierte Kabalen, veralberte Sekten und Vorurteile. Er vergaß sein Manuskript, improvisierte, assoziierte, die Worte begannen förmlich zu fliegen. »Euch kann man alles erzählen, und ihr glaubt es«, hörte er sich einmal sagen. »Sogar dass Goethe ein großer Schriftsteller ist. Er schreibt grässliche Romane!«

Kaum war die Stunde vorbei und er durch den kalten Korridor in sein kleines Zimmerchen zurückgetrippelt, war der Zauber verflogen, und eine öde Melancholie holte ihn wieder ein. Alles sinnlos, ich spiele doch nur den Hofnarren – selbst denken würde diese Herde niemals. Am Abend würde er zu seinem

Freund Reccard gehen, Lehrer für Astronomie. Ein wieselflinker getaufter Jude, der sich auf dem Dach der Schule ein kleines Observatorium eingerichtet hatte. Er würde ihm seine neuesten Entdeckungen über den Lauf des Planeten Venus zeigen. Das waren ihm dann die liebsten Stunden.

ZUM EWIGEN FRIEDEN

Man sollte die etwas kauzigen, skurrilen Seiten Kants nicht unterschätzen und ihn nicht immer im Verhältnis 1:1 und vor allem nicht nur ganz ernsthaft lesen. Seine Denkschrift *Zum ewigen Frieden* ist ein glänzendes Beispiel für diese mögliche Doppelbödigkeit, für die er deutliche Signale setzt. Schon das Wirtshausschild, auf das er zu Beginn hinweist, ist ein makabrer Witz. Darauf abgebildet ein Friedhof – darunter in krakligen Lettern die Schrift »Zum ewigen Frieden«.

Kirchhofsruhe als Friedensbotschaft – wer würde da nicht stutzig? Zumal Kant gleich darauf zum Schlag gegen kriegslüsterne Staatsoberhäupter ausholt, die ihre Kriege skrupellos und mit großer Selbstgefälligkeit in Szene setzen. Und der Philosoph wusste, wovon er sprach – immerhin löste der Überfall seines verehrten Königs Friedrichs II. auf Sachsen 1756 mit dem Siebenjährigen Krieg eine europaweite und verlustreiche Auseinandersetzung aus.

Zugleich eröffnet Kant eine bis heute aktuelle, prinzipielle Debatte über den Umgang der Politik mit Ratschlägen philosophischer und ethischer Natur, die meist als realitätsfern und sachunkundig beiseitegeschoben werden. Was kann man gegen diesen Missstand, dieses generelle Einandermissverstehen tun? Nun, vielleicht den Politprofis ein Schriftstück unter die Nase halten, das ihrem Tun entspricht und sie somit dort abholt, wo sie stehen. Also keinen philosophischen Essay, sondern eine Art Sachstandsbericht, einen Gesetzesentwurf mit einer Präambel, also einer feierlichen Einleitung, Paragrafen und allem sonstigen vertragsartigen Brimborium. In offizieller Form. Und genau das wird Kant tun. Belesen wie er war, kannte er sicher die beißende Satire seines literarischen Aufklärerkollegen Jonathan Swift, der unter dem Titel *Ein bescheidener Vorschlag* in perfektem Verwaltungs- und Technokratenjargon der Öffentlichkeit den Vorschlag unterbreitete, das Fleisch von armen Kindern nationalökonomisch optimal zu verwerten. Diese Satire könnte ihm als Modell gedient haben. Wollte Swift mit diesem perfiden Vorschlag auf den grenzenlosen Utilitarismus des kapitalistischen Systems des frühindustriellen England verweisen, so verfolgte Kant ein anderes Ziel. Ihm ging es offensichtlich darum zu dokumentieren, wie unbelehrbar und durch Argumente unerreichbar die Mächtigen und der Apparat ihrer Entscheidungsträger sind. Kant wäre vermutlich über die Tatsache, dass sich an diesem Sachverhalt bis heute, immerhin fast 300 Jahre später, wenig bis nichts geändert hat, nicht sonderlich erstaunt.

»Stell dir vor, es ist Krieg und keiner geht hin« – der berühmte Slogan der Friedensbewegung aus den 80ern ist in Anbetracht der Realität geradezu naiv. Der Krieg ist omnipräsent, und nahezu jeder macht mit. Obwohl viele ethische und logische Argumente gegen ihn sprechen. Die Kriegs-(Be-)Treiber werden nicht müde, ihr Tun zu legitimieren, und Kant scheut sich nicht, diesen Manipulationsprozess bis ins sprachliche Detail zu verfolgen und zu entlarven. Bereits im ersten Präliminarartikel wirft er den rhetorischen und notorischen Kriegsgewinnlern ihr falsches Spiel vor:

Ihre »Ausspähungsgeschicklichkeit«, ihre »geheimen Vorbehalte« und Zusatzklauseln, ihre dubiose »Jesuitenkasuistik« – all diese Tricks seien einem republikanischen Staatswesen unwürdig, aber nach wie vor gängige Praxis. Machtspielchen der übelsten Sorte, die genauso verboten gehören wie angeheuerte stehende Heere, Söldnertruppen, die sich waffenstarrend gegenüberstehen und so die Gefahr kriegsauslösender Handlungen begünstigen. Töten und Getötetwerden gegen Bezahlung, mechanisch wie Maschinen. Ganz abgesehen vom Spekulationsobjekt »Krieg« mitsamt seinem System von Anleihen und Krediten, seinen in Kauf genommenen Kollateralschäden.

Lange vor Brechts *Mutter Courage* zeigt Kant, dass man am Krieg wie an einer Börse verdienen und verlieren kann. Sein Zeit- und Denkungsgenosse Voltaire, den er immer wieder zitiert, behandelt in seinem satirischen Roman *Candide oder der Optimismus* ein ähnlich sinistres, realistisches Bild, was das unausrottbare Kulturphänomen Krieg betrifft: Der Held geht über geschundene Leichenberge und glaubt noch immer an »die beste aller möglichen Welten«. Kant seziert die Realität nicht weniger schonungslos, und auch er zwingt sich als Kind der Aufklärung dazu, ein Restlicht der Hoffnung aufscheinen zu lassen. Im Angesicht all der Kriegsgräuel, die durchaus kein Phänomen der Moderne sind, versucht er eine Art »Prinzip Hoffnung«

gegen die Wirklichkeit zu setzen. Daran hält er fest, trotz der Tatsache, dass die Geschichte aus permanenten Rückschlägen, Brüchen und Beben besteht. Seine Grammatik der Hoffnung ist Ausdruck eines möglicherweise verzweifelten Aufbegehrens gegen Willkür und Despotie, Brutalität und Willkür. Ihre Leitvokabel: »soll«. Als das Wünschen noch geholfen hat, in magischen Zeiten gängige Praxis. Aber in der gedanklich ausgenüchterten Philosophie Kants eigentlich ein Fremdkörper, dieses repetitive »soll«:

– Stehende Heere sollen mit der Zeit ganz aufhören.
– Kein Staat soll sich in die Verfassung eines anderen einmischen.
– Die Staaten sollen sich zu einem Völkerbund zusammenschließen.

Und nicht·nur das. Selbst der Begriff des »Vertrauens« hat inmitten dieser Trümmerlandschaft der gewalttätigen Barbarei der ideologischen »Giftmischer«, Vergewaltiger und »Meuchelmörder« merkwürdigerweise überlebt:

»[…] irgendein Vertrauen auf die Denkungsart des Feindes muss mitten im Kriege noch übrig bleiben, weil sonst auch kein Friede abgeschlossen werden könnte und die Feindseligkeit in einen Ausrottungskrieg ausschlagen würde.«[1]

Wenn ein Kant schon mal den ausgesprochen unscharfen Artikel »irgendein« verwendet, ist Alarm angesagt. Da wirft einer inmitten heftiger Stürme einen Rettungsring aus, an dessen Wirkung er wohl selbst nicht mehr so recht glauben will. Aber »irgendetwas«

muss doch inmitten einer Welt des rabiaten Vernichtungswillens bleiben, sagt, fleht Kant. Und weiß sich letztlich nicht anders zu helfen als durch die Berufung auf ein vages Prinzip »Hoffnung« und die – vollständig unrealistische – Beschwörung des erwähnten Grundvertrauens. Magie der Worte und Werte als Abwehrzauber gegen die omnipräsente Gewalt einer heillosen Welt? Ein hilfloses »So etwas darf einfach nicht sein« als verzweifelter Offenbarungseid der Vernunft? Das wäre so erbärmlich, als würde man in einem Gottesdienst um Frieden bitten. Eines Aufklärers unwürdig.

Deshalb zieht Kant gegen Ende seiner Intervention noch einmal alle Register und flutet uns mit einem förmlichen Gewittersturm an Paragrafen, Rechtsverordnungen und Maximen, die Abhilfe schaffen könnten: Es hagelt Verbotsgesetze, die alles untersagen, was außerhalb des Bereichs der Vernunftgesetze liegt. So als könnte man durch ein möglichst dicht und lückenlos gestricktes Netz logischer Schlussfolgerungen die Gefahr der Barbarei bannen. Oder will uns Kant nur klarmachen, wie hilflos alle diese Versuche sind und dass all diese *leges praeceptiuae, leges prohibitiuae, leges permissiuae* der reinen Vernunft kaum das Papier wert sind, auf dem sie gedruckt sind? Dass all die gelehrten Abhandlungen über Naturrecht, Völkerrecht etc. in Anbetracht der Realität auf mehr als schwankendem Grunde stehen? Wohl kaum, denn dann wäre er an irgendeinem Punkt gezwungen, sich und der Welt einzugestehen, dass auch das fein austarierte Gewebe aus Begriffen und Maximen seiner kritischen Schriften letztlich nichts anderes darstellt als den Versuch, ein Tarn- oder Schutznetz über die brutale und eben nicht zu domestizierende Wirklichkeit zu werfen. Macht, Neid, Hass, Egoismus, Brutalität bleiben ebenso außen vor wie Träume, Albträume, Triebe, das Unbewusste, Ahnungen, das Irrationale, Exzessive. Alles findet nur in fein austarierten, vernunftkompatiblen Dosierungen statt.

Vielleicht war das der Grund für den enormen Hype der Kant-Rezeption des 19. Jahrhunderts. Sicher war es nicht der Sog seiner eingängigen Sprache oder die leichte Nachvollziehbarkeit seiner Gedanken, die ihn zum Kultobjekt der humanistisch geprägten Welt werden ließen. Sondern dieses latent und suggestiv vermittelte Versprechen, auch in aufgewühlten, ja revolutionären Zeiten dem Leser eine in sich stimmige, abgedichtete Weltformel zu vermitteln. Eine undurchdringliche Schutzhülle vor emotionalen Irritationen.

Dazu noch einer, der seine Mission mit großer Stetigkeit und penibler Akribie wahrnahm: wohldosiert und, wie man weiß, so pedantisch, dass die Leute die Uhr (falls sie eine hatten) nach seinen Runden durch die Stadt stellen konnten.

Es ist nicht unwahrscheinlich, dass Kant selbst der Suggestionskraft seines eigenen »Kantischen« Systems unterlag und den Prämissen seiner Utopie Glauben schenkte. Für uns, angereichert mit den Erfahrungen und Enttäuschungen zweier darauffolgender Jahrhunderte, ein Grund mehr, die »Zauberlaterne« dieses gedanklichen Konstrukts und Faszinosums zwar zu bestaunen, vielleicht auch zu bewundern – ansonsten aber dem Traum einer Rettung der Welt aus dem Geist der Philosophie eher skeptisch gegenüberzustehen. Ich betone dies deshalb, weil nach wie vor vom Phänomen Kant ein ganz besonderes, einschüchterndes Fluidum auszugehen scheint. Natürlich nicht mehr so intensiv wie vor hundert Jahren, aber doch spürbar. Damals wurde der Name Kant nie anders als mit einer Miene ausgesprochen wie der eines unheimlichen Heiligen. Seine Schriften wurden behandelt wie das Heiligtum einer Gottheit, der man sich nicht gern naht und die man nur verehrt, weil man froh ist, dass man sich dank ihrer Existenz um gewisse Dinge nicht mehr zu kümmern braucht.

Von dieser Art kultischer Verehrung sind wir sicherlich weit entfernt, aber der Respekt ist geblieben. Und die Angst davor, sich zu blamieren, wenn man sich ihm unsachgemäß nähert. Wäre es nicht sinnvoller, diesen Respekt abzulegen und ihn einfach als Kind seiner Zeit zu sehen? Einer Zeit, die sich auf das Denken in Systemen und Kategorien eingeschworen hatte. Und keiner unterhielt so intensive, fast autoerotische Beziehungen zu seinem System wie Kant. Denn er begann zu spüren: Dieses System verfing und gab ihm Macht. Macht über sich und andere.

GRÜNE GLÄSER.
GRÜNE GARDINEN

Dem ebenso ernsthaften wie exzentrischen Dichter Heinrich von Kleist zum Beispiel hat Kants *Kritik der Urteilskraft* förmlich den Boden unter den Füßen weggezogen. Sein Weltbild gerät geradezu aus den Fugen, was man in Anbetracht der eher spröden Lektüre kaum nachvollziehen kann. Seiner Verlobten berichtet er, noch ganz im Bann der verstörenden Lektüre, tief erschüttert:

»Vor Kurzem ward ich mit der neueren sogenannten kantischen Philosophie bekannt – und Dir muss ich jetzt daraus einen Gedanken mitteilen, von dem ich glaube, dass er Dich so tief, so schmerzhaft erschüttern wird als mich.

Wenn alle Menschen statt der Augen grüne Gläser hätten, so würden sie urteilen müssen, die Gegenstände, welche sie dadurch erblicken, *sind* grün – und nie würden sie entscheiden können, ob ihr Auge ihnen die Dinge zeigt, wie sie sind, oder ob es nicht etwas zu ihnen hinzutut, was nicht ihnen, sondern dem Auge gehört. So ist es mit dem Verstande. Wir können nicht entscheiden, ob das, was wir Wahrheit nennen, wahrhaft Wahrheit ist, oder ob es uns nur so scheint. Ist das Letzte, so ist die Wahrheit, die wir hier sammeln, nach dem Tode nicht mehr – und alles Bestreben, ein Eigentum sich zu erwerben, das uns auch in das Grab folgt, ist vergeblich.«[2]

Grüne Gläser – grüne Welt, rosa Gläser – rosarote Welt. Na und?, wird man fragen. Was wäre daran so schlimm? Anders bei Kleist – für ihn bricht eine Welt zusammen. Für einen wie ihn stand die Suche nach Wahrheit, der einen Wahrheit, an oberster Stelle. Ein nach Wahrheit Suchender, dem Kant den Boden unter den Füßen weggerissen zu haben scheint. Was war geschehen? Und hatte hier einer Kant gänzlich missverstanden, oder hatte er ihn wirklich begriffen? Es ist wohl beides der Fall. Wenn man die Prämissen von Kant ganz zu Ende denkt, kann einen sensiblen Betrachter der Drehschwindel erfassen. Wenn allein die Mechanik der Wahrnehmung unser Wirklichkeitsgefühl steuert, wenn wir nicht mehr von metaphysischen oder dogmatischen Kräften ferngesteuert, geleitet und dominiert werden, wenn wir nicht mehr von oben gesagt bekommen, was wir zu denken und zu tun haben, kann dies tatsächlich erschrecken. Wir werden auf uns selbst zurückgeworfen und bekommen dann auch noch gesagt:

Du bist aber auch nur eine Illusion deiner selbst. Setz eine andere Brille auf, und du bist ein anderer. So viel an stringent herausgearbeiteter Verunsicherung – das alles muss man schon erst mal verdauen. Und einer wie Kleist hat sich daran offenbar verschluckt. Zumindest als Mensch und Bürger. Als Künstler hat ihn derselbe schockierende Absturz ins Bodenlose auf bewundernswerte Art motiviert. Er zeigt die Macht der Gefühle, bestaunt die Kraftwerke der Illusion, in der einer oder eine lebt, so, als ob es die Wirklichkeit wäre – vielleicht hat erst der schockierende Kant ihn dazu befähigt, so weit zu gehen und Stücke zu schreiben, in denen die Figuren sich bewegen, als wären sie Schlafwandler im Bezirk des eigenen Ich?

Aber geht Kant wirklich so weit? Kann es sein, dass man, wenn man ihn nur ein bisschen weiterdenkt, in der schieren Orientierungslosigkeit endet? Wahr ist, dass Kant nichts ungeprüft passieren lässt und bereit ist, alles infrage zu stellen – Gott und die Welt und vor allem und von Beginn an: die Metaphysik, also jenen Teil der Philosophie, der sich den eigentlich existenziellen, grundlegenden Fragen des Daseins widmet. Kants Angriff erfolgt nicht gerade zimperlich und geht aufs Ganze: Geradezu lächerlich sei es, dass alle Wissenschaften sich rasant entwickeln würden – gerade diese aber wie versteinert auf der Stelle tritt. Er argumentiert an dieser Stelle mit Wut und Verve, so, als ob er alle förmlich aufrütteln wollte, dem Popanz dieser autoritären Pseudowissenschaft endlich den Todesstoß zu geben. Denn auch hier gilt: Habe Mut, dich deines eigenen Verstandes zu bedienen und den Dingen, auch den letzten, den ganz großen Fragen, auf der Basis deiner empirischen Erfahrungen auf den Grund zu gehen. Denn seiner Überzeugung nach kann man nicht die Dinge an sich erfassen, sondern nur erkennen, welche Wirkungen Gegenstände auf das Bewusstsein ausüben, und auch das nur so weit, wie diese sich gedanklich nachvollziehen lassen. Der Eigenanteil, den Sinnlichkeit und Verstand in das Erleben und in die Inhalte des Bewusstseins einbringen, konstituiert dann den Unterschied zwischen der Welt für sich und der Welt an sich.

Man mag diese Unterscheidung als Wortkrämerei abtun. Aber es stellt schon einen Unterschied dar, ob man – wie die klassischen Metaphysiker – von den »Dingen an sich« schwadroniert und behauptet, a priori, durch bloßes Nachdenken, ihr Wesen zu kennen, oder – wie Kant vorschlägt – daraus ein Erkenntnisprojekt macht. Natürlich übertreibt Kant – malt ein metaphysisches Horrorszenario aus. Aber er übertreibt, um dann die Dinge, um sein Anliegen sichtbar zu machen. Ihm geht es darum, jeden von uns wieder ins Spiel und letztlich ein basisdemokratisches Vorhaben auf den Weg zu bringen. Gewiss, in philosophischen Seminaren mag man noch immer spitzfindig die Frage diskutieren, ob es »synthetische A-priori-Urteile« überhaupt geben kann und ob sich a priori und a posteriori immer klar voneinander unterscheiden lassen. Sehr viel wichtiger ist es, mit Kant zu entdecken, dass wir alle über Intuition und Verstand verfügen, dass es uns möglich ist, grundlegende Aspekte der Wirklichkeit zu erfassen, und dass wir darüber hinaus fähig sind, die Bedingungen, unter denen diese Erkenntnisprozesse ablaufen, zu analysieren. Wir sind Akteure eines Experiments mit uns selbst: mit all unseren Sinnen, den Mechanismen unserer Wahrnehmung und, ja, auch mit unserem Verstand. Denn wir wollen verstehen, was hinter den Begriffen (Identität, Existenz, Sein, …) letztlich steckt, was sich für jeden Einzelnen von uns dahinter verbirgt. Kant versucht uns mental zu manipulieren, wie der englische Philosoph Michael Jubien dies so inspirierend umschreibt:

»Wir denken so sorgfältig und kreativ, wie wir können, über eine philosophische Behauptung oder ein philosophisches Problem nach, und wenn wir das gut können, dann kann unsere Anstrengung echten Fortschritt mit sich bringen. Manchmal wird dieses Nachdenken die Form einer Argumentation annehmen. Manchmal wird es darin bestehen, Gegenbeispiele zu einzelnen philosophischen Behauptungen zu finden. Manchmal wird es sich darauf richten, die Einfachheit und die erklärende Kraft der betrachteten Theorie zu beurteilen. Manchmal wird man dieses Nachdenken dadurch bestreiten, dass man tatsächlich ›Gedanken- experimente‹ konstruiert.«[3]

Wir sehen also, hier hat sich zwar nicht, wie man sprich- wörtlich sagt, Goethe, wohl aber der eingangs erwähnte Dichter Kleist geirrt. Kant hat eine im Kern letztlich entfesselnde, befreiende Botschaft ausgesandt – und doch verstand sein sensibler, vielleicht auch etwas labiler Zeitgenosse sie wie einen Anschlag auf sein Bedürfnis nach gesicherter Wahrheit. Man kann daran ermessen, wie wirkmächtig Kants Theorien zu seiner Zeit waren. Er berührte ja auch einen bis in die Ge- genwart irritierenden Faktor – den unserer Wahr- nehmung. Nicht die Dinge an sich sind es, die unser Tun bestimmen, sondern ihre Bilder und Abbilder, die uns unsere Sinne zutragen. Spiegelungen der Wirk- lichkeit, nicht Wirklichkeit an sich. Es ist interessant, dass genau das, was Kleist als Mensch fürchtete, ihn als Dichter in schwindelerregende Höhen führte und ihn zu einem der ganz großen Autoren der Moderne werden lassen sollte.

Allerdings, seine traumtänzerischen Figuren über- schreiten genau jene Schwelle, auf die Kant, aller Lust an mentalen Experimenten zum Trotz, penibel achtet: die der reinen Vernunft. Grüne Gläser, rosa Gläser – allen Illusionen und Imaginationen, der Verwischung der Grenzen zwischen Fantasie und Wirklichkeit, steht er als Mensch des 18. Jahrhunderts aus Prinzip skeptisch gegenüber.

Da sitzt er also an seinem kleinen Schreibtisch in seinem Zimmer mit Nachmittagssonne, schreibt:

»[…] Ich kann also Gott, Freiheit und Unsterblichkeit zum Behuf des notwendigen praktischen Gebrauchs meiner Vernunft nicht einmal annehmen, wenn ich nicht der spekulativen Vernunft zugleich ihre Anmaßung überschwänglicher Einsichten benehme, weil sie sich, um zu diesen zu gelangen, Grundsätze bedienen muss, die, indem sie sich in der Tat bloß auf Gegenstände möglicher Erfahrung richten, wenn die gleichwohl auf das angewandt werden, was nicht ein Gegenstand der Erfahrung sein kann, wirklich dieses jederzeit in Erscheinung verwandeln und so alle praktische Erweiterung der reinen Vernunft für unmöglich erklären.«[4]

Er setzt die Feder ab, liest den Satz noch einmal durch, setzt ein vergessenes Komma, verscheucht eine über das Blatt taumelnde Fliege. Die Sonne sticht schräg herein und blendet ihn. Hastig nimmt er ein neues Blatt und schreibt:

»[…] verbinde ich eine Bitte; nämlich eine zweite Gardine von grünem Zindeltaft für mein zweites Fenster rechter Hand mit Messingringen verfertigen zu lassen; weil mich die Sonne rechter Hand schräge trifft und mich von meinem Schreibtische verjagt. Vielleicht wäre es am besten, jene alte Gardinen ganz zu verwerfen und eine so breite als nötig ist beide Fenster zugleich zu bedecken [...]«[5] Alles Grelle ist ihm in letzter Zeit unerträglich. Ungefiltert ist selbst die Natur ihm unerträglich. Er wendet sich wieder seinem begonnenen Blatt zu und beschließt mit zugekniffenen Augen den Abschnitt. Die Feder stockt auf dem Papier, so als wäre auch sie vom Licht geblendet. Kant sinniert. Man müsste also das Wissen preisgeben, um Platz zum Glauben zu bekommen. Und den Dogmatismus der Metaphysik dulden, um das Seelenheil zu retten. Das konnte und durfte nicht sein. Die reine Kritik der Vernunft allein hatte das Recht, diesen Platz für sich zu erobern. Alles andere wäre notwendigerweise Verrat an sich selbst.

Natürlich können wir Kant allenfalls über die Schulter gucken und nicht genau wissen, was sich in seinem Kopf abspielte. Aber die Art und Weise, wie einer der ganz großen Denker gegen den Dogmatismus und die Sonnenstrahlen zugleich ankämpfen muss, wie einer »Götterpläne und Mäusegeschäfte« zugleich im Kopf bewegt, bringt ihn uns näher – ob wir wollen oder nicht. Hier ist keine abstrakte künstliche Intelligenz am Werk, sondern ein – bisweilen durchaus erregbarer – Mensch, der von sich selbst und auf andere zu schreibt. Einer, der sich bisweilen in seinen verschraubten Satzlabyrinthen verirrt und nicht immer die grammatikalisch richtigen Anschlüsse findet, aber doch immer einen Grundgedanken, eine Grundvision im Blick hat. Unsere Fähigkeit, über den Moment hinaus zu denken, einzelne Phänomene und Entscheidungen in einen größeren Zusammenhang zu stellen, zu schulen. Und dies im erklärten Widerspruch zu all jenen verführerischen dogmatischen Systemen, die Scheinwahrheiten und beruhigende mentale Sedativa verkaufen.

Wie er in der *Kritik der reinen Vernunft* wieder und wieder erklärt, ist es ein Kardinalfehler zu glauben, man könnte den Erscheinungen der Welt durch bloße mehr oder weniger logische Denkprozesse näher kommen, ohne seine Sinne zu aktivieren. Oder, wie er selbst es überaus griffig formuliert und auf den Punkt bringt: »Gedanken ohne Inhalt sind leer, Anschauungen ohne Begriffe sind blind.«[6]

Diesem Ziel, einer Synthese von Sinn und Sinnlichkeit, dient letztlich sein ganzes Bemühen. Seine drei großen Kritiken, unzähligen Essays und kleinen Schriften, der mehr und mehr zerstreute, uferlose Nachlass, 1200, 1500 Seiten ... eine unendliche Geschichte. Denn es musste etwas Neues, ganz und gar anderes her. Hautnah an der Wirklichkeit orientiert und zugleich wie ein Dom alles andere überragend. Eine Kathedrale der Vernunft, ein Tempel der Kritik. Also raus aus dem akademischen Trott. Und rein in den Dom des Denkens. Ohne Pause. Auch bei Tisch. Auch mit Leuten, die nichts mit der Universität am Hut hatten: russische Generäle, Kapitäne, Kaufleute. Unter den Begründern und Betreibern der Kontore und multinationalen Firmen in Königsberg waren zwei, die ihm besonders nahestanden und die er bis zu einem gewissen Grad bewunderte. Leute, die die Welt kannten, die sie zu kennen glaubten. Wie sie wirklich war, nicht, wie er sie sich einbildete, wie er das wieder und wieder zu hören bekam. Als ob er das nicht selbst wüsste.

DER BEGINN
DER KRITIK ...

... Eine seiner fahrigen Bewegungen, und schon war das Rotweinglas umgekippt. Aber wenn das Thema »freier Wille« aufkam, war mit Kant nicht zu reden, und er verlor seine übliche Contenance. Dann fuchtelten seine Spinnenfinger wild in der Gegend herum, und seine Stimme bekam einen herrischen, schrillen Klang. Die rote Lache breitete sich auf dem blütenweißen Tischtuch wie der Umriss eines wilden, tropischen Kontinents mit zerfaserten Küsten aus. Kant redete, ohne zu unterbrechen, weiter, als ob nichts geschehen wäre. Sprach von seinen »Maximen«, wobei er das X in der Mitte mit einem fast bösartigen Zischen herausspuckte. Green und Motherby, seine beiden Freunde, die neben ihm saßen, verständigten sich mit einem schnellen Blick, und wenig später fiel auch Greens Glas, und der rote Kontinent erweiterte sich beträchtlich. Kant lachte trocken und sah ihn spöttisch an. Er kannte diese Spielchen. Freier Wille. Das war in deren Augen auch so eine Illusion, eine Marotte des Professors. Sie, die glaubten, die Welt so zu kennen und zu verstehen, wie sie wirklich war, nicht, wie er sie sich einbildete. Motherby mit seinem gierigen Heringsgesicht und seinem geschmeidigen Kaufmannslächeln, und Green, sein Schatten, der die Verträge aufsetzte, mit denen sie die Kunden dann über den Tisch zogen. Dann lachten sie sich scheckig über einen gutgläubigen Klienten, dem sie das Fell über die Ohren gezogen hatten und den sie dann in der Hand zu haben glaubten.

»Professor, das mag in der Theorie richtig sein, für die Praxis taugt das nichts« – wie er ihre Plattitüden und Gemeinplätze, mit denen sie alles im Griff zu haben glaubten, hasste. Aber manchmal wollte und brauchte er das. Das war, wie wenn das Fenster aufsprang und ein Schwall Luft hereinwehte. Nicht unbedingt gute, egal. Martin Lampe machte dann zu, und die Gardinen wurden wieder geglättet. Oder wenn Motherby, zum wievielten Mal eigentlich, die Anekdote aus dem englischen Parlament, dem »House of Lords«, wie er sagte, zum Besten gab, die man tagelang in der City herumerzählt hatte: In der Hitze des Gefechts habe ein Mitglied geäußert, »dass ein jeder Mensch seinen Preis hat, für den er sich hergibt«. Selbstgefälliges Lächeln in die Runde. Keiner widersprach. In Kant brodelte es und begann es zu arbeiten. Er formulierte bereits die Antwort, die er bald geben würde, bald geben musste. Natürlich nicht hier und jetzt aus der Situation heraus, sondern später, am Schreibtisch und auf seine Art. Wenn das wahr ist, dachte er, dass es keine Tugend gibt, die man nicht durch Versuchung, Verführung korrumpieren könnte, wenn es nur darauf ankommt, wer das Meiste bietet und die prompteste Zahlung leistet[7], konnte man eigentlich aufgeben. Dann zieht es uns den Boden unter den Füßen weg. Und nicht nur ihm, Kant. Der ganze philosophische Zinnober, genauso wie das theologische Gesäusel von wegen Völkerrecht, Frieden, Besserung, das ganze Prinzip Hoffnung wäre »fere Katt«, wie seine Mutter immer in ihrem erdigen Ostpreußisch gesagt hatte. Er sah hinüber in das etwas feiste Gesicht Greens, in die fahle Visage Motherbys, der ihn süffisant anschaute, und wusste Bescheid. Sie verstanden gar nichts. Alle beide. Seit Jahren traf man sich jetzt zum Mittagessen, Kärtchen hier, Kärtchen da. Verstand man sich? War man befreundet? Gewiss verstanden die beiden etwas von der Welt – vor allem vom Geld. Green, Motherby & Co., Stammsitz in Hull, Leeds, London, ihr Kontor drunten am Hafen, massiger steingrauer Bau, das war schon ein Name hier. Getreide, Heringe, Kohle, Kaffee, Gewürze, Wolle, Porzellan – es gab nichts, womit die beiden nicht Handel betrieben, sehr erfolgreich Handel betrieben. Zwischen Börse und Hafen, Kontor und Bank war ihre Welt. Spekulanten, Finanzjongleure mit einem Riecher für den »Markt«, wie sie das nannten. Markt, das war für ihn zuerst etwas Einfältiges, etwas für Gemüse und Dienstmädchen. Erst allmählich begann er zu begreifen, was sich da eigentlich abspielte, dass diese Börsenhändler – Makler, Anbieter und Nachfrager – ein geschlossenes System darstellten, innerhalb dessen alles nach speziellen Gesetzen und Maximen ablief.

Man sah und roch, wie die Arbeiter entlang der Kaimauern die Heringe ausnahmen, einpökelten und in Eichenfässern einlagerten. Kreischende Möwenschwärme im Kleinkrieg um jedes Stück Fischgedärm im Wasser. Aber das war nicht das Entscheidende. Das war nur die sinnliche Empirie. Der Markt war ein gewaltiger Mechanismus, der die Waren in Werte zu verwandeln begann. Ohne genau zu begreifen, spürte Kant intuitiv, dass hier etwas geschah, was für ihn wichtig werden konnte, er begann intuitiv zu spüren, dass sich in diesem imaginären Kreislauf die gesellschaftlichen Grundlagen zu verändern begannen. Gewiss, er hätte das, was sich da anbahnte, sicherlich noch nicht so in Worte fassen und auf Begriffe bringen können, wie dies Karl Marx und Friedrich Engels ein paar Jahrzehnte später vermochten. Aber der aufklärerisch-rebellische Impetus, mit dem er sich gegen die allmähliche Verwandlung von Menschen in Waren richtete, war derselbe. Einziger Unterschied: Die Materialisten verachteten genau dasjenige, was ihm heilig war – die Welt der Ideen und Gedanken:

»Die Menschen«, so Marx und Engels, »haben sich bisher stets falsche Vorstellungen über sich selbst gemacht, von dem, was sie sind oder sein sollen. Nach ihren Vorstellungen von Gott, von dem Normalmenschen und so weiter haben sie ihre Verhältnisse eingerichtet. Die Ausgeburten ihres Kopfes sind ihnen über den Kopf gewachsen. Vor ihren Geschöpfen haben sie, die Schöpfer, sich gebeugt. Befreien wir sie von den Hirngespinsten, den Ideen, den Dogmen, den eingebildeten Wesen, unter deren Joch sie verkümmern. Rebellieren wir gegen diese Herrschaft der Gedanken.«[8]

Bei aller Prägnanz der Analyse – in Kants Augen wäre dieser Angriff auf die Herrschaft der Gedanken exakt die falsche Schlussfolgerung gewesen. Nicht die Kraft der Gedanken, sondern die Herrschaft der Gedankenlosigkeit, der gedankenlosen Unterordnung galt es zu bekämpfen. Den Hirngespinsten, nicht dem Gehirn hatte der Angriff zu gelten. Gut und Böse, das waren doch nur Illusionen, von denen man vergessen hatte, dass sie welche waren. Das Böse ist nicht an sich moralisch »böse«, sondern weil es den Grund aller »Maximen« verdirbt. Hier in den Kontoren und in der Börse war etwas im Entstehen, was die Welt von Grund auf verändern würde. Das einfach über das Individuum hinwegrauschen würde, es zur bloßen Nummer degradieren würde. Der Wert des Menschen würde nur noch Verhandlungssache sein.

Motherby und Green waren ihm nützlich, weil sie ihm halfen, eine gewisse Ordnung in seine bescheidenen Geldgeschäfte zu bringen. Für sie war es ein Leichtes, Kant einige Anlagen zu verschaffen, die Rendite versprachen, oder die Einkünfte aus seinen Büchern zu kontrollieren. Doch das war nicht das Entscheidende. Das Entscheidende war, dass das radikale Böse, über das er sich immer Gedanken machte, möglicherweise in den Börsen begangen wurde, nicht in der Hölle. Dort, wo nicht das Menschenrecht, sondern das Börsenrecht zählt. Seit ihn diese Gedanken umtrieben, ging er mit den beiden Freunden anders um. Er beobachtete sie wie eine neue, ihm bisher unbekannte Spezies. Solange er von Systemen sprach, war alles in Ordnung. System und Theorie, das verstanden sie. Bloß keine Ethik. Das war für sie wie ein hochinfektiöser Gegenstand, den man nur mit Handschuhen anfassen sollte.

Prinzipiell gilt, dass die Moral ein Kommunikationssystem ist. Es baut auf den Kategorien »moralisch gut« – »moralisch schlecht« auf beziehungsweise »Achtung« und »Missachtung«, Kategorien, die wiederum ein allgemeingültiges Paradigma erfordern. Dieses Paradigma, das »moralische Prinzip«, befindet sich jedoch außerhalb des gesellschaftlichen Systems. Was logischerweise dazu führt, dass Ethik und Gesellschaft in verschiedenen Sphären unterwegs sind und eine Durchsetzung der Ethik in der Gesellschaft zumeist gegen die Gesellschaft durchgesetzt werden muss.

Und genau an dieser Stelle fand ja seine tägliche Arbeit statt. Schnell warf er ein paar Notizen zu einem Aufsatz über das radikale Böse hin. Noch immer wie im Rausch von dieser neuen Art, die Dinge wahrzunehmen und über sie zu reden …

Das Böse, gar das »radikale, ans Innerste reichende Böse«, war nicht das, was man gemeinhin darunter versteht. Nichts, was aus der Gebrechlichkeit oder Schwäche der menschlichen Natur erwächst. Oder aus einer gewissen Unsauberkeit des Organischen. Oder einer menschlichen Neigung zur Bestechlichkeit. Das verstand sich von selbst, und die Beispiele für diese traurige Litanei waren Legion: Alle geheimen und öffentlichen Laster der Kultur und der Zivilisation wären hier aufzuzählen – gemeine Intrigen, strategische Lügen, sadistische Spiele mit dem anderen. Das wirkliche, radikale Böse hat seine Ursache nicht in der Natur – sondern im Verstand: »Dieses Böse ist radikal, weil es den Grund aller Maximen verdirbt.«[9] Die Bösartigkeit der menschlichen Natur ist also nicht identisch mit

Bosheit an sich, außer man nimmt das Böse als Triebfeder in seine Maximen mit auf – aber das wäre ja teuflisch.

Das Wort »teuflisch« strich Kant sogleich wieder aus, denn es hatte in seinem Denken letztlich nichts mehr zu suchen. Teufel, Satan, Erbsünde, Urschuld – das waren Begriffe aus einer anderen Denkwelt, die er längst hinter sich gelassen hatte. Man musste nicht Himmel und Hölle auf der Suche nach dem Ursprung des Bösen durchstöbern. Und auch nicht nach der animalischen Seite der menschlichen Natur, nach irgendwelchen dumpfen Trieben suchen. Der Kern des »radikalen Bösen« lag im menschlichen Verstand. Lag in der Art und Weise, wie er sich um der bloßen Vorteile willen von den Maximen der Sittlichkeit frei machte – sich letztlich davon abschnitt und sich allein der Monade einer eigenen Weltsicht unterwarf. Der »Markt« war solch eine Monade. Fixiert auf den bloßen Mehrgewinn absorbierte er alle Elemente der Moral und verwandelte Menschen in frei verfügbare Ware. Die Politik konnte zu einer Monade regredieren, indem sie ausschließlich ihre jeweilige Ideologie, und sei es die idealistischste der Welt, ins Zentrum stellte. Und selbst die Religionen, vielleicht sogar sie besonders, konnten – kritiklos betrieben – zum bloßen Verwaltungs- und Machtzentrum eines wertlosen und die Seele schädigenden Fetischismus herabsinken. Nein, das radikale, an die Wurzel gehende Böse war eine Ausgeburt reiner, skrupelfreier, strategischer Vernunft. Auf dem Markt wurden die Güter dieser Erde, die saftigen Heringe in ihren Eichenfässern, die prallen Säcke voll duftender Kaffeebohnen – ihrer Substanz entkleidet und in Zahlen verwandelt. Ihr neuer Lebenszyklus war nicht mehr von Wachsen, Reifen, Ernten bestimmt, sondern von Angebot und Nachfrage, von Spekulation auf Mangel und Überfluss, den man nach Bedarf herstellen konnte.

Später würde man irgendwelches sentimentales Zeug faseln; würde von hochgebildeten englischen Kaufleuten erzählen und ihrem Freund, dem Philosophen. Ihren geistreichen Gesprächen bei Tisch. Die Wahrheit war, dass Kant die beiden beobachtete und studierte wie eine seltene Spezies. Wesen von einem anderen Stern, der gewiss nicht seiner war. Sie faszinierten ihn und schreckten ihn gleichermaßen ab. Harte Automaten des Kalküls im Beruflichen, rührende Familienväter zu Hause.

Jedenfalls Motherby, wenn er am Sonntag nach dem Mittagessen mit seinen Kindern herumtobte – selbst wie ein Kind. Neben ihm seine Frau, eine geborene Toussaint, die dem Gebalge nachsichtig lächelnd zusah, ohne sich daran zu beteiligen.

Nach und nach brachten die beiden Kant ein paar Grundbegriffe bei und amüsierten sich, wenn er in seinem schrecklich hölzernen Englisch von »short selling« und »commodity futures« sprach, ohne recht zu verstehen, was er da sagte. Und sie echoten in nicht minder verquerem Deutsch, wenn sie von »Warentermingeschäften« und »Leerverkäufen« redeten.

Kommt alles aus Holland, erklärte ihm Green, mit den Tulpen hat alles angefangen. Die Holländer handelten mit allem, sogar mit dem Wind. Man wettete auf Wind und Wetter, spekulierte auf den Ankunftstermin der Schiffe, wettete auf Tulpensorten.

Verkauft wurde, noch bevor die Waren den Kunden erreicht hatten, manchmal, bevor sie noch gepflückt worden waren. Manche dieser Transaktionen waren ebenso akrobatisch wie kunstvoll. Ein wichtiger Faktor für den raschen, manchmal von einem Tag auf den anderen eintretenden Preisverfall schien der vertrauensbasierte Handel mit »immateriellen« Gütern zu sein. Nicht reale Tulpenzwiebeln wurden ver- und gekauft, sondern die Option auf eine zukünftig nach einem bestimmten Muster blühende Tulpe. Wenn Green davon zu erzählen, ja regelrecht zu schwärmen begann, hörte Kant wie gebannt zu. Plötzlich schien sich der sonst immer etwas träge wirkende junge Mann in eine grazile Erscheinung zu verwandeln. Seine Bewegungen wurden elegant, seine Augen leuchteten, als ob sie die Kolonnen der Börsennotizen vor sich tanzen sähen. Seine gewohnte saturierte Langsamkeit war gänzlich verflogen – in diesen Momenten wurde er zu einem energiegeladenen, glühenden Propheten, dem sich nichts widersetzen konnte.

In seinem rhetorischen Furor fasste er Kant am Arm, als ob er ihn aufrütteln wollte. Sprach von einer großen Revolution der ganzen Welt und dass er, der Professor, dazu die geistigen Grundlagen legen konnte. Sprach schwärmerisch von einer neuen gesellschaftlichen Ordnung. In seinen Gedanken brachte er Milliarden in Bewegung, versetzte mit einem Federstrich das Vermögen der Welt von einem Ort nach einem andern Ort; vielleicht, sagte er, fast schon im Weggehen, könnte man sogar einmal die Armut aus der Welt schaffen. Dann klappte er die Tür hinter sich zu ...

DIE BLICKE
IM RÜCKEN

Er spürte sie förmlich. Die Blicke im Rücken. Er wusste, er stand unter Dauerbeobachtung. In dieser kleinen Stadt, in seiner Straße wurde jeder Schritt registriert. Und natürlich achteten sie auf ihn, von dem es hieß, er sei etwas besonders.

Was sie alle um ihn herum sicher nicht waren. Zumindest in seinen Augen. Sie waren allenfalls »Ähnliche«. Zum Verwechseln Ähnliche. Mit ihren gleichförmigen Leben. Man hätte ihre Lebensverläufe tabellarisch zusammenfassen können. Da waren allenfalls kleine individuelle Abweichungen voneinander. Auch sein Leben schien gleichförmig und monoton – zumindest von außen gesehen. Aber in seinem Kopf war keinen Moment Stillstand. Ihr Leben aber war innerlich so gleichförmig wie äußerlich. Ideales Untersuchungsmaterial. Für das, was er vorhatte, große Linien zu ziehen, waren sie genau richtig.

Mochten sie ihn ruhig beobachten. In Wahrheit wussten sie nicht viel.

Er arbeite an der Universität. Sei wohl ein sehr schlauer Mensch. Bisschen komisch halt, wie die meisten dort. Aber pünktlich. Und fleißig. Und nicht nur das. Sein unmittelbarer Nachbar, der Drahtzieher

Sawatzki, erzählte beim Bier, dass manchmal bei ihm sogar in der Nacht das Licht brenne. Der Mann kannte offenbar keinen Sonntag und keinen Feiertag. In der Kirche sah man ihn so gut wie nie. Einer der Hausmeister an der Uni, Paschulke, hätte ihm einmal anvertraut, dass der kleine Mann, schmächtig wie er war, einen Umsturz plane. Eine Revolution, wie die Franzosen? So etwas Ähnliches ... nur ohne Blut. Nur mit Gedanken, oder so. Der Pastor hatte ihm, Paschulke, mal eines von Kants Büchern geliehen. »Transzendentale Erkenntnis«, »a posteriori«, »priori« – die Worte flogen einem nur so um die Ohren. Verstanden hatte er zunächst kein Wort. Der Pastor schon. Im Grunde sei es ganz einfach, hatte der dem staunenden Paschulke erklärt: »Transzendentale Ästhetik«, das klingt zwar schrecklich kompliziert, heißt aber nur, dass Gott uns die Sinne gegeben hat, um ins Paradies schauen zu können. Ach so, hatte der gestaunt. Aber hätte er das nicht einfacher sagen können? – Das ist ja das Problem von Kant, das kann der nicht. Er hat seine Sprache. Wir unsere, man muss sich alles erst übersetzen. Er ist ein Heiliger. Ein komischer Heiliger, aber irgendwie doch ein Heiliger.

Und dann hatte er ihm, wie zur Bestätigung, einen jener berüchtigten Sätze wie aus einer Geheimsprache, raunend, wie einen Psalm vorgelesen:

»Vermittelst der Sinnlichkeit also werden uns Gegenstände gegeben, und sie allein liefert uns Anschauungen, durch den Verstand aber werden sie gedacht, und von ihm entspringen Begriffe. Alles Denken aber muß sich, es sei gerade zu oder im Umschweife zuletzt auf Anschauungen, mithin bei uns, auf Sinnlichkeit beziehen, weil uns auf andere Weise kein Gegenstand gegeben werden kann.«[10]

Lag es an der sanften, melodischen, man könnte auch sagen gebetsartig andächtigen Sprechweise oder hatte er einen besonders lichten Moment? Mit einem Male hatten den biederen Hausmeister tatsächlich Schauer der Erkenntnis erfasst, und er begriff alles. Der ganze Mechanismus des Wahrnehmens der Dinge über die Sinne, die Erfahrung, dass die Dinge erst so recht durch das Sehen, Riechen, Sie-Anfassen entstanden. Und dass die Dinge unter unseren Händen lebendig würden, zum Leben erwachten, von uns gedacht, von uns gemacht werden – das war ... das war ... groß- artig. Der Kehrbesen in seiner Hand verwandelte sich zum Zauberstab, mit dem er die Welt blank kehren konnte. Er, er, der kleine Paschulke, den keiner ernst nahm. Er verstand diesen alten Zausel, der fast täglich an ihm vorbeitapperte. Ab diesem Moment verehrte er ihn. Der Mann war vielleicht tatsächlich eine Art Zauberer. Manchmal nickte Kant ihm im Vorbeigehen flüchtig zu. Mehr nicht, musste auch nicht sein.

Aber er begann ihn heimlich zu lesen. Ein Band war achtlos im Professorenzimmer herumgelegen, und er hatte ihn in seinem Kittel verschwinden lassen. Das mit dem Lesen und Verstehen ging nicht mehr ganz so einfach und geschwind, als wenn der Pastor ihm die Wörter förmlich einflößte, aber immerhin die Worte kamen in ihm an und fanden ein Echo. Weil es ihm selbst ganz oft so gegangen war, wie der Professor es beschrieb: dass einem manchmal eine und dieselbe Sache völlig verschieden vorkomme, oder dass man ganz verschieden empfinde, dass jeder verschieden empfinde und dass daher die Freuden einiger Menschen, woran andre einen Ekel haben, die verliebte Leidenschaft, die öfters jedermann ein Rätsel ist, oder auch der lebhafte Widerwille, den der eine woran empfindet, was dem andern völlig gleichgültig ist.[11]

Glücklich sind die Menschen doch nur dann, wenn sie Vergnügen an einer Sache haben, dachte Paschulke, oder wie sein Kant es sagen würde, wenn sie ihren »Handlungsvorteil« draus ziehen können. Ganz gleich, ob es Sinn macht oder nicht – von der Moral ganz zu schweigen. Als Kant dann auf Gefühle feinerer Art zu sprechen kam, wurde es heikler.

Unter dem »Schönen« konnte man sich etwas vorstellen. Was das »Erhabene« sein sollte, war Paschulke aus seiner Froschperspektive weit weniger klar. Die Herren Professoren, die sonst so in den heiligen Hallen verkehrten, waren damit sicher nicht gemeint. Die kannte er nur zu gut. Da konnten die Talare auch nichts retten. Ihre gierigen und zugleich devoten Gesichter sagten alles.

Zur Enttäuschung Paschulkes waren an diesem Punkt die Ausführungen seines Meisters allerdings auch eher dürftig. Kant flüchtete sich in Naturbeispiele und geriet damit gelegentlich in die Nähe ziemlicher Banalitäten. Zur Einsicht, dass »hohe Eichen und heilige Haine« erhaben, Blumenbeete allenfalls hübsch oder schön sind, gerät man sicherlich auch ohne viel

Philosophie. Grauen und Staunen hier, Heiterkeit und Fröhlichkeit dort. Da braucht man keine Wissenschaft dazu, und es gibt auch keine Wissenschaft dafür. Beweisgründe, ob etwas für »schön« zu halten ist oder nicht – Fehlanzeige. Und doch musste es Kriterien geben, wollte man nicht in der völligen Beliebigkeit landen. Kant macht, was er immer macht, wenn er droht, an eine Grenze seines Systems zu stoßen – er bringt seine Kategorien in Stellung. Jedenfalls schrieb er in diesem Sinn 1790 an seinen Freund, den Musikvirtuosen Johann Friedrich Reichardt. Ein Mann, der im Übrigen genau das gegenteilige Leben von dem Kants führte. Reichardt war ständig auf Reisen: 1783 und 1790 in Italien, der Schweiz, Wien und Hamburg; 1785 und 1792 in London; 1785–1787, 1792, 1802/03 in Paris; 1793 in Kopenhagen und Stockholm – all dies, ohne der Welt im Gedächtnis zu bleiben.

Kant schrieb ihm:

»Ich habe mich damit begnügt, zu zeigen: daß ohne sittliches Gefühl es für uns nichts Schönes oder Erhabenes geben würde: daß sich darauf der gleichsam gesetzmäßige Anspruch auf Beifall bei allem, was diesen Namen führen soll, gründe, und daß das Subjektive der Moralität, das unerforschliche sittliche Gefühl in unserem Wesen, dasjenige sei, worauf, mithin nicht auf objektive Vernunftbegriffe, dergleichen die Beurteilung nach moralischen Gesetzen erfordert, in Beziehung, urteilen zu können, Geschmack sei: der also keineswegs das Zufällige der Empfindung, sondern ein (obzwar nicht diskursives, sondern intuitives) Prinzip a priori zum Grunde hat.«[12]

Einmal mehr hatte der Schreiber sich in den Wandelgängen seiner Syntax verlaufen, war aber dennoch an sein manisch anvisiertes Ziel gelangt: zu den Prinzipien. Den zwar nicht objektiv und für alle denkenden Wesen überhaupt nachweisbaren, doch subjektiv für die gesamte Menschheit gültigen Prinzipien eines globalen sinnlich-ästhetischen Wohlbefindens. Hätte Kant sich bequemt, nur eine der von ihm gänzlich und ängstlich gemiedenen Reisen in fremde Länder und zu fremden Kulturen zu machen – er hätte diesen globalen Universalitätsanspruch nicht aufrechterhalten können. Doch in der Monade, im Schneckenhaus einer Welt aus Literatur und Texten fühlte er sich sicher, wichtiger noch: war seine Theorie ungefährdet. Kant igelte sich nicht aus Trägheit in Königsberg ein. Seine konsequente Sesshaftigkeit war vorsätzlich und strategisch.

Sie diente der Absicherung seiner Philosophie vor dem rauen Zugriff einer Wirklichkeit, die er sehr wohl kannte, zumindest erahnte. Dabei ist das Motiv seiner mentalen Abkapselung verständlich und ehrenwert. Geht es ihm doch darum, von allem rein Subjektiven, Subjektivistischen loszukommen, von Rührseligkeit, Kitsch und Entertainmentgefühlen von der Stange. Ihm war es darum zu tun, den Mechanismus zwischen sinnlicher Wahrnehmung und mentaler Verortung, Stimulus und Verarbeitung zu ergründen. Und er findet diesen Mechanismus, der in einem permanenten Prozess des Vergleichens besteht. A priori hin, a posteriori her – wo ist die Henne? Wo das Ei? Nehmen wir nur das wahr, was wir wahrhaben können, oder werden wir von dem überflutet, was von außen auf uns eindringt? Eigentlich sind diese Fragen müßig. Fakt ist, dass wir, unser Gehirn permanent Außenimpulse und Innenwelten miteinander abgleicht: vergleicht. Es sucht nach Unterschieden und Ähnlichkeiten. Es ist davon auszugehen, dass die Suche nach Ähnlichkeit unser Leben, die Gesamtheit unserer Wahrnehmungsmöglichkeiten bestimmt. Im Wesentlichen konzentriert sich die Fragestellung auf eine Denkfigur, die in etwa so lautet: »Im Grunde« macht man alles überall gleich, die Unterschiede sind marginal. Mit gleichem Recht könnte man aber Gegenaussagen von Differenzfetischisten dagegensetzen, die davon ausgehen, dass man im Grunde alles überall anders macht und die Gemeinsamkeiten marginal sind. Über den Status der Ähnlichkeit, genauer der Operation, Ähnlichkeiten herzustellen, werden Weichen für unsere Deutung der Welt gestellt, wird alles Material gleichsam geordnet. Im Grunde ist die Suche nach Ähnlichkeiten nichts anderes als die Recherche eines Gemeinsamkeitsprinzips jenseits scheinbar »unüberwindlicher Unterschiede«. Dieses Prinzip lässt sich auf unterschiedliche Ebenen herunterbrechen. Zum Beispiel: »Der Islam« als inkommensurabel mit Systemen des Westens oder als monotheistische Varietät ist eine gleichermaßen plausible wie fragwürdige Vorstellungsmöglichkeit. Eines ist so plausibel wie das andere.

Auch in Konfliktfällen beinhaltet der Prozess des Löschens oder des Betonens von Ähnlichkeiten das Freund-Feind-Verhältnis, das mithin nicht als gegeben vorauszusetzen, sondern als konstruiert zu erklären ist. Immer aber sind wir, allein wir, die Herren des

Verfahrens. Alles wird auf einem imaginären Markt der Meinungen »ausgehandelt«. Mit unserem Verstand, aber auch mit allen unseren Sinnen ist jeder von uns zentral daran beteiligt. Was für eine befreiende Art des Denkens und Empfindens. Oszillierend, fluktuierend, nie statisch verschlossen.

So gesehen ist selbst der Akt des Feststellens von Ähnlichkeiten zugleich auch eine Prozedur der Organisation von Ordnung. Ähnlichkeit verspricht und verpflichtet reflexartig zu Zusammengehörigkeit. Sie stabilisiert Gruppen und isoliert Einzelfälle. Krisen in der Wahrnehmung und Feststellung von Ähnlichkeiten sind Krisen des gesellschaftlichen Gefüges. Ähnlichkeit ist nicht zuletzt ein Akt der Vermischung ohne abwertenden Beigeschmack (Mischling).

Sie ist eine akzeptierte Praxis des Synkretismus, ist Verschmelzung ohne Wechsel des Aggregatszustands: Mythen, Religionen, Grenzkulturen überschreiten die Ränder der einzelnen Zwischenräume, dürfen sich mit ihnen verbinden, ohne sich dem Vorwurf des Verrats zu unterziehen. Eine Poetik der Ähnlichkeiten könnte zur Schlüsselmethode der Solidaritätskonzepte des post-postkolonialen Zeitalters werden. Wer so denkt, muss keine großen Reisen unternehmen – die wirkliche Reise findet im Gehirn und in den flirrenden Nervenbahnen statt. Wenn Kant mit seinen Überlegungen dazu bereits einen frühen Beitrag zu diesem Denken geleistet haben sollte, reicht er unmittelbar in unsere Gegenwart hinüber.

Mochten die Nachbarn ihm also ruhig ein wenig spöttisch nachschauen, wenn er Punkt zwei Uhr, Tag für

Tag, seine Runde drehte. Sie wussten ja beide, was sie voneinander zu halten hatten. Sie waren für ihn leere Fläche. Er für sie ein vertrauter Exot. So konnte man schon halbwegs miteinander auskommen.

DER OLLE
»RASSIST«?

Am 18. August 1777, kurz nach den Ferien, kam es im Hörsaal Kants zu einem merkwürdigen Auftritt. Ein kleiner, schief gewachsener und buckliger Mann in einem verschlissenen grauen Rock schlich herein und drückte sich verlegen in eine Ecke. Für die Studenten ein Störfaktor. Unmöglicher Kretin ... ein veritabler Gnom ein »Spast« ... die Tuscheleien begannen in den hinteren Reihen und schwappten nach vorne, bis Kant dem Geraune mit einer schnellen Geste ein Ende machte. Hier am Fenster wäre noch etwas frei. Der Fremde zwängte sich gehorsam durch die Reihe und nahm endlich umständlich und von heimlichem Gekicher begleitet für den Rest der Stunde Platz. Kaum war das Kolleg zu Ende, begann das hämische Gegacker von Neuem, als der kuriose Kauz sich den Weg zu Kant bahnte und ihn ansprach. Verwundert sahen die Studenten, dass ihr Professor diese eigenartige Existenz geradezu freundschaftlich begrüßte und umarmte. Kurz darauf ging es wie ein Lauffeuer durch den Saal: Kein anderer als Moses Mendelssohn, der berühmte Philosoph aus Berlin, sei bei Kant. Was, diese unscheinbare und irgendwie kränkliche Kreatur sei ... Und bald fiel auch das Wort »Jude«. Natürlich so, dass

Kant es nicht hören konnte. Bei den Juden wusste man ja nie, woran man war. Sogar der berühmte Lessing war ihm doch auf den Leim gegangen und hatte stundenlang mit ihm diskutiert. Und nun Kant: Da gingen sie dahin, diese beiden kleinen Männer. Die Studenten sahen ihnen nach, wie sie über den Hof tippelten und hinter dem Tor verschwanden.

Fuchtelnd und wild gestikulierend der eine, ruhig, gelassen der andere. Windschief und verwachsen der eine wie der andere. Von hinten hätte man beide für zwei kleine Juden halten können. Mit den Juden hatte der Kant es ja, munkelte man. Sein erklärter Liebling war Marcus Herz, eine quirlige Frohnatur, dem keiner so recht abnehmen konnte, dass er der Sohn von irgendeinem ultraorthodoxen, ärmlichen Thoraschreiber aus einem Berliner Bezirk war. Schnell im Denken, witzig und respektlos. Dem Herz konnte man nicht böse sein, hieß er doch auch noch Marcus wie ein richtiger Christenmensch, nicht Schmul oder Mendel oder Moicher, wie sie halt sonst alle hießen.

Kant mochte ihn jedenfalls. Ein paar Mal hatte man sogar beobachtet, wie sie am Nachmittag in der Allee hinter der Kirche eifrig diskutierend spazieren gingen.

Und jetzt schon wieder einer. Kant hatte diesen staubgrauen Zwerg, diesen Mendelssohn, ja fast umarmt, als er ihn sah. Wenn das so war, dass einer wie Kant den umarmte, konnte es mit diesen Leuten ja doch nicht so schlimm sein, wie man immer sagte.

Er war wohl von irgendwelchen Thoragelehrten nach Königsberg geschickt worden, munkelte man. Ausgerechnet zu Kant, der sich aus orthodoxen Religionen nicht das Geringste machte und das Judentum als erstarrtes System überkommener Rituale, als krauses, sinnloses Regelwerk jenseits aller Vernunft verachtete. Ein Verdacht, den er nicht nur gegenüber dem Judentum äußerte, sondern gegen alle religiösen Kongregationen, die er mit Pfaffentum, Fetischismus, statutarischen Geboten, starren Glaubensregeln und Überwachung gleichsetzte.

In der Vorlesung neulich, warf einer der Studenten ein, hatte er die Juden doch noch als, er blätterte hastig in seinem Skript nach, hier: als »Vampyre der Gesellschaft« bezeichnet. Vampyre, das Wort sei ihm aufgefallen, er habe es deshalb mitgeschrieben. Genau, denen man »Euthanasie« wünsche. Was das heiße? Ein Kommilitone assistierte bereitwillig. Ist doch klar: schönes Sterben. Ruhet sanft, ihr Thorarollen mit euren Abertausenden von Verboten, Verordnungen und Geboten, über die man heutzutage doch nur lachen könnte, Skelette finstersten Aberglaubens. Und mit so einem watschelt unser Kant nun durch Königsberg und diskutiert über Gott und die Welt.

Sicher sah man Kants unbefangenen, ja freundschaftlichen Umgang mit dem Berliner Mendelssohn mit gemischten Gefühlen. Und konnte sich keinen rechten Reim auf diese eigentümliche Konstellation machen. Offenbar aber verfügte er wie auch sein jüdischer Gesprächspartner über die Fähigkeit, im Gegenüber nicht primär den Vertreter einer Religionsgemeinschaft, sondern ein nachdenkliches, denkendes Individuum zu sehen. Aber Vorsicht, so etwas sagt sich leicht. Sagt sich leicht – lebt sich schwer. Ein derart offen denkender Aufklärer hätte – so würde man vielleicht erwarten – vor Begeisterung aufspringen müssen, als er 1779 die ersten Druckbogen des großen Toleranzepos von Lessings *Nathan der Weise* in Händen hielt. Stattdessen fiel seine Bemerkung über dieses theatralische Hochamt der Toleranz auffällig zurückhaltend aus. Man kann rätseln, weshalb? Vielleicht weil er nach wie vor allen theatralischen Zurschaustellungen von Moral skeptisch gegenüberstand. Oder weil ihm das Chaos am Ende des Dramas störte – wenn jeder entdeckt, dass er / sie ein anderer / eine andere ist, als er bisher glaubte –, weil stumme, wortlose, begriffsfreie Umarmungen definitiv nicht seine Sache waren?

Wie auch immer – man sieht daran, wie kompliziert mitten im aufgeklärten 18. Jahrhundert die ideologischen Frontverläufe noch waren und dass mit einer schematischen Aufteilung in politisch korrekte und unkorrekte Denkweisen nichts geleistet ist. Auch hier dominieren »gemischte«, oft genug widersprüchliche Gefühle – und dies war definitiv Kants starke Seite nicht. So konnte es passieren, dass er sich bei seinen Tischgesellschaften in heiterer Runde durchaus despektierlich über »die Juden« ausließ, bisweilen sogar das »Jiddische« karikierte und mit dem Satz brillierte, dass Juden eben Juden sind und bleiben.[13] Das beifällige Gelächter der Runde war ihm vermutlich sicher. Nicht nur im geselligen Umgang parlando – auch im wissenschaftlichen Diskurs waren Ausfälle des großen Transzendentalphilosophen keine Seltenheit. Mitte der 1790er-Jahre zum Beispiel sperrte sich Kant gegen einen Korrekturvorschlag seiner kritischen Schriften durch den jüdischen Philosophen Salomon Maimon. Ein Rabbinersohn aus dem Polnisch-Litauisch-Belarussischen, der sich, angetrieben von immenser Wissbegierde und befeuert durch außergewöhnliche Intelligenz, gegen alle Widerstände einer drakonischen Orthodoxie in den Westen durchschlug – nur um dort Anschluss an die großen Schulen der Aufklärung zu finden. Eine Odyssee im Dienste der Wissenschaft. Er war gezwungen, sich als Hauslehrer, Bettler, Übersetzer durchzuschlagen und alle möglichen Seiten um Unterstützung zu bitten. Meist erfolglos. Dennoch, im Lauf der Jahre auf allen möglichen Gebieten bewandert, mit profunden Kenntnissen in Geschichte, Astronomie und Mathematik, musste er sich legitimiert glauben, in den Kreis der ausgewählten Vordenker aufgenommen zu werden. Deshalb erlernte er neben Hebräisch und Jiddisch auch noch Deutsch und lernte, las und schrieb mit unermüdlichem Eifer – kaum ein Gebiet, mit dem er sich nicht auseinandersetzte: Maimonides, Kabbala, Spinoza, Chassidismus. Kein Ort, an dem er nicht Studien betrieb oder Anschluss suchte: Berlin, Frankfurt, Amsterdam, Hamburg, Posen, Königsberg. Meist untergebracht in bewachten Aufnahmeunterkünften, da die Einreise mittelloser Juden unerwünscht war. Geduldet und polizeilich verfolgt wegen der Lektüre angeblich häretischer Schriften. Immer auf der Suche nach Kontakten, möglichen Förderern, Kollegen, mit denen er sich austauschen könnte. Die Taschen voller vermeintlicher Empfehlungsschreiben zog der heruntergekommene Tramp der Aufklärung weiter und weiter. Ein Kontakt zu Mendelssohn schien vielversprechend. Auch zu Kant schien ein Kontakt möglich.

Brillant und miserabel zugleich blieb er jedoch immer eine Randexistenz. Sein Fall zeigt die Doppelnatur des hehren Projekts »Aufklärung« in ganzer Schärfe. Und er war durchaus kein Einzelfall. Auch nachträglich als »groß« erkannte Autoren wie Kleist, Lenz, Hölderlin scheiterten am System der Aufklärung, das alles andere als den Menschen zugewandt war. Vor allem handelte es sich auch um eine Bewegung, die krasse Unterschiede schuf und strikt zwischen Inkludierten und Exkludierten unterschied. Ein eigentümlicher Widerspruch innerhalb des janusgesichtigen Phänomens, das mit autoritären Mitteln gegen autoritäre Strukturen kämpfte. Elitär und egalitär zugleich, hart und geschmeidig. Unwillkürlich muss man an Mozarts »Zauberflöte« denken, wo die Eingeweihten und Auserwählten scharf von den Unwürdigen selektiert werden. Man kann es drehen, wie man will, die Aufklärung ist nicht zuletzt ein Instrument der Herrschaft, der Macht, sie kann und will einschüchternd wirken. Und Kant selbst ist ein starkes Beispiel für den Effekt systematischer Einschüchterung. Nur ein Schritt von der Doktrin und den Codes der Kenner und »Eingeweihten«, und du wirst zum mitleidig belachten Paria. So auch der arme, verzweifelte, scharfsichtige Salomon Maimon, dem die Studenten wegen seiner exzellenten Hebräischkenntnisse einen gewissen Respekt zollten und ihm zugleich rieten, nach Berlin weiterzuziehen. Auch Kant selbst verhielt sich gleichfalls extrem ambivalent. Ein Autodidakt, der niemals eine Universität besucht hatte und dem es dennoch gelang, sich nicht nur in die *Kritik der reinen Vernunft* hineinzudenken, sondern auch Schwachstellen darin aufzuspüren. Und bloßzulegen. In seinem ersten auf Deutsch geschriebenen Werk *Versuch über die Transzendental-philosophie* (erschienen 1789) unternahm Maimon genau dies. Kant reagiert auf die ihm zugesandte Schrift taktisch klug und zögert nicht, den Verfasser für seinen kritischen Blick zu loben und zu betonen, dass seine Fähigkeit des Argumentierens eine ungewöhnliche Begabung verrate.[14]

Dieser anerkennende Brief Kants sollte für Maimon zu einer Art Türöffner werden. In der Tat fand er durch dieses Schreiben von höchster Stelle mehr Gehör. Sein Werk wurde verlegt, einige Aufsätze erschienen.

Zu einem weiteren, wirklichen Gedankenaustausch zwischen Kant und Maimon kam es jedoch nicht. Kant verwies im internen Kreis lediglich auf sein hohes Alter, das ihm nicht mehr erlaube, »fremde Ideen« zu berücksichtigen.

Noch dazu, wie im Subtext ziemlich deutlich zu spüren ist, wenn diese Ideen aus dem Osten, mehr noch von einem jüdischen Außenseiter kamen. Auch den Vorschlag einer »Nachbesserung« durch Maimon legte er mit der verräterischen Bemerkung ab, dass »dergleichen die Juden gerne versuchen, um sich auf fremde Kosten ein Ansehen von Wichtigkeit zu geben«. Da ist er also, der Generalverdacht gegen »die Juden« und ihre angebliche Neigung zum Schmarotzertum in voller Unverfrorenheit. Man kommt nicht umhin, sich zu fragen, wie das alles zusammengeht. Große Nähe zu einigen jüdischen Kollegen, klare Ressentiments gegen »die Juden«. Manch gutwilliger Interpret geht davon aus, dass Kant in seiner eigenen, abstrakten Welt, die er sich selbst gebaut hat, lebte und es versäumte, seine Schlüsse mit der Realität abzugleichen.

Darf man es sich so einfach machen? Bei anderen rassistischen Äußerungen mag es so sein, dass sie aus Unkenntnis der Realität erwachsen. Hier nicht: Kant stand wie angedeutet in regem Austausch mit Menschen jüdischer Herkunft. Dennoch dominierte im Zweifelsfall die »Maxime«, sollte man nicht deutlicher sagen »das Klischee«, gegen die reale Erfahrung. Wenn dieser Mechanismus selbst bei einem Denker vom Format Kants nachweisbar ist, muss sich keiner mehr wundern, dass ein Jahrhundert später Millionen dieser prekären Wahrnehmungsstörung zum Opfer fielen. Möglicherweise die andere, weit weniger angenehme Seite des Prinzips der selektiven Wahrnehmung im Wechselspiel von externen Eindrücken und internen Mustern. Man kann viel über Erkenntnismöglichkeiten und Grenzen spekulieren (und Kant hat im Grunde ein Leben lang im Wesentlichen nichts anderes getan) – wenn im Ernstfall daraus Blindheit für fremde Phänomene erwächst, kann man sich den Aufwand im Grunde sparen. Oder Konsequenzen daraus ziehen und den doch etwas bestürzenden Schluss ziehen, dass wir alle zum großen Teil Gefangene unserer eigenen Vorstellungen sind – ganz gleich, ob wir sie nun a priori oder a posteriori erworben haben.

Für Maimon jedenfalls ging es trotz der kurzfristigen Aufhellung durch die Kant-Episode weiter steil bergab: Er kam nicht ins System, obwohl man ihn – aus einem gewissen Sicherheitsabstand heraus – durchaus bestaunte. Sogar Goethe soll mit dem Gedanken gespielt haben, ihn nach Weimar einzuladen. Es blieb beim Gedankenspiel. Zu nahe sollte man den Sonderling dann doch nicht an sich und die zerbrechliche idealistische Glasmenagerie heranlassen. Er könnte etwas kaputt machen. So blieb auch Kants *Kritik der reinen Vernunft* unversehrt in der Glasvitrine unserer geistigen Preziosen unter Verschluss – und keiner wagte es, sie ohne sterile Handschuhe anzufassen.

Trotz seiner intellektuellen Fähigkeiten gelang es Salomon Maimon symptomatischerweise nie, einen angemessenen Lebensunterhalt zu verdienen. Sein Äußeres, so wird kolportiert, war stets armselig – weder Perücken noch Gesichtspuder. Seine Schriften verfasste er häufig in Kneipen, wobei nicht selten Manuskripte verloren gingen. Und es waren dennoch, trotz widrigster Umstände, noch sehr viele: Im Jahre 1797 erschien das letzte monografische Werk Maimons: *Kritische Untersuchungen über den menschlichen Geist oder das höhere Erkenntnis- und Willensvermögen*. Er träumte weiterhin davon, nach Berlin zurückzukehren und eine Abhandlung zu schreiben, die endlich erklärte, was das Absolute sei. Er starb, bevor dieser Traum nur ansatzweise in Erfüllung ging, im Alter von 47 Jahren.

Rassistisch und politisch unkorrekt oder nicht? Die allermeisten versuchen, Kant zu retten oder enthüllend anzuklagen. Beides ist sinnlos. Denn beide Ansätze umgehen ihn als historische Figur. Denn auch Kant, selbst Kant, ist zum großen Teil ein Produkt seines geistigen und emotionalen Umfeldes. Teil jener fast rabiaten Erkenntnis und Wissenskultur auf der Suche nach der absoluten Wahrheit. Aufgrund seiner eminenten Fähigkeit zur Systematik und seines Perfektionismus ist er sogar zum einzigartigen Repräsentanten dieser Kultur geworden. Einer Kultur, die, ob sie es will oder nicht, von Ausgrenzungen, Kategorienbildungen lebt. In ihnen verwurzelt ist, denkt, atmet. Ja, auch atmet, denn es handelt sich letztlich um nichts anderes als um eine selbstgefertigte Sauerstoffhülle, unter der man lebt und gut überleben kann. Solange keine Risse in die Hülle kommen. Außenseiter, Fremde können solche Risse bewirken. Und Kant war zu Recht auf der Hut vor ihnen. Schüler konnten ihn nicht ernsthaft gefährden. Kollegen hielten sich auf Abstand. Die immer gleichen Figuren, die sich um den Mittagstisch versammelten, durften nicht über seine Arbeit reden. Ein minutiös durchgestaltetes System. Der intellektuelle Spaziergänger Kant inhalierte genauso viel an externer Atemluft, als ihm dienlich war, um den hermetisch geschlossenen Kreislauf seines Denkens stabil halten zu können. Und Maimon (wie auf seine Art auch Swedenborg) war der roten Linie schon verdammt nahe gekommen, weil er unwissentlich neuralgische Punkte berührt hatte.

Wenn Kant hingegen von »fremden Rassen«, von exotischen Völkern sprach, die für ihn keine Gefahr ausstrahlten, weil er sie nur vom Hörensagen und aus Berichten kannte, war er erstaunlich korrekt. Erstaunlich deshalb, weil Mitte des 18. Jahrhunderts im Kontext der großen Entdeckungsreisen und medizinischer Forschungen latenter Rassismus an der Tagesordnung war. Einer der Freunde Kants, der hochdekorierte Anatom, Anthropologe, Paläontologe und Erfinder Samuel Soemmerring, zögerte nach dem Sezieren der Leichen von Afrikanern nicht, diese mit verschiedenen Affenarten zu vergleichen und als

Resultat seiner Untersuchungen extrem dubiose Schlüsse zu ziehen. Einer davon die These: »daß im allgemeinen, im Durchschnitt, die afrikanischen Mohren doch etwas näher ans Affengeschlechte, als die Europäer gränzen.« Wobei es, so räumt er gnädig ein, auch »unter den Schwarzen einige gäbe, die ihren weißen Brüdern« nahestehen.[15]

Im Vergleich dazu sind alle Bemerkungen von Kant zur Frage der »Rassen« geradezu harmlos. Die Frage, ob und weshalb es überhaupt so etwas wie »Rassen« gebe, beantwortet er relativ pragmatisch und, wenn man so sagen darf, auf eine etwas trivialwissenschaftlich anmutende Art und Weise. Klima, Wärme oder Kälte, Flora und Fauna der jeweiligen Regionen hätten einfach entwicklungsgeschichtlich unterschiedliche körperliche Beschaffenheit ausgebildet: Hautfarbe, Blutkonsistenz etc. Bemerkungen über intellektuelle Höher- oder Minderwertigkeit fallen nicht ins Gewicht.

Dies ist nicht der krampfhafte Versuch eines White- oder Greenwashing. Es geht allein darum, besser zu verstehen, wo die neuralgischen Punkte im System Kant lagen. Und da lässt sich feststellen: Angriffe auf sein System alarmierten ihn mehr als Hautfarben und Blutzusammensetzung.

Anmerkung des Autors: Ich würde mir wünschen, dass die von Enthüllungseifer gelenkte Diskussion um vermeintlich rassistische Tendenzen eines Wissenschaftlers der vor 300 Jahren arbeitete, vorbeigehen möge. Aber ich weiß, wie aufgeheizt die Stimmung in dieser Hinsicht derzeit ist.

KRISTALLKLARE PLÄNE

Kant war verwirrt. Der Nerv in seinem Kopf begann zu zucken, wie er es immer tat, wenn Neues, Unerwartetes auf ihn eindrang. Dieser metallene Draht im Hirn, irgendwo zwischen den Gehirnfasern. Aber das war gut so. Er konnte spüren, dass da etwas in Bewegung geriet, auch wenn es wehtat. Auf seine Art hatte Green ja recht. In Paris war die Alte Welt ja auch eingestürzt. Er hatte die Französische Revolution nicht ganz an sich herangelassen. Nicht so nah, dass er das Schafott fallen gesehen hätte. Zeitungsberichte hatten ihm genügt. Aber er wusste, dass die Welt aus dem Gleichgewicht geraten war.

Es passierte etwas. Draußen und in ihm. Seine Kritik war auch eine Revolution, eine Revolution ohne Blutvergießen – und ohne suggestive Reden. Eine nüchterne, kahle Revolte des Denkens. Aber das war noch längst nicht alles. Konnte nicht alles gewesen sein. Er musste seine Bastion ausbauen. Jetzt wo er das Maß des drohenden Unheils, den Einbruch der Anarchie erst recht ermessen konnte. Er musste an mehreren Fronten zugleich kämpfen: gegen die Fetische und Mumien der Kirche. Gegen den Zynismus der Mächtigen. Gegen die Klauen des Marktes. Und er musste sie mit seinen

Mitteln schlagen – mit denen des Verstandes, der Strategie und der Kraft eines in sich geschlossenen Systems.

Schön. Die *Kritik der reinen Vernunft* war ein erstes Zeichen gewesen, eine Revolution im Geistigen, ein Jahr bevor in Paris die Menschen auf die Barrikaden gingen. Aber das konnte längst nicht alles sein.

All das in diesem kleinen Zimmer, ohne eine andere Leidenschaft als seinen Traum, ohne ein Bedürfnis nach großen Vergnügungen, mit einer solchen Mäßigkeit und Regelmäßigkeit der Lebensweise, dass man sich – je nach Einstellung – Sorgen um ihn machte oder den Kopf schüttelte. Er tötete sich mit der Arbeit und lebte von ihr. Ein Fanatiker des Denkens, begeistert von seinem Studium, frei vom materiellen Leben. Seit dem letzten Herbst hustete er immer mehr; die kränkelnde Lunge machte ihm zu schaffen, ohne dass er sie einer Beachtung würdigte und ohne dass er sich pflegte.

Für ihn stand zu viel auf dem Spiel. Es ging nicht um ihn selbst – es ging um alle. Er kam nicht zur Ruhe, konnte nicht zur Ruhe kommen, solange die Sache der Vernunft nicht endgültig und widerspruchsfrei gesichert wäre. Mithin die Frage geklärt wäre, wie weit die Antennen unserer Vernunftkenntnisse reichen. Ob wir mit ihnen die Wirklichkeit der Dinge oder nur ihre Oberfläche erfassen können. Spekulation oder Logik, strenge Wissenschaft oder mystischer Dogmatismus – das war hier die Frage. Der kritische Weg, den Kant suchte, wollte diese in seinen unproduktiven Schwarz-Weiß-Schemata auflösen und nach einem dritten Weg suchen. Es ging ihm darum, den schmalen »Fußsteig zur Heeresstraße zu machen« und das, was Jahrhunderte nicht schafften, zu ermöglichen:

»nämlich die menschliche Vernunft in dem, was ihre Wissbegierde jederzeit, bisher aber vergeblich, beschäftigt hat, zur völligen Befriedigung zu bringen.«[16]

Nicht die Moral, nicht die Theologie, nicht der Markt: Allein eine radikale, gesteigerte, durch ein kritisches Verfahren geläuterte Vernunft konnte diesen Weg zwischen den historischen Ruinen der alten Philosophie bahnen.

Kant war kein Schwärmer. Die Intensität seines Angriffs ist Resultat eines systematischen Perfektionismus. Immer wieder betont er, dass es ihm darum gehe, jede logische Lücke in dem zu errichtenden Gedankengebäude zu schließen. So perfekt anzudichten, dass ein kompaktes Bollwerk entstand, das allen Angriffen standhielt. Ganz gleich, aus welcher Ecke sie kamen. Aus der der faktenversessenen Materialisten, der gottergebenen Fatalisten, der Atheisten und Freigeister oder der religiösen Schwärmer. Ob Aberglaube, Idealismus oder Schwärmertum – alle waren sie in Kants Augen despotisch gesinnt. Sobald man ihr geheiligtes System angriff, ihre »Spinnenweben« zerriss und diese gedanklichen Mumien attackierte, erhob sich »lautes Geschrei« und wütender Protest.

So gesehen ist sein kritisches Werk ein einziger vehementer, kritischer Sturmlauf gegen verknöcherte Strukturen und überkommene Dogmen. Kritik ohne vorangehende Kritik des eigenen intellektuellen Vermögens ist wertlos.

Und zwar eine gnadenlose Kritik, die alle Bereiche aus jedem nur erdenklichen Blickwinkel rasiermesserscharf erfasst. Um dies zu veranschaulichen, ist sein Werk von ganzen Sequenzen von Schaubildern durchzogen, die dem Leser immer wieder die argumentative Gesamtstruktur des revolutionierenden Neubaus vor Augen führen sollen. Bloß nichts Rhapsodisches, bloß keine Lücken in dieser Chinesischen Mauer des Denkens – stattdessen wieder und wieder: kristallklare Strukturen. Bisweilen sogar auf Kosten der Lesbarkeit, wie zum Beispiel hier, wenn es um die Topografie der Seele geht und Kant die Kristallisationspunkte seiner Logik auch grafisch zu veranschaulichen versucht. Er bestand auf diesem Druckbild, das mit seinen Kürzeln eher einer chemischen Formel als einem philosophischen Essay gleicht:

1. Die unbedingte Einheit des
Verhältnisses, d.i.
Sich selbst nicht als inhärent,
sondern substituierend.

2. Die unbedingte Einheit der
Qualität, d.i.
Nicht als reales Ganzes,
sondern einfach

3. Die unbedingte Einheit
bei der Vielheit in der Zeit, d.i. …
als Eines u. dasselbe Subjekt

4. Die unbedingte Einheit
Des Daseins im Raume, d.i.
Nicht als das Bewußtsein mehrerer Dinge ausser ihr,
Sondern
Nur des Daseins ihrer selbst anderer Dinge aber bloß
Als ihrer Vorstellungen

Zugegeben, wenn es um die gänzliche Neuvermessung der Grenzen und Möglichkeiten der Vernunft geht, wirkt Kant relativ abstrakt und verklausuliert. Man sollte sich von solch spröder Formelhaftigkeit jedoch nicht abschrecken lassen. Es lohnt der Mühe, denn es geht um etwas wirklich Großes. Um eine Revolution, die nicht im inneren Bezirk der Seele haltmacht. Letztlich steht das gesamte kosmologische Gefüge auf dem Prüfstand. Exakt vier kosmologische Ideen halten das Weltganze nach Kant zusammen:

1. Die absolute Vollständigkeit
Der Zusammensetzung
Des gegebenen Ganzen aller Erscheinungen

2. Die	3. Die
Absolute Vollständigkeit	Absolute Vollständigkeit
Der Teilung	Der Entstehung
Eines gegebenen Ganzen	Einer Erscheinung
In der Erscheinung	überhaupt

4. Die absolute Vollständigkeit
Der Abhängigkeit des Daseins
Des Veränderlichen in der Erscheinung

In allem, was er tut, besteht Kant auf Vollständigkeit. Heute würde man sagen, er besteht auf vollständigen Datensätzen. Denn nur dann ist es möglich, alle denkbaren Konstellationen zu erfassen, das gesamte Potenzial des menschlichen Verstandes freizusetzen.

Die systematische Präzision seines Ansatzes macht den Verstand zum zentralen Impulsgeber einer umfassenden Rechenoperation unter den Vorzeichen dessen, was wir heute künstliche Intelligenz nennen würden. Kant denkt und schlussfolgert auf der Basis mathematischer Gesetzmäßigkeiten und synthetischer Schlüsse.

Es ist kein Zufall, dass es in jüngster Zeit bereits Ansätze gibt, Kant als Vordenker der KI zu sehen. Es geht den Forschern dabei um Fragen der Wahrnehmung, des Erkennens, des Lernens, des Verstehens und um die uralte Debatte zwischen Empiristen und Rationalisten im Zusammenhang mit sogenannten tiefen neuronalen Netzarchitekturen sowie um die Relevanz von Kants Konzeption des Erkennens und Verstehens. Ihre Hoffnung: im Zusammenwirken von Kants natürlicher Intelligenz mit den Algorithmen der künstlichen Intelligenz möglicherweise sehr viel tiefere Zusammenhänge der Welt erfassen, erklären und kommunizieren zu können. Um möglicherweise Aufgaben zu bewältigen und Ziele zu erreichen, die er allenfalls ahnen konnte: den »ewigen Frieden«, einen vernünftigen Umgang mit der Natur, Reduktion zerstörerischer Affekte …

Das Potenzial der künstlichen Intelligenz lässt sich also letztlich zur Umsetzung der kantschen Maximen nutzen. Lassen Sie uns am Ende dieses Essays einen kleinen Versuch in dieser Richtung machen.

Die Aufgabe dieser ganz besonderen KI wäre es, Situationen zu analysieren, diese Situationen maximal verständlich zu erklären und Lösungsvorschläge / -ansätze für Probleme, die den Menschen / die Menschheit betreffen, auszuarbeiten. Denn nichts Geringeres als diese Zielgruppe, die Zielgruppe »Menschheit«, hatte Kant im Sinn, und man darf wohl sagen, bis zu einem gewissen Grade erreichte er sie in der Tat. Ich sage bewusst: bis zu einem gewissen Grade – denn die sehr spezielle Sprache Kants bildet eine nicht zu unterschätzende Hürde auf dem Weg, ihn verstehen, vielleicht sogar, ihm folgen zu wollen.

Nehmen wir zum Beispiel nur einen fast beliebigen Ausschnitt aus der *Kritik der reinen Vernunft* – Kapitel »transzendentale Dialektik«, Abschnitt »System der kosmologischen Ideen«.

Wie immer geht es Kant im Wesentlichen darum, den archimedischen Punkt zu bestimmen, an dem die konkreten empirischen Erfahrungen ins Generelle umkippen.[17] Den Moment zu bannen, in dem sich individuelle Empfindungen in generelle Einsichten verwandeln. Kants Gehirn stellt sich also ein Gehirn vor, das aus den Fakten, aus dem konkret Bedingten das Unbedingte, Absolute zu erschließen vermag. Das also das Erlebnis persönlicher Wahrnehmung ins Abstrakte gleichsam »hochrechnet«.

Nicht dass Kant den Wert der Empirie gering schätzen würde. Immer wieder betont und belegt er den Wert sinnlicher Erfahrung zum Teil prinzipiell, zum Teil anhand von Beispielen. Freilich ist ihm dies nicht genug. Er sucht unablässig nach der Schnitt- oder Nahtstelle zwischen dem faktisch Begrenzten und dem Unendlichen. Er sucht nach der Stelle, an der beide Sphären miteinander in Berührung kommen und sich aneinander befeuern. Er sucht genau dort, wo alles begann – in Raum und Zeit.

Die Zeit als Kontinuum, in dem jeder gegenwärtige Augenblick als Teil einer Abfolge aller vergangenen Momente begriffen wird. Denn wir betrachten die Welt in jedem Moment ausschließlich aus dem Blickwinkel unserer sehr begrenzten und gelegentlich überbordenden Wahrnehmungsmöglichkeiten. Wir gestalten und formen sie, wir modellieren und segmentieren sie. Die Vorstellung der Zeit selbst ist »Anschauung«.

Entsprechendes gilt für die andere der beiden großen Kategorien Kants, die des »Raumes«. Jener Raum, jene Räume, der eigentlich nur durch den, der ihn betritt, entsteht. Und der sich, indem er ihn betritt, öffnet oder verschließt, sich weitet oder verengt. Und der dennoch, als topografische Realität, auch ohne diejenigen, die ihn durchmessen, vorhanden ist. Wieder eine jener Kippstellen zwischen Empirie und Idee, Außen- und Innenwelt, für die sich Kant brennend interessiert: Neuland, Terra incognita des Denkens und Fühlens.

Neuland auch für Kant selbst, der sich deshalb vorsichtig und behutsam, Schritt für Schritt sichernd, auf dieses unbekannte Gelände begibt.

Nicht selten hört man bis an den Rand der Verzweiflung führende Klagen über das extrem komplexe Denken und die extrem komplizierte Syntax Kants. In der Tat, seine Sätze sind gelegentlich wahre Labyrinthe, aus denen ein erhellendes Entkommen kaum möglich scheint. Der innere Grund hierfür ist nicht in einer verqueren Neigung zu sehen, alles möglichst umständlich und unzugänglich zu formulieren. Im Gegenteil: Um alle Phänomene eines Gedankens zu erfassen, unternimmt Kant es, bis an die Grenze der Tragfähigkeit seiner Sätze zu gehen. Selbst wenn er dafür in einen wahren syntaktischen Dschungel von Verschlingungen und Verwicklungen gerät. Für ihn stellen diese scheinbaren Verwirrungen kein nennenswertes Problem dar – in der *Kritik der reinen Vernunft* geht er fast locker darüber hinweg und postuliert ermutigend:

»Hier zeigt sich nämlich ein neues Phänomen der menschlichen Vernunft, nämlich: eine ganz natürliche Antithetik, auf die keiner zu grübeln und künstlich Schlingen zu legen braucht ...«

Und schon sind auch wir, seine Leser, bereit, ihm ein Stück, einen Satz weiter in den Dschungel seines dialektischen Ideenwaldes zu folgen:

»[...] sondern in welche die Vernunft von selbst und zwar unvermeidlich gerät, und dadurch zwar vor den Schlummer einer eingebildeten Überzeugung, den ein bloß einseitiger Schein hervorbringt, verwahrt, aber zugleich in Versuchung gebracht wird, sich entweder einer skeptischen Hoffnungslosigkeit zu überlassen oder einen dogmatischen Trotz anzunehmen und den Kopf steif auf gewisse Behauptungen zu setzen, ohne den Gründen des Gegenteils Gehör und Gerechtigkeit widerfahren zu lassen.«[18]

Man spürt förmlich: Unser Gedanken-Guide ist hellwach, wittert die Gefahren, die links und rechts vom Pfad der Vernunft lauern, und hält Kurs. Zugleich

kann man erkennen, dass dieses Satzgebilde, Satzge-
birge dadurch entsteht, dass der Verfasser mit allen
Mitteln versucht, nicht nur eine wichtige Aussage
unterzubringen, sondern zugleich deren mögliches
Gegenteil wie auch das Gegenteil des Gegenteils unter
das Dach eines Satzes zu zwingen. Mit dem Ziel, die
innere Ambivalenz und Stimmigkeit seiner Gedanken-
experimente mit jedem einzelnen Satz zu dokumentieren, zu konkretisieren. Wobei er für den Fall der
Abweichung von diesem, seinem erklärten Kurs nicht
zögert, intellektuelle Höchststrafen zu fordern, ja er
spricht sogar von der »Euthanasie der reinen Vernunft«[19]. Natürlich haftet dem Begriff des schönen
Todes seinerzeit noch nicht der schreckliche Schatten
an, den er im 20. Jahrhundert unter dem Holocaust
erhalten sollte. Dennoch: Die Drohung des sanften
Versterbens und Verdämmerns der Vernunft im mentalen Niemandsland zwischen rigidem Dogmatismus
und zynischem Relativismus ist keine geringe Drohung.
Andernfalls sieht Kant die Gefahr des Zwiespalts und
der »Zerrüttung« aufziehen. Demgegenüber ist sein
Ziel eine synthetisierende Erfassung des Weltganzen,
die Totalität der »Weltbegriffe«. Ein kosmischer Dom
aus Leitbegriffen, der die Dinge der Welt weder willkürlich sammeln und katalogisieren will, sondern
lebendige Beziehungen zwischen Ding und Idee herstellen möchte. Nicht zufällig tritt, wenn es um seine
Vision geht, immer wieder der Begriff der »Kosmologie« in den Vordergrund. Eine Kosmologie, eine
Historie der Welterschaffung, in deren Mittelpunkt
nicht der Urknall der Materie, sondern der des Verstandes, der Vernunft steht.

Es wäre freilich nicht Kant, stünde er nicht seinen eigenen Weltentwürfen und Utopien kritisch gegenüber. Seine Rhetorik ist nicht die eines Manipulators, sondern eines gewissenhaften Sachwalters auch und gerade des Visionären.

WO STEHT KANT, WO KOMMT ER HER? WO FÜHRT ER HIN?

Gewiss: Kant ist ein Solitär, ein Sonderfall. Aber: Er ist auch Teil einer europaweiten Wissenscommunity, ohne die er nicht denkbar wäre. In der Wendezeit zwischen dem späten 17. und dem frühen 18. Jahrhundert kam es europaweit zu entscheidenden Weichenstellungen für die Moderne. Die Wissenschaft wurde zur Naturwissenschaft umgebaut. Der Erkenntnistrieb des Menschen wagte es, ohne göttliche Vermittlung nach den Dingen selbst zu greifen. Gewohnte Sicherheiten gingen in die Brüche. Das bislang in ein System – meist ein theologisches – eingebettete Individuum war gezwungen, sich neu zu positionieren, sich neu zu erfinden. In den Jahrzehnten zwischen 1680 und 1710 setzt ein in dieser Dichte bislang ungekannter Selbstreflexionsprozess ein.

Äußerlich betrachtet schien alles weitgehend wie immer; die feudalen Ordnungen hatten sich trotz der politisch-religiösen Umwälzungen wieder etabliert. Die alten Führungseliten aus Aristokratie und Kirche hatten noch immer das Heft in der Hand, und die überkommenen Hierarchien waren scheinbar ungefährdet. Unter der Oberfläche freilich begann es zu brodeln. Auf den Bühnen probte man den Aufstand – zwar noch nicht der Plebejer, wohl aber der Bürger, die allmählich aus ihrem 500-jährigen Dauertiefschlaf erwachten und sich zu formieren begannen. Europaweit – Schwarmintelligenz: Immer wieder rätselt man, ob vergleichbare Bewegungen sich auch außerhalb von Europa beobachten lassen. Doch das Phänomen, dass sich länderübergreifend eine im Kern gleiche kritische Haltung aufbaut, die alle Lebensbereiche aufs Intensivste durchdringt, ist relativ einmalig. Ob im Frankreich des Ancien Régime, im England des fortgeschrittenen Kapitalismus und Merkantilismus, im kleinstaatlich zerstückelten Deutschland, am russischen Zarenhof oder in den skandinavischen Ländern – überall begann sich der neue Denk- und Empfindungsstil, wenn nicht auf Anhieb durchzusetzen, so doch massiv zu manifestieren. Auch dürfte es schwerfallen, eine solch überwältigende Fülle von Persönlichkeiten zu finden, die, netzwerkartig miteinander verflochten, das Gewebe dieses Denkens fieberhaft verbreiteten und perfektionierten. Die Schreibtische der Gelehrten, Theoretiker und Philosophen der Aufklärung wurden zu Laboratorien der Kritik. Innerhalb weniger Jahre entstand eine hochelaborierte Essaykultur, deren Kritikfähigkeit, Skeptizismus und Mut vor keiner noch so verwegenen Idee haltmachte, alles infrage stellte. Einer der Enzyklopädisten fragte kühn:

»Was ist diese Welt [...]? Ein Konglomerat, fortwährend Umwälzungen unterworfen, die alle eine beständige Tendenz zur Zerstörung anzeigen; eine schnelle Aufeinanderfolge von Wesen, die einander ablösen, sich verdrängen und verschwinden, eine vergängliche Symmetrie, eine vorübergehende Ordnung [...]. Wir alle werden vergehen, ohne dass man die wirkliche Ausdehnung, die wir eingenommen oder die genaue Zeit, die wir gedauert haben, jemals bestimmen könnte. Zeit, Materie und Raum sind vielleicht nur ein Punkt.«[20]

Ein skeptischer Relativismus, der Kant – aller Liebe zum dialektischen und kritischen Denken zum Trotz – widerstrebt und ihn von den mondänen Salons und Diskussionsrunden in Paris oder an den großen Höfen Europas unterscheidet. Dort diskutiert man freimütig, offen und häufig zynisch oder frivol – kennt keine Tabus. Stimmen wie die von Voltaire, Rousseau und Diderot gaben den Ton in ganz Europa an. Einer der führenden Köpfe, Akteure und Meinungsmacher war der heute nicht mehr selbstverständlich bekannte Denis Diderot, dessen Essays und kritische Dialoge ebenso lebhaft diskutiert wurden wie seine Theaterreformen, die den Bühnen einen neuen Erziehungsauftrag gaben und sie zum Forum vehementer Emanzipationsversuche werden ließen. Selbst die »Sache Gott«, »la chose de Dieu«, und damit das Rückgrat der absolutistischen Ordnung stand zur Disposition, denn:

»Geht eine Erscheinung – unserer Ansicht nach – über den Verstand des Menschen, dann sagen wir sofort: ›Das ist ein Werk Gottes!‹ Unsere Eitelkeit begnügt sich nicht mit Geringerem. Etwas weniger Hochmut und etwas mehr Philosophie!«[21] So gesehen ist Kant zugleich auch ein Teil dieser Community. In dieser Welt konnte selbst ein »Wörterbuch« weit mehr als eine harmlose Anhäufung gelehrten Wissens sein. Es war vielmehr der explizite Versuch, ein über Jahrhunderte gültiges Kartell der Herrschaft über das Wissen zu sprengen, die Hierarchien zu stürzen und den Thesaurus menschlicher Erkenntnisse neu aufzuteilen. Insofern hatte die Polizei, hatten Kirche und Hof durchaus recht, wenn sie die im Entstehen begriffene *Encyclopédie* fürchteten und von Beginn an zu sabotieren versuchten. Wissen unlimitiert, unzensiert und ohne Rücksicht auf Oben und Unten zu kommunizieren, kam in der Tat einer Revolte gleich.

Jahrhundertelang war Wissen Macht. Es wurde wie ein Schatz gehortet und gehütet. Von wenigen für wenige. Um dies zu gewährleisten, wurden und werden noch immer rigide Zensurinstanzen eingesetzt. Die Forderung der Enzyklopädisten, unzensiert zu publizieren, kam schon für sich genommen einem Umsturz gleich. Und selbst ein Immanuel Kant konnte, wie wir sehen werden, seine Forderung nach freien Publikationsmöglichkeiten Jahrzehnte später nur mit Hinweis auf den königlichen Garanten der Toleranz, Friedrich den Großen, zu artikulieren wagen:

»Zu dieser Aufklärung aber wird nichts erfordert als Freiheit, und zwar die unschädlichste unter allem, was nur Freiheit heißen mag: die, von seiner Vernunft in allen Stücken öffentlichen Gebrauch zu machen.«[22] So plausibel und beinahe selbstverständlich dieser Satz heutzutage auch klingen mag: Man kann sich das Risiko, das mit dieser Mission verbunden ist, nicht groß genug vorstellen, waren dies alles doch Frontalangriffe auf das Machtgehege des Ancien Régime.

Wissen »bottom up« organisiert statt wie gewohnt »top down« und zudem nicht als die Tat eines Einzelnen, sondern einer Gruppe von an die hundert »Mitverschworenen« – die intellektuelle Crème de la Crème von Paris. Mit der Absicht einer solch grundsätzlichen Reorganisation des Wissenstransfers steht und fällt das politische Kräftespiel der Epoche. Mit dieser groß dimensionierten Selbstbewusstheit trat zum Beispiel das Netzwerk *Encyclopédie* unter Führung von Diderot an. In der Absicht, das gesamte Wissen der Zeit zu erfassen, es systematisch zu ordnen, auf seinen Wert oder Unwert zu untersuchen und darüber hinaus die Wissensbereiche miteinander zu verknüpfen. Das System Enzyklopädie enthält das Versprechen, die komplexe Welt im Ganzen, einschließlich der Ränder des Begreifbaren und des Irrationalen, zu durchforsten. Es ist kein Zufall, dass ein Literat der Impulsgeber dieser Aktion war und die Initialzündung gab. Mehr als die Philosophie oder eine der Naturwissenschaften bewegt sich die Literatur in der Treibsandzone zwischen den Fakten und ihren Fiktionen.

Dieser Wissensbegriff ist darum im Bereich der Schnittmenge zwischen Fakten und persönlicher Erfahrung angesiedelt. Wenn zwischen beiden kein überzeugender Bezug mehr besteht, beginnt die Literatur solche Inkongruenzen zu thematisieren. Sie tut dies, indem sie konkrete Individuen in idealtypische Situationen stellt und sie darauf reagieren lässt, genau beobachtet, ihre Wahrnehmungen dokumentiert. In diesem Sinne ist Wissen alles andere als die Addition von Informationen und Fakten, sondern vielmehr durch Erfahrung, vor allem auch durch eigene Erfahrung, beglaubigte Orientierung. Oder auch willentliche Neuorientierung. Und manchmal ist dieses Wissen nicht Macht, sondern möglicherweise: auch Einsicht in Ohnmacht. Freilich immer verbunden mit einer immensen Lust am Entdecken neuer Horizonte und der Möglichkeit, Irrlehren zu attackieren. Zum Beispiel die, dass das Verhältnis von Ursache und Wirkung kraft göttlicher Fügung festgelegt sei und alles auf dieser Welt einen »zureichenden Grund« in sich trage. Eine Art der Scheinaufklärung, die Kant extrem verhasst war. Wie man auf tiefschürfende Art flach sein konnte – von manchen Professoren der systemtrunkenen Phase der Aufklärung konnte man das zumindest lernen. Kant war mit diesem hochtrabenden Schwachsinn, der auch an respektablen Universitäten gelehrt wurde, permanent konfrontiert.

Jedenfalls muss man ihn sich in einer sehr angespannten Gemengelage vorstellen – umgeben von Metaphysikern, Konservativen und rechtgläubigen Theologen. Natürlich traf das nicht nur auf ihn, sondern auf viele seiner kritischen Zeitgenossen zu: Ob Diderot, Lessing oder Voltaire – sie alle standen unter permanenter Beobachtung. Waren gezwungen, sich zu tarnen, zu rechtfertigen oder zurückzuschlagen.

Auf dem Feld der Literatur und Philosophie war es Voltaire, der mit den Mitteln der Satire am härtesten zurückschlug. 1759 erschien sein Roman *Candide* – und löste sofort heftigste Proteste aus.

Eine banale Liebesgeschichte verwandelt sich in einen Albtraum; in dessen Verlauf stolpert der Held, naiv und gutartig bis zum Exzess, immer auf der Suche nach »seiner« Kunigunde durch die Welt: über Leichenberge und Schlachtfelder, vorbei an Erschießungskommandos und Autodafés. Allen Katastrophen zum Trotz vertritt dieser Fundamentalist des »zureichenden Grundes« die »Was immer ist, ist gut«-These in quälender Unbeirrbarkeit.

Auch hier kommt man nicht umhin, an Kant zu denken und seinen nicht weniger systematisch betriebenen, höchst doppeldeutigen Versuch, Wege zum »ewigen Frieden« aller kriegerischer Geschehnisse rundum wie zum Trotz zu suchen. Natürlich ohne die bissig boshafte, brutale Energie Voltaires, der die Lehre vom »zureichenden Grund« genüsslich zerpflückt.

»[…] denn da alles zu irgendeinem Zwecke gemacht ist, dient es notwendigerweise dem besten Zwecke«; man weiß ja, Nasen sind geschaffen, um Brillen daran zu befestigen, weshalb wir folgerichtig Brillen tragen, um die dafür vorgesehenen Befestigungseinrichtungen sachgerecht zu nutzen. Ebenso haben wir nach Voltaire Beine, um daran Schuhe zu tragen, Steine, um damit Schlösser zu bauen, Schweine, um sie aufzuessen.

Voltaires Candide ist eine Art Theodizee-Automat, ein Glücks- und Harmonieneurosen-Computer. Die Wirklichkeit, einschließlich der »Natur« des Menschen, kommt in seiner Software nicht vor: Er arbeitet sein Programm völlig unbeeindruckt und unbeeindruckbar vom Verhalten der Außenwelt ab und geht über Leichen, ohne einen Schritt weiterzukommen:

Candide

»Er stieg über Haufen von Toten und Sterbenden und erreichte zuerst ein Nachbardorf; [...] das die [Sieger] nach den Bestimmungen des Völkerrechts gebrandschatzt hatten. Hier sahen Greise von Schüssen durchsiebt ihre hingeschlachteten Weiber sterben, die Kinder an die blutigen Brüste gepresst, dort taten Mädchen mit aufgeschlitzten Leibern ihren letzten Atemzug und hatten noch die natürlichen Bedürfnisse einiger Helden gestillt [...] Hirn bedeckte den Boden nebst abgehauenen Armen und Beinen.«[23]

Stehaufmännchen und kleiner Sisyphos ohne Mythos, Prototypus des Weitermachers und Marathonmannes – Candide, dieser Hans im Unglück, hat beachtliche Nehmerqualitäten; wenn es zu viel wird, fällt er kurzfristig in Ohnmacht, rappelt sich jedoch rasch wieder auf und – macht weiter. Begleitet und gestützt von einer quälenden Pseudologik: »Alles dieses ist unerlässlich, das private Unglück begründet das Wohl der Allgemeinheit, dergestalt, daß je mehr privates Unglück es gibt, alles desto besser steht.«[24]

Anhand dieses zugegeben etwas drastischen Beispiels kann man vielleicht ermessen, wie unerbittlich sich die Klammern des traditionellen Denkens in die Gehirne der Zeitgenossen eingebrannt hatten. Es bedurfte eines beachtlichen Maßes an Tapferkeit und intellektueller Unverfrorenheit, um sich dagegen zur Wehr zu setzen. Die europäische Aufklärung verfügte über diese beachtliche verbale und gedankliche Feuerkraft, um in diesem Kulturkampf nicht unterzugehen. Und sie war zudem nicht betriebsblind, sondern klug genug, um ihre eigenen Widersprüche zu durchschauen. Und zu wahrheitsversessen, um sie zu verbergen. Das vielleicht virtuoseste Beispiel für diese Wahrnehmungsverdoppelung: Diderots weltbekannter Dialog (er sollte noch Hegel inspirieren) *Rameaus Neffe*. Wir sind im Jahr 1762 und befinden uns im *Café de la Régence* in Paris. Ein Philosoph, nehmen wir an, es sei Diderot, denkt darüber nach, was geschähe, wenn er seinem Antipoden begegnen würde: mental, seelisch, körperlich. Einem Zyniker, einem skrupellosen, gerissenen Materialisten, einer »Zusammensetzung von Hochmut und Niedertracht, Verstand und Schwachsinn«. Und genau dieser Albtraum nimmt in Gestalt Rameaus Konturen an. Kant wird später vom radikalen Bösen sprechen, und was hier in Erscheinung tritt, ist radikal böse. Eine Art gesellschaftlicher Virus, der in geschlossene Systeme ebenso eindringt wie in geordnete Gesellschaften.

Dessen Gegenüber, ein Aufklärungsphilosoph wie aus dem Bilderbuch, ist frappiert, konsterniert und wie gelähmt. Die Aufklärung hat dem skrupellos Unmoralischen nichts entgegenzusetzen. Die Figur des Philosophen steht mit dem Rücken zur Wand und ist zutiefst irritiert.

»Ich wußte nicht, ob ich mich der Lust zu lachen oder dem Trieb zur Verachtung hingeben sollte. Ich litt. Ich war betroffen von so viel Geschick und so viel Niedrigkeit, von so richtigen und wieder falschen Ideen, von einer so völligen Verkehrtheit der Empfindung, einer so vollkommenen Schändlichkeit und einer so seltenen Offenheit.«[25]

Dem Wortrausch des Provokateurs hat der Advokat der Aufklärung erstaunlich wenig gegenüberzustellen. Zug um Zug kommen so ziemlich alle Ideale und Kategorien der Aufklärung unter die Räder des Asozialen, insbesondere solche, die mit ihren moralischen Prämissen zu tun haben – und mit den von ihr tabuisierten Bereichen: Sexualität, Bosheit, Gewalt. Ihre notorische programmatische Selbstsicherheit, ihre utopischen Hoffnungen, ihr philosophischer Ordnungswahn – alles geht in die Brüche. Rameau verlässt und negiert die konventionellen Diskursregeln total und spricht – fast – alles, was er denkt und empfindet, unmittelbar aus. Oder: unterläuft die Grammatik durch Gesang; oder: Er unterläuft die Moral durch Materialismus, die Empfindung durch Hohn und so weiter. Wie viel Moral kann ich mir leisten?, ist die Frage, und in diesem Zusammenhang geht es en passant Idealvorbildern aller Art an den Kragen: Das verunsicherte Ich zieht sich in das Schneckenhaus seiner bedrohten Identität zurück. Im gleichen Maße saugt sich die Persönlichkeit des Antipoden mit immer mehr Leben und Lebensartistik voll: Gesang, Tanz, Spiel sind seine Ausdrucksformen. Und er fiedelt, singt, tremoliert, präludiert, extemporiert, dass dem Philosophen Hören und Sehen vergeht.

Mimikryartig verkörperlicht Rameau seine Gegenposition, zeigt plastisch die innere Verlogenheit und Verkommenheit alles scheinbar Moralischen und die angenehmen Seiten seines als Verkommenheit diskreditierten Pragmatismus. Der Philosoph steht kurz vor der Kapitulation und sieht dem triumphierenden Veitstanz der artistischen Amoral hilflos und passiv zu: Die in sich selbst, in ihre eigene Moral, in ihre selbstverordnete bürgerliche »Tugend« eingesperrte Aufklärung wird sich zusehends selbst zum Problem. Und sucht fast verzweifelt nach einem Ventil, um die angestaute Energie freizusetzen. Dabei spiegelt der kleine Dialog, den wir eben angesehen haben, ein Problem, das weit über diese konkrete Szene hinausweist. Die ganze hehre, befreiende Bewegung der »Aufklärung« ist in Gefahr, sich in ihr rigides Gegenteil zu verwandeln: Sie kaserniert und bewacht ihre Bewohner und setzt sie massiv unter Druck – bis hin zum Gedanken an Flucht.

Auch Goethes *Werther* stellt solch einen Fluchtversuch aus dem Aufklärungsgefängnis dar: Endstation Autonomie, Freiheit, Selbstvergöttlichung – Suizid. Marquis de Sades *120 Tage von Sodom* markiert einen anderen Fluchtweg: Vernichtung aller Moral, die Verwandlung der Welt in ein Bestiarium oder eine Maschinerie der Lust. In Schillers *Räubern* kollabiert das moralische Ordnungssystem auf offener Bühne – die Premiere in Stuttgart wird zum Fanal, bei dem das Theater beinahe zu Bruch geht. Und in Mozarts *Don Giovanni* wird der zynische und amoralische Serienverführer zwar der Bestrafung zugeführt – aber der letzte große Auftritt, seine standhaft monströse Verweigerung »zu bereuen«, wird zu seiner und der Oper größten Szene.

Man kommt nicht umhin, festzustellen: Die Aufklärung ist das einzige Programm, das seine eigenen Grenzen kennt und selbst zum Thema macht und dabei an die äußersten Grenzen geht. Das macht die Bewegung groß – und extrem verletzlich. Und genau um die Versorgung und Heilung dieser Wunde war es Kant zu tun.

Der Ausflug in das unwegsame und auf den ersten Blick unübersichtliche Gelände der Zeitgenossenschaft war nötig, um Kants Standort und den Kurs seiner großen Mission zu bestimmen. Auch um die innere Widersprüchlichkeit dieser komplexen Bewegung namens »Aufklärung« ein wenig näherzubringen. Wie seine aufklärerischen Zeitgenossen hatte auch Kant genug von metaphysischen Tröstungen und theologisch grundierten, vagen Heilsversprechungen. Wie sie stellte auch er stattdessen die menschliche Vernunft ins alleinige Zentrum einer neuen Denk- und Weltordnung. Womit logischerweise das autonom denkende Individuum zum entscheidenden Akteur werden sollte. Ein Individuum, das möglicherweise orientierungslos durch Raum und Zeit geistern würde? Um schließlich an sich selbst, seiner eigenen Subjektivität zu scheitern, in ein Vakuum zu geraten?

Kant sah genau diese Gefahr und versuchte, etwas dagegenzusetzen. Etwas Starkes. Alternativloses: seine Maximen. Eine Art innerer Kompass der Orientierung, der im Menschen a priori, also von vornherein angelegt war. Denn selbst die Macht der Vernunft war – wie er selbst gezeigt hatte – begrenzt. Wir können nicht das Wesen der Dinge an sich erkennen, sondern nur deren sinnliche Erscheinungen. Damit ist die Vernunft ein Erkenntnisinstrument zweiter Klasse. Sie bedarf ihrerseits eines inhärenten Programms, das ihre Operationen leitet. Einen Moralgenerator tief im Inneren unserer Nerven, unserer Seele, vielleicht unserer Gene.

Eine Vernunft hinter der Vernunft, eine übergeordnete Kontrollinstanz, die die Mechanik unserer Entscheidungen und Handlungen permanent überwachte. So und nur so konnte vermieden werden, dass wir zu Hedonisten unseres Ichs werden, dass wir falsch programmiert wie Candide, planlos wie Werther oder gewissenlos wie Diderots Rameau durch das Leben treiben.

Wie heißt es am Ende des *Candide* recht resigniert? Lassen wir die großen Pläne und Projekte – kümmern wir uns lieber nur noch um unser kleines Gärtchen, um unsere häusliche Idylle. Cocooning würde man heute sagen.

Damit würde sich Kant um keinen Preis der Welt zufriedengeben. Ihm geht es darum, jeden von uns zum moralischen, das heißt zum politischen Wesen zu machen. Nicht unseren Garten – uns selbst sollen wir »kultivieren«. Sein geläuterter Vernunftbegriff wusste um seine Schwächen, seine Endlichkeit. Aber auch um seine Stärken, vor allem um die Fähigkeit, sich selbst beim Denken zuzusehen und die Grenzen des logisch Erfassbaren zu definieren und zu respektieren.

HOFFNUNGSLOS OPTIMISTISCH

Einen ganz anderen Weg, um diesem gemeinsamen gedanklichen Ziel allen Widerständen zum Trotz näherzukommen, wählte Diderot und die um ihn versammelte Schar der Enzyklopädisten in Paris. Von einer »Libido sciendi«, einer triebhaft-lustvollen Beziehung zum Wissenstransfer, Wissensverkehr sprechen diese republikanischen Freischärler und Entdecker im unendlichen weltumspannenden Wissenskosmos. Diderot und d'Alembert schließen sich dem Baron Holbach, Montesquieu, Rousseau, Voltaire sowie vielen anderen weniger bekannten Beiträgern an. Und man geizt nicht mit Superlativen, wenn es um die Inszenierung des Großprojekts geht, spricht sogar von einem »Heiligtum«, in dem die Kenntnisse vor autoritären Zugriffen geschützt seien. Der Traum von der großen Wissensmagie indes ist von Anfang an gefährdet. Bereits 1751 setzt Ludwig XV. eine behördliche Oberaufsicht ein, bereits 1752 wird nach dem Erscheinen des zweiten Bandes ein Verbot verhängt.

Obwohl man viele dieser Verbote umgehen konnte und dann unter stillschweigender Duldung einzelner Vertreter der Behörden die Arbeit doch immer wieder fortsetzte, zehrten die andauernden Behinderungen an den Kräften der Akteure: Entnervt von den fortgesetzten Kontroversen, Denunziationen und Schmähschriften, legt d'Alembert die Herausgeberschaft nieder. Auch Voltaire beendet seine Mitarbeit.

Im Januar 1759 untersagt das Parlament den weiteren Verkauf der *Encyclopédie*. Im März wird das Druckprivileg zurückgenommen, die Kirche setzt das Werk auf den Index. Papst Clemens XII. fordert alle katholischen Eigentümer der *Encyclopédie* auf, diese durch einen Priester verbrennen zu lassen.

Unter stillschweigender Duldung der Behörden machen sich Diderot und seine verbliebenen Mitarbeiter an die Redaktion der noch ausstehenden Textbände. Jaucourt, der »Lastesel der Encyclopédie«, wird am Ende für etwa ein Viertel des Gesamttextes, rund 17 000 Artikel, verantwortlich zeichnen.

Die traurige beziehungsweise heroische Geschichte der *Encyclopédie* ist damit jedoch noch nicht zu Ende. 1765, fast 20 Jahre nach Projektbeginn, erscheinen die letzten zehn Textbände. Die Erfolgsgeschichte der *Encyclopédie* ist allen Störfaktoren zum Trotz nicht zu stoppen. Bis 1789 werden europaweit 25 000 Exemplare verkauft, Raubkopien nicht eingerechnet. In allen diesen langen Jahren musste der Kompass nicht neu justiert werden, das Grundkonzept erwies sich als in sich stimmig und tragfähig. Mit Verlaub und ohne die Leistung des Königsberger Philosophen auf irgendeine Art schmälern zu wollen: Er war sicher eine Ausnahmeerscheinung – doch er war auch Kind seiner Zeit. Das Vorwort zur *Encyclopédie* atmet den gleichen Geist wie viele seiner Schriften, ist vom gleichen Grundduktus getragen:

»Da die absolute Vollkommenheit eines allumfassenden Planes nicht die Schwäche unseres Erkenntnisvermögens ausgleichen könnte, so wollen wir uns an das halten, was unserem menschlichen Zustand angemessen ist. Je erhabener der Standpunkt ist, von dem aus wir die Gegenstände betrachten, desto weiter ist die Aussicht, der er uns erschließt, & desto lehrreicher & großartiger die Ordnung, der wir folgen. Diese muß eben deshalb einfach sein, weil es selten Größe & Einfachheit gibt; sie muß klar & übersichtlich sein, nicht etwa ein gewundenes Labyrinth, in dem man sich verirrt & nichts anderes wahrnimmt als den Punkt, an dem man sich befindet [...].

Vor allem darf man eine Überlegung nicht außer Acht lassen: Wenn man den Menschen oder das denkende, die Erdoberfläche von oben betrachtende Wesen ausschließt, dann ist das erhabene & ergreifende Schauspiel der Natur nur noch eine traurige & stumme Szene. Das Weltall verstummt, Schweigen & Dunkelheit überwältigen es; alles verwandelt sich in eine ungeheure Einöde, in der sich die Erscheinungen – unbeobachtete Erscheinungen – dunkel & dumpf abspielen. Das Dasein des Menschen macht die Existenz der Dinge doch erst interessant.«[26]

Vielleicht hat Kant im Gegensatz zu seinen französischen Kollegen bei alldem weniger auf den Menschen, sondern mehr auf die Kräfte der Natur gesetzt. Dennoch: enzyklopädische Vollständigkeit, systematische Ordnung, Schönheit der Erkenntnis und im Mittelpunkt dieses Wissensuniversums kein Gott, kein Mythos, sondern einfach: der Mensch, das Individuum, denkend, fühlend, wahrnehmend, die Wahrnehmungen reflektierend.

Die Geschichte der Enzyklopädie endet hier. Die Bände sind mittlerweile über die ganze Welt verstreut, verdämmern, verstauben in Archiven, werden allenfalls noch gelegentlich aus wissenschaftlichem Interesse konsultiert. Die Erben der Enzyklopädisten sitzen nicht in Museen und Bibliotheken, sie produzieren nicht mehr gewaltige gedruckte Foliantenreihen oder 30-bändige Wissens-Mausoleen aus Papier. Sie leben und arbeiten im Netz, und aus der würdigen Enzyklopädie ist – die lange Zeit etwas skeptisch beäugte – *Wikipedia* geworden.

Enzyklopädien und große systematische Würfe und Entwürfe waren ein – nicht jedoch das einzige – Kampfmittel der Aufklärung, die zu Unrecht häufig als allein vernunftzentriert missverstanden wird. Zugegeben, die Sparte »Raison« (Verstand) dominiert im Bauplan, der der *Encyclopédie* vorangestellt ist, die beiden anderen Pfeiler, auf denen das Dach der menschlichen Erkenntnisfähigkeiten ruht. Doch allein der leere Raum, der unter der Rubrik »Imagination« (Vorstellungs- und Fantasietätigkeiten) verbleibt, weist auf eine potenzielle Schwachstelle des gewaltigen Gedankengebäudes der Aufklärung hin: seinen programmatischen Mangel an Fantasie oder auch seine Angst vor zu starken Affekten und Emotionen. Die nahezu leere Spalte im System wirkt wie ein permanenter Appell, genau an dieser Stelle nachzubessern.

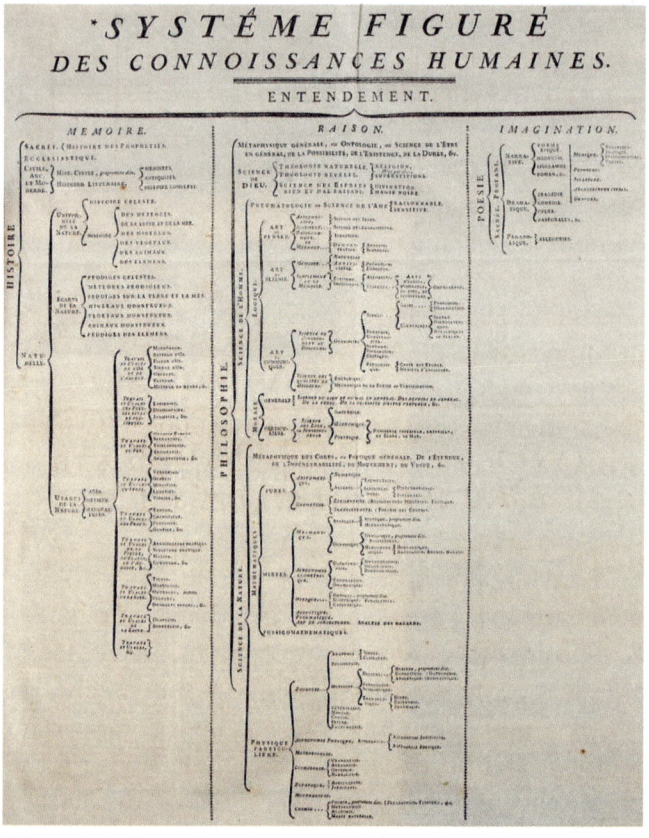

Schematische Darstellung der menschlichen Wissensgebiete am Beginn von Band 1 der Encyclopédie, 1751.

Kant, dies anzumerken muss gestattet sein, gehört nicht unbedingt zu denen, die diese Lücke zu beheben versuchten. Der Bereich der Gefühle, vor allem starker

Emotionen wie Hass oder Liebe, bleibt auch bei ihm weitgehend ausgespart. Es sind weniger die Philosophen, sondern vielmehr die Autoren der Zeit, die hier in Aktion traten und die Abgründe unserer Seelen erkundeten. Der erwähnte Jahrhundertroman und Megabestseller von J. W. von Goethe, *Die Leiden des jungen Werther*, ist dafür exemplarisch. Er zeigt, wie ein auf eine fast bürokratische Art aufgebautes, in sich vernünftiges System Katastrophen generieren kann. Nämlich genau dann, wenn einer, der sich nur etwas außerhalb der Spur bewegt und sich zu seinen eigenen Gefühlen bekennt, zum Skandalon wird.

Der Roman schlug ein wie eine Bombe und erschütterte europaweit eine ganze Generation.

Goethe, Schiller, Lessing, Diderot und viele andere arbeiteten genau an diesem neuralgischen Punkt weiter – multimedial und alles andere als eindimensional. Auch das Theater wurde neu erfunden. Es sollte nicht mehr nur eine Schule der Moral sein, sondern zu einem Ort werden, an dem eine neue Art des Empfindens erlernt und eingeübt wird. Lessing interpretiert Aristoteles radikal neu: Nicht *eleos* und *phobos*, Jammer und Schrecken, solle man wie in der antiken Tragödie kathartisch abbauen, sondern seine Mitleidensfähigkeit und die Fähigkeit zu empfindsamer Rührung kultivieren und trainieren. Nicht verlachen sollte man Außenseiter, sondern mit ihnen über ihre und die eigenen Schwächen lachen. Alles war darauf ausgerichtet, das Prinzip Mensch sozial wie individuell zu perfektionieren. Es hat vielleicht keine zweite Periode gegeben, in der man so sehr an die Verbesserungsfähigkeit des Menschen wie der Welt glaubte, wie das 18. Jahrhundert. Insofern ist das Jahrhundert des Säkularismus paradoxerweise zugleich das Jahrhundert einer neuen Gläubigkeit – freilich mit neuen »Göttern«: *raison, entendement, understanding*, Vernunft. Einer Gläubigkeit, die ihrerseits in Gefahr ist, den Boden der irdischen Realität zu verlassen.

Viele der genannten Texte stellen bisweilen unverblümt, manchmal auch ein wenig grob eine Frage, die ins Mark des Aufklärungskonzepts trifft: die Frage nach dem Unterschied zwischen gut gemeinter Theoriebildung und miserabler Wirklichkeit, zwischen optimistischen Visionen und faktischer Banalität. Oder auch: die Frage nach dem Sinn des gigantischen Zukunftsprojekts »Aufklärung« in Relation zu den kruden Realien der Gegenwart. Die Aufklärung war wie eine gewaltige Wolke aus Begriffen. Vielleicht ist es sogar zutreffend zu sagen, die Aufklärung ist wie ein gewaltiges Placebo aus Worten über die Menschen gekommen. Wort-Blase. System aus Wörtern, eine Matrix, fähig, jedes Phänomen und Problem zu rubrizieren und zu durchrastern. Der berühmte Plan der *Encyclopédie*, des größten Wissenstransfer-Projekts des 18. Jahrhunderts, ordnet jeder Disziplin exakt ihren Ort zu. Selbst Fantastik, Chaos, Anarchie haben im Systemdenken der Aufklärung ihren Platz. Und im Zweifelsfall gilt der Jahrhundertsatz des englischen Philosophen Pope: »Was immer ist, ist gut.« Popes Formel aus seinem langen Lehrgedicht *An Essay on Man* stammt von 1733, aus einer Phase, als die Prä-

missen des neuen Denkmodells noch frisch und un-
verbraucht waren. Jeder Aufklärer schleppt ja einen
gewaltigen Rucksack voller mentaler Energydrinks mit
sich. Am meisten kraftspendende Tuben mit der Auf-
schrift »Prinzip Hoffnung (Konzentrat)«. Hoch dosiert
trägt »Prinzip Hoffnung« über Jahrtausende, lässt den
Schritt noch immer frisch erscheinen. Dreißigjähriger
Krieg, Massensterben, Entvölkerung – bald wird Friede.
Siebenjähriger Krieg, Hunger, Deportation, Folter – alles
wird besser werden. Das »Whatever is, is right« kann
wie eine Scheuklappe der Wahrnehmung sein. Ein im
Grunde theologisches Denkmuster, das alle Katastrophen und Desaster, alles Scheitern und Zerstören in
einen erst in der Zukunft greifbaren Deutungshorizont
stellt und alle scheinbare Disharmonie als Resultat einer
verkürzten Wahrnehmung deutet, getreu dem Motto
des englischen Philosophen Hume, den Kant oft zur
Hand nahm – auch, um ihm zu widersprechen:

»Bezeichne nicht, was Ordnung ist, als Unvollkom-
menheit. Alle Natur ist doch nur Kunst, die du nicht
wahrnimmst.« Deshalb der aphoristische Schlussappell:
»und allem Stolz zum Trotz, zum Trotz auch irrender
Vernunft, nur eine Wahrheit gilt: Was ist, hat seine
Richtigkeit.«[27] Beziehungsweise im Original: »One
truth is clear, whatever is, is right.«

Doch werden wir noch einmal konkret. Im November
1755, vor gut 270 Jahren, ereignete sich in Lissabon ein
verheerendes Erdbeben. In einer Nacht kamen damals
über 50 000 Menschen ums Leben, die Stadt wurde zu
drei Vierteln in Schutt und Asche gelegt. Im Be-

wusstsein der Zeit eine Jahrhundertkatastrophe, die an den Nerv des Gefühls rührte, ein Schock, der der Aufklärung die gepuderte Perücke vom Kopf riss und sie am Schopf packte. Die Erschütterung über das ungeheuerliche Ereignis erfasste Alt und Jung. Bei Voltaire ging der innerliche Widerstand so weit, dass er das brutale Fatum und Faktum schlicht nicht hinnehmen wollte. Er protestierte im Namen des Geistes und der Vernunft gegen diesen skandalösen Unfug der Natur, dem drei Viertel einer blühenden Stadt und Tausende von Menschenleben zum Opfer fielen. Lessing sagt, dass »wer über gewisse Dinge den Verstand nicht« verliere, wohl keinen zu verlieren habe. Voltaire jedenfalls war sich nicht zu gescheit, um über das Erdbeben fast den Verstand zu verlieren. Er durchlitt die dunkelste Stunde des Projekts »Aufklärung«. Sein Fazit fiel entsprechend bitter aus: »Dieser Haufen aus Dreck, die Atome so viel / sind nur Fraß für den Tod und dem Schicksal ein Spiel«.[28]

Ist dies das Ende der Aufklärung? Das Gedicht markiert allenfalls das Ende der Phase eines harmoniesüchtigen Dauerutopismus; Aufklärung als mentales Wellness-Programm, damit freilich ist Schluss. Selbst ein Voltaire ist kein Automat zum Fabrizieren neuer Strategien im Schnellverfahren. Und mitten in der Wut ist einer manchmal auch etwas blind. So imponierend der spontane Fußtritt gegen den Götter- und Gelehrtenhimmel (nichts anderes stellt dieses Gedicht dar) auch ist, gedanklich führt er eher in eine Sackgasse. Jean-Jacques Rousseau, damals 43 und bereits einer anderen Generation zugehörig, geht hier weiter und verweist auf den Typus von Fragen, die nach dem voltaireschen Einbruch zwingend notwendig geworden sind. Am 18. August 1756 reagiert er in einem kritischen, ausführlichen Brief an Voltaire. Seine Argumentation löst mit ein paar Worten auch die letzten Schicksalsdunstwölkchen auf, die Voltaires wuchtiger Rundumschlag zurückgelassen hatte. Was heißt hier »böse Natur«, fragt Rousseau, und weiter:

»[...] sollten Sie z.B. eingestehen, daß nicht die Natur dort 20 000 Häuser zu je sechs bis sieben Etagen erbaut hat und daß der Schaden, wenn die Einwohner dieser großen Stadt gleichmäßiger verteilt und in leichteren Bauwerken gewohnt hätten, viel geringer oder vielleicht überhaupt keiner eingetreten wäre.«[29]

Ein zwingendes Argument, mit dem der Prozess »Aufklärung« praktisch neu beginnt und die Aufgabenstellung – ganz ohne Hochmut – an die Verursacherseite, die der Menschen selbst, zurückdelegiert wird. Kant hat mit seiner Formel von der »selbst verschuldeten Unmündigkeit«, die es durch den eigenen kritischen Verstand zu überwinden gelte, eine tendenziell vergleichbare Position bezogen. Ja, er geht in seiner Reaktion noch einen Schritt weiter und läutet einen Paradigmenwechsel in der Betrachtung von Naturkatastrophen ein. Diese sind ein natürliches Phänomen und kein Schicksalsschlag. Entsprechend tritt er als Naturphilosoph auf, nicht als Prediger. Er will die Forschung anstoßen, nicht die Buße. »Labor statt Beichtstuhl«, das ist sein Motto. Der neue methodische Ansatz durchbricht und überwindet gleichsam das, was Kant an der Theologie so verachtet, den »dogmatischen Schlummer«. Kants Studien stellen somit den Beginn der modernen geowissenschaftlichen Erdbe-

107

benforschung dar. Und: Kants nüchterne Betrachtung der Katastrophe erstreckt sich auch auf die Reflexion von wissenschaftsmethodologischen Fragen: Für ihn stehen Fragen der Tektonik, der Ursachenforschung, der Lokalisierung im Vordergrund.

Kants Reaktion zeigt, dass er zwar in den zeitgenössischen Diskurs fest eingebunden ist – und es dennoch versteht, einen gedanklichen Schritt darüber hinauszugehen. Ihm geht es um weit mehr als das einzelne, gewiss tragische Ereignis. Er nutzt es vielmehr als Hebel zu einer umfassenden Methodenkritik. Gezielt schiebt er logische Nadelspitzen gegen die metaphorischen und metaphysischen Sprechblasen traditionellen Denkens, die noch immer als massive Barriere gegen kritisches Denken wirkten und wirken. Zum Beispiel, indem er das gewichtige Grundmuster von Ursache und Wirkung, Strafe und Sühne, das Denker wie Gottfried Wilhelm Leibniz immer wieder in groß angelegten Studien präsentierten, angriff. Zwei Beispiele mögen genügen, um einen Eindruck dieser merkwürdig in sich kreisenden, hermetischen Denkstruktur zu gewinnen. So heißt es zum Thema »Jede Ursache hat ihre Wirkung«:

»Nehmlichen jed Ursach hat ihre gewisse Wirkung, die von ihr zuwege bracht würde, wenn sie allein wäre; weilen sie aber nicht allein, so entstehet aus der Zusammenwürkung ein gewisser ohnfehlbarer Effect oder Auswurf nach dem Maass der Kräfte, und das ist wahr, wenn nicht nur zwei oder 10 oder 1000, sondern ohnendlich viel Dinge zusammenwürken, wie dann wahrhaftig in der Welt geschiehet.«[30]

Und zu der Debatte um den »zureichenden Grund« findet sich folgender nicht weniger versponnener Passus:

»Denn kraft der vollkommenen im Universum eingerichteten Ordnung ist alles in der bestmöglichen Weise eingerichtet, und zwar sowohl für das allgemeine Gute, als auch insbesondere zum Besten derer, die davon überzeugt und mit der göttlichen Regierung zufrieden sind, was für alle die gelten muss, die die Quelle alles Guten zu lieben verstehen.«[31]

Es war ein großer und hoffentlich irreversibler Schritt, sich von diesen ebenso dogmatischen wie in sich verhärteten Denkmustern zu lösen und ein naturwissenschaftlich grundiertes, kritisches und zugleich leidenschaftlich engagiertes Denkmodell an dessen Stelle zu setzen. Keine kraftlosen Moralisten oder rationalistische Pedanten, die ihren inneren Schwerpunkt verloren haben und allenfalls imstande sind, ein dürftiges Katzenkonzert anzustimmen. Und sich kraftlos hinterherzutrauern. Wer Kants Philosophie als blutleer und die Aufklärung als rationalistisch dröge betrachtet, begeht einen fundamentalen Fehler. Man kommt nicht umhin, festzustellen: Die Aufklärung ist das einzige Programm, das seine eigenen Grenzen kennt und selbst zum Thema macht. Das den Mut hat, seine möglichen Defizite nicht nur zu kennen, sondern sie sogar dramatisch in Szene zu setzen. Das macht die Bewegung groß – und extrem verletzlich, wie man am Beispiel von *Rameaus Neffe* sehen konnte.

Genau dies wusste Kant, und genau darauf reagierte er. Mit seinen Mitteln. Kant war weder Pole-

miker noch Satiriker. Und sicher kein Geschichtener-
zähler, auch wenn man ihm einmal einen Lehrstuhl
für Poetik angeboten hatte. Auch die Form des Dialogs,
des Sich-gemeinsam-an-eine-Wahrheit-Herantastens
war seine Sache nicht. Und mit den Enzyklopädisten
verbanden ihn allenfalls die Energie und der vehe-
mente Wille zur Vollständigkeit, zur Totalität. Sein
Weg war allein der des systematischen Erfassens aller
Einzelelemente der ideellen und materiellen Wirklichkeit und, mehr noch, der Versuch, sie in ein geschlossenes System einzubetten. Eine Art gedanklicher
Brandmauer gegen zynische oder vulgäre Angriffe
von außen einzuziehen. Dies war seine Privatrevo-
lution mit Sitz in Königsberg.

DIE GROSSE REVOLUTION

Knapp 40 Jahre nach der Katastrophe von Lissabon sollte Kant Zeitgenosse eines noch gravierenderen Erdbebens werden – des Beginns der Französischen Revolution. 14. Juli – Sturm auf die Bastille – Freiheit, Gleichheit, Brüderlichkeit! – Terror – Guillotine! Kaum ein historisches Ereignis hat sich derart fest in das kulturelle Gedächtnis Europas, ja der Welt eingebrannt wie das der Französischen Revolution. Für viele ist sie bis heute Synonym für das Phänomen »Revolution« schlechthin. Im Guten wie im Schlechten. Diese Revolution stand nicht einfach für Revolte, wilden Aufstand, Putsch. Sie war zwingende Konsequenz eines langwierigen gedanklichen Entwicklungsprozesses. Der 14. Juli wäre ohne diesen gewaltigen gedanklichen Überbau wirkungslos verpufft oder kurzerhand zusammengeschossen worden, wie man dies bei ungezählten Hungerrevolten seit je getan hatte. Es gibt auch diverse Theorien klimakundlicher, ökonomischer oder soziologischer Art, die das Phänomen dieser Revolution auf Ernteausfälle oder eine massive Finanzkrise zurückzuführen versuchen. Dies alles mag zum Teil zutreffen und sicher eine auslösende Rolle gespielt haben. Die Gründe, weshalb diese Revolution solch eine herausragende Bedeutung erlangen sollte, liegen jedoch nicht primär im Bereich der sozioökonomischen Konditionen als vielmehr in denen ihrer kommunikativen und visuellen Präsentation. Weniger die Fakten als vielmehr das, was man die »Kunst« der Republik nennen könnte, stehen im Zentrum. Allem voran die Idee einer *volonté générale* eines Gemeinwillens, den Rousseau in seinem *Contrat social* als Resultat einer vernunftgeleiteten höheren Form von Schwarmintelligenz sieht: »Wenn die Bürger keinerlei Verbindung untereinander hätten, würde, wenn das Volk wohlunterrichtet entscheidet, aus der großen Zahl der kleinen Unterschiede immer die *volonté générale* (der Gemeinwille) hervorgehen, und die Entscheidung wäre immer gut.«[32]

Denn, so Rousseau weiter:

»Das Gesetz ist der Ausdruck des allgemeinen Willens. Alle Bürger haben das Recht, persönlich oder durch ihre Vertreter an seiner Formung mitzuwirken. Es soll für alle gleich sein, mag es beschützen, mag es bestrafen. Da alle Bürger in seinen Augen gleich sind, sind sie gleicherweise zu allen Würden, Stellungen nach ihrer Fähigkeit zugelassen ohne einen anderen Unterschied als den ihrer Tugenden und ihrer Talente.«[33]

In den falschen Händen freilich konnte die *volonté générale* zum argumentativen Guillotinenmesser werden. Denn wer könnte es wagen, der Stimme und Stimmung des gesamten Volkes, der Nation zu widersprechen. Der »Nation«, die als gleichsam heilige Macht zum ersten Mal in der langen europäischen Geschichte programmatisch auf den Plan trat und dem *Citoyen*, dem Bürger, eine vollständig neue

Bühne versprach. Der *Citoyen* wurde zugleich wichtig wie nie und Objekt der Vereinnahmung wie nie.

Die Republik, Synonym für die Nation, fordert bedingungslosen Einsatz und vermittelt den individuellen Opfertod für das Vaterland mit der Selbstverständlichkeit einer Blutspende. Der politische Akteur übernimmt darin den Part des Einpeitschers und Manipulators der politisierten Masse. Der republikanische Akteur entfaltet sein politisches Potenzial nicht mehr wie im höfischen Umfeld primär über das Instrument der Intrige, sondern über das der Hetze. Die Erfindung der Masse als Machtfaktor ist das Pendant zu diesem Umbau der politischen Bühne – die Masse als ideologisierter beziehungsweise zu ideologisierender Volkskörper (*le peuple*).

Und auch was die Wahrnehmung dieser gewaltigen politischen Wende betrifft, nimmt Kants Reaktion eine besondere Rolle ein. Er präsentiert sich weder als glühender Enthusiast, noch zeigt er sich als erschrockener Reaktionär. Vielmehr reflektiert er das Ereignis aus einer Haltung engagierter Halbdistanz:

»So hat man sich bei einer neuerlich unternommenen gänzlichen Umbildung eines großen Volkes zu einem Staat, des Wortes Organisation [...] bedient. Denn jedes Glied soll in einem solchen Ganzen nicht bloß Mittel, sondern zugleich auch Zweck [...] sein.«[34]

Das knappe, an scheinbarer Leidenschaftslosigkeit kaum zu überbietende Statement ausgewiesen als § 65 der *Kritik der Urteilskraft* – ein Jahr nach dem Sturm auf die Bastille erschienen, möglicherweise

113

1789 geschrieben, ist sein Kommentar. In der Tat, spontanes emotionales Engagement war Kants Sache nicht. Ebenso wenig glühender revolutionärer Atem. Dennoch verfolgt er den Prozess der »Umbildung« mit leidenschaftlichem wissenschaftlichen Interesse unter dem Mikroskop seiner Kategorien, um festzustellen, ob dieser Umorganisationsprozess (wenn man diese unglaubliche Revolution so nennen will) in sein System passt. Der Freiheitswille, die Idee der *volonté générale* – all dies schien seinem Denken nahe. Auch Kant forderte die Freiheit jedes Einzelnen im Gesellschaftsganzen, die Gleichheit aller und zugleich die Selbstständigkeit als Mensch und Bürger. Was dies für ihn im Einzelnen heißt, erläutert Kant auf seine penible Art in einer längeren Fußnote. Es sei, räumt er freimütig ein, »etwas schwer«, sein »eigener Herr« zu sein – und ohne Eigentum und Besitz funktioniere das gar nicht: Hausbediente, Ladendiener, Taglöhner, Friseure scheiden aus dem erlauchten Zirkel aus. Da sitzt er nun also, der große Philosoph, in der Kant-Falle. Freiheit mit Sozialklausel, Gleichheit je nach Vermögen. Die Vordenker der Französischen Revolution, Danton, Robespierre und Marat, hätten sich über so viel an Vorbehalten totgelacht. Ganz zu schweigen von einem Ultra wie dem ehemaligen Priester Jacques Roux, der die Abschaffung alles Privateigentums forderte und Wucherern mit der Todesstrafe drohte.

Kants Vorstellung: Freiheit: ja! Revolution: ja! Freilich nur insoweit sie einem Vernunftprinzip auf der Basis einer »öffentlich rechtlichen Verfassung« entspricht.

So in einem Aufsatz aus dem Jahr III der Revolution. Und in der bereits zitierten Schrift *Zum ewigen Frieden* (1795) geht er diesen Fragen weiter nach und wächst dabei – vielleicht ohne es zu merken – immer mehr in jene Rolle hinein, die er eben zu überwinden versuchte: die des Zensors, des Schul- und Zuchtmeisters der Revolution. Republik, das heißt für Kant vor allem: Ordnung. Demokratie hingegen steht für eine neue Form der Willkürherrschaft. Kant aber lehnte jede Form des Despotismus ab: musste sie ablehnen, denn sie hätte sein System gesprengt.

Es ist ein wenig so wie bei dem Erdbeben von Lissabon. Kant blickt der Wirklichkeit ins Auge – und sieht: seine Wirklichkeit. Die Wirklichkeit seiner Vorstellungen. Beim Naturereignis mag das angehen und sogar erhellend sein. Ob sich politische Bewegungen mit der methodologischen Schere im Kopf angemessen beurteilen lassen, wage ich zu bezweifeln. Was dabei konzeptionell herauskommt, ist ein dubioses Hybrid – nicht Fisch, nicht Fleisch. Selbst gravierender Amtsmissbrauch durch den Souverän muss geduldet werden. Allenfalls eine staatlich regulierte Reform, keinesfalls eine vom Volk ausgehende Revolution darf eingreifen. Die formale Hinrichtung Ludwigs des XVI. verurteilt Kant deshalb nicht etwa aus moralischen Gründen oder aus solchen der Menschlichkeit, sondern wegen der »gänzlichen Umkehrung aller Rechtsbegriffe«[35]. Er moniert den juristischen Formfehler, nicht den grausamen Akt.

Aus ähnlichen Erwägungen heraus müsste er eigentlich die *terreur*, die Schreckensherrschaft der Jakobiner, akzeptieren. Handeln diese doch unter dem

Schutzschirm einer neuen, legitimierten Verfassung, der man von nun an zu gehorchen hat. Man kann es drehen, wie man will: Die staatstheoretischen Überlegungen Kants mögen scharfsinnig sein – dennoch haben sie einen blinden Fleck. Ob dieser blinde Fleck möglicherweise das Resultat taktischer Vorsicht ist, muss dahingestellt bleiben. Schließlich musste jeder dieser Texte vor dem Druck mehrere Stellen der preußischen Zensurbehörden durchlaufen, und es war nicht anzunehmen, dass eine klare Parteinahme zugunsten der Revolution die Behörden passiert hätte. Kant hatte also allen Grund zu taktieren, und möglicherweise sind seine gelegentlich schwer zu durchdringenden Satzlabyrinthe auch Teil einer Strategie, um seine wahren Absichten vor den Zensoren zu tarnen. Ein solcher Rettungsschirm trägt den Namen der allumfassenden, allem als archimedischer Punkt übergeordneten Vernunft. Sie allein legitimiert unser Verhalten, unsere Meinungen und Haltungen. Sie regelt, ob und wann Freiheit Freiheit, Gleichheit Gleichheit ist. Vernunft als Synonym für die dem Menschen angeborenen Rechte ist die letzte, allen irdischen Gerichtsbarkeiten entzogene Instanz. Insofern ist Kant bei aller Zurückhaltung eben doch ein Partisan der Revolution, die auch und nicht von ungefähr ein höchstes Wesen, ein *Être Suprême*, an die Spitze des neuen Vernunftstaates stellte.

In einem Nachsatz zur *Metaphysik* lässt Kant übrigens die revolutionäre Katze dann doch aus dem Sack, wenn es mit überraschender Deutlichkeit heißt:

»Übrigens, wenn eine Revolution einmal gelungen und eine neue Verfassung gegründet ist, so kann die Unrechtmäßigkeit des Beginnens und der Vollführung derselben, die Untertanen von der Verbindlichkeit, der neuen Ordnung der Dinge sich als gute Staatsbürger zu fügen, nicht befreien.«[36]

Eine überzeugendere praxis- und theoriegestützte Legitimation der Revolution lässt sich schwerlich denken: Die Revolution hat gesiegt und eine neue Verfassung in die Welt gesetzt. Sie ist rechtsstaatlich abgesichert und damit für alle verbindlich. Wer möchte dem nicht spontan zustimmen? Aber Kant ist kein Mensch der Parolen, sondern der Reflexion, des Nachdenkens. Und so muss es erlaubt sein, Fragen zu stellen. Hat er den Fall mitgedacht, dass ein Unrechtssystem sich juristisch sauber an die Macht bringt, um dann ungestraft Terror und Unmenschlichkeit zu praktizieren? Hat der Bürger, der in ein solches System gerät, nicht das Recht, vielleicht sogar die Verpflichtung, sich dagegen aufzulehnen, ohne deshalb als Konterrevolutionär diffamiert zu werden? Ist Kants berühmtes »Räsoniert wie ihr wollt – aber gehorcht« nicht ein Schlag ins Gesicht all derer, die sich endlich darum bemühen, sich »ihres eigenen Verstandes« ohne Oberaufsicht zu bedienen? Kants Argumentation ist bewundernswert schlüssig und irritierend widersprüchlich zugleich. Denn wie kann man den Scheinwerfer ganz und gar auf die Kraft und Macht des »eigenen Verstandes« ausrichten und zugleich verlangen, diesen Verstand im vielleicht entscheidenden Moment zu dimmen, weil das Gesetz es so will? Fragen, die nicht nur die deutsche Geschichte im Weiteren bestimmen sollten, sondern die bis jetzt, bis in unsere Gegenwart fortwirken.

Man kann es auch direkter ausdrücken und fragen: Warum hatte Kant Angst vor der »Demokratie«? Fürchtete er damals schon den Druck der Masse, vor allem den der manipulierten Masse? Sah er die Gefahr eines Totalitarismus von der Straße? Der Verlauf der Französischen Revolution, ihre systematische Brutalisierung hätte Anlass dazu gegeben. Aber warum dann sich der neuen Ordnung bedingungslos fügen? Gerade dann wäre der Widerstand des Einzelnen und des Kollektivs doch Pflicht.

»Wenn Unrecht zu Recht wird, wird Gehorsam zum Verbrechen und Widerstand zur Pflicht« – ich sehe dieses erweiterte Brecht-Zitat gerade im Vorübergehen an eine Hauswand gesprayt. Wer hat nun recht? Der Graffitisprayer oder Kant?

Nein, ich will hier nicht versuchen, Kant ins Unrecht zu setzen. Aber befragen und hinterfragen muss man ihn schon. Ich würde sogar sagen, Kant lebt gerade dann, wenn man ihn kontrovers diskutiert – alles andere wäre blinde oder taktische Verehrung.

HIRNGESPINSTE

Da war es wieder. Schon um fünf Uhr am Morgen, noch bevor sein Diener Lampe ihn weckte: dieses metallene Ticken im Kopf. Es begann hinter dem rechten Ohr und arbeitete sich langsam und unerbittlich ins Gehirnzentrum vor. Ein pochender, ziehender Schmerz, der sich dann entlang der Wirbelsäule durch den ganzen Körper zu tasten schien und endlich die Beine erfasste. Seit vier Jahren brach das in ganz unregelmäßigen Abständen über ihn herein. Ein elektrischer »Gehirnkrampf«, wie seine medizinischen Ratgeber, der große Hufeland, die Kapazität Soemmerring und auch der junge George Motherby, der – ein echter Motherby wie sein Vater – in der Medizin an der Spitze des Fortschritts stand, es zu nennen beliebten. Allesamt Koryphäen der Nervenlehre und mit allen Fädchen im Gehirn vertraut. Aber das waren natürlich alles nur Metaphern – sie wussten nichts. Sie wussten in Wirklichkeit genauso wenig wie er selbst. Mit einem unstillbaren und unabstellbaren Katarrh hatte es vor Jahren begonnen. Ob die Ursachen in den Aerosolen, die an manchen Tagen unerträglich vom Hafen herüberwehten, zu suchen waren oder – nach neueren Theorien – in atmosphärischen Strömungen der Elektrizität über dem Meer lagen oder ob er Opfer eines epidemischen Virus geworden war, wusste keiner der

119

Fachleute zu sagen. Fakt war, dass er sich langsam drauf einrichtete, nicht mehr das Leben eines Studierenden, sondern das eines Vegetierenden zu führen. Essen, gehen, schlafen können – das war fast ausreichend. Manchmal, als dieses sehr viel irritierendere, schmerzhafte Zucken der Gehirnnerven dazukam, dachte er insgeheim, dass die Ursachen seiner Erkrankung möglicherweise nicht außen, in seiner Umgebung, sondern endogen, in sich selbst zu suchen sein könnten. Vielleicht brauchte er, brauchte sein Gehirn diese kleinen elektromagnetischen Schläge und Impulse, um es anzutreiben, es in Schwingung zu versetzen? Um komplizierter und erregter denken zu können als das Heer von anderen Denkenden, Reflektierenden, Disputierenden um ihn her. Oder er hatte sich »wundgedacht«, und die empfindlichen Nerven nahmen nun Rache an ihm? Von sich selbst, so viel wurde ihm immer klarer, wusste man genauso wenig wie von Gott oder vom Weltall – man konnte allenfalls Hypothesen aufstellen. Vor allem wusste er nicht, ob es der Körper war, der sich den Geist schuf, oder gerade umgekehrt der Geist, der über den Körper regierte. So gesehen gab seine Malaise ihm auch die Möglichkeit einer Selbstanalyse. Aber vielleicht war auch dies nur ein schöner Traum, eine Illusion. Wenn er dann jämmerlich an einem Türpfosten hing und sich an ihn klammerte, weil ihm der Boden unter den Füßen ins Wanken geriet, weil er glaubte, auf Sand oder Moos zu gehen oder ein Erdbeben zu spüren, obwohl er auf festem Boden stand, platzten diese Träume von Autonomie und Souveränität, und er war nur mehr ein jämmerliches Bündel. Er vermied es, nach

Lampe zu rufen. Niemand sollte ihn in dieser erbärmlichen Verfassung sehen. Bloß kein Mitleid, hinter dem sich ja meist doch nur Verächtlichkeit und Herabwürdigung verbarg. So zwischen Tür und Angel hängend abzuwarten, bis dieser Aufruhr nachlassen würde, war das Schlimmste nicht. Er wusste, auf dem Schreibtisch, der freilich gerade in unerreichbarer Ferne lag, wartete der Brief an Swedenborg, den er unbedingt noch abschließen wollte. Nachher, wenn er wieder so weit wäre. Nach dieser Geisterstunde am Morgen, in der er die Fragmente seines zerbrechlichen Ichs zusammenklaubte. Hochmütig, fragil, nüchtern und versponnen zugleich. Wie man doch an diesem bisschen Körper hing, von ihm abhing. Damals, beim Billard, hatten sie noch gelacht, weil er wegen seines krummen Rückens förmlich über dem Tisch hing, von Natur aus, ohne sich sonderlich zu mühen. Jetzt war das alles weniger erheiternd. Damals hatte er freilich noch Respekt vor den Konventionen gehabt und versucht, sich weltmännisch zu geben. Jedenfalls einen Anstrich davon. Damals wusste er bereits, wie das Weltall entstanden war, wie die Kometen ihre Bahnen ziehen, wo der Mensch anfängt und wo er aufhört. Jetzt war er sich all dessen nicht mehr so sicher. Umso wichtiger war es, den Traum vom winzigen Menschenleben in diesem unendlichen Kosmos zu Ende zu träumen. Und gerade in dieser ohnehin angestrengten Phase tauchte plötzlich der wahnwitzige Visionär aus dem Norden auf, dieser Swedenborg, und verstörte mit seinen Halluzinationen seinen Vernunfttraum. Erst hatte er versucht, ihn zu übergehen. Aber das gesellschaftliche Ansehen, der Ruhm dieses spirituellen »Wundermanns« wuchs an. Es erreichten ihn Briefe von Enthusiasmierten und zögerlich Enthusiasmierten. Letztere beantwortete er. Denn es war ihm wichtig, diese Be-Geisterten zu warnen und abzufangen. Geister im Kopf zu haben war schließlich etwas prinzipiell anderes, als an »wirkliche Geister« zu glauben und sich mit ihnen zu verbinden, wie es auf diesen Séancen im fernen Schweden geschah. Geisterreich und Menschenwelt sollten einander begegnen und zu einer neuen, visionären Gesellschaft weiterentwickelt werden. So verkündeten es Swedenborgs Anhänger allen Ernstes. Kants Reaktion auf dieses Phänomen war voraussehbar: pure Ablehnung. Und tatsächlich, in der Schrift *Träume eines Geistersehers* bezeichnet er Swedenborg mit ungewöhnlicher Schärfe als »Kandidaten des Hospitals« und »Erzphantast[en] unter allen Phantasten«, der ihn mit seinen Berichten aus der Welt jenseits des Todes in ein »Schlaraffenland der Metaphysik« verschleppen, zurückschleppen wolle. Das Werk *Arcana caelestia* bezeichnete Kant schlichtweg als »acht Quartbände voll Unsinn«.[37]

Doch der erste Eindruck einer Totalablehnung täuscht. Immerhin macht Kant sich die Mühe, seinen vertrauten Freund, den nüchternen Finanzmann Green, nach Stockholm zu senden, um dem spirituellen Guru auf den Zahn zu fühlen. Eine Art Expedition in das unbekannte Reich der Seele. Sie endete mit zwiespältigen Ergebnissen … jedenfalls mit keiner eindeutigen Verurteilung des Sehers. Im Gegenteil, statt dem erwarteten Fantasten begegnet Green einem vernünftigen und offenherzigen Gelehrten – polyglott, belesen, urban. Kant lässt den Fall nicht auf sich beruhen. Er wendet sich an Swedenborg persönlich und korrespondiert, nachdem er von diesem keine Antwort erhält, schließlich mit einer jungen Dame, Charlotte von Knobloch, Tochter eines hochrangigen Militärs. Ein bemerkenswert ausführlicher und differenzierender Brief, in dem derselbe Kant, der vordem die bissigen Kommentare über den »Geisterseher« schrieb, sehr viel vorsichtigere Töne anschlägt. Zunächst schildert Kant sich selbst als einen, den Friedhöfe und Dunkelheit wahrlich in keiner Weise ängstigten und dem Geistererscheinungen als solche seit je einigermaßen fremd seien. Dann rekapituliert er akribisch seine diversen Versuche der Annäherung an das »Phänomen« Swedenborg und stellt abschließend zwei »Beweistümer« akribisch vor. Besonders beeindruckt zeigt Kant sich von einer Episode, in der Swedenborg nachgerade seherische Fähigkeiten zeigt. Swedenborg erspürte nämlich einen Brand in einer über 50 Meilen entfernten Stadt, und er schien auch Details über den genauen Verlauf der Feuersbrunst zu kennen und zu wissen, wann das Feuer wieder gelöscht war. Eine Wahrnehmung, die am Folgetag von glaubwürdigen Zeugen genau so bestätigt wurde. Kant begnügt sich mit dieser neutralen Wiedergabe des Vorgangs ohne auch nur den Hauch von Skepsis oder gar Polemik.

Anders wenig später, wenn er in seiner erwähnten Schrift *Über die Träume eines Geistersehers* (1766) gegen »hypochondrische Dünste«, das »Schattenreich der Phantasten« und das populäre Gewese um vermeintliche »Geisterreiche« Position bezieht. Freilich selbst jetzt mit einer gewissen Zurückhaltung. Er möchte sich weder billiger Kritik an einer möglicherweise doch ernst zu nehmenden Angelegenheit anschließen noch einer potenziellen Massensuggestion zum Opfer fallen. Seine »Träumerei« laviert auf eigentümliche Art zwischen dezentem Skeptizismus und nicht minder dezentem Interesse am Phänomen der Geister. Und sicherlich tauchten auch in ihm zentrale Fragen auf: Ob alles, was von der Norm des Rationalen abweicht, wirklich nur »Missgeburt« und »Hirngespinst« sei? Ob sich hinter der Schwärmerei und Grübelei der Fantasten nicht möglicherweise der Blick in eine andere, ihm bislang verborgene Dimension der Erscheinungen und der Wirklichkeiten eröffne? Irgendwie scheint Kant etwas zu dämmern, etwas, das über sein bisheriges Weltbild hinausweist – es gefährden, aber auch bereichern könnte. Waren möglicherweise unterschiedliche Aggregatzustände des Individuellen, der Seele denkbar? War nicht vielleicht sogar das, wovon er selbst am allermeisten sprach: die reine Vernunft, eine Einbildung, eine Illusion und »Geistererscheinung«? Mithin auf einer Stufe mit den Illusionen, Projektionen, die sich die Menschen seit jeher zusammengesponnen hatten, wenn sie »im fleckigen Marmor die Heilige Familie, oder in Bildungen von Tropfstein Mönche und Orgeln, in einer gefrorenen Fensterscheibe oder dahintreibenden Wolken Tiere und Ungeheuer zu sehen glaubten«?[38] Lauter Dinge, die man nur »sieht«, weil man sie bereits im Kopf hat?

War sein Kampf um eine gereinigte, von aller Unklarheit befreite Vernunft im Menschen nicht vielleicht die allergrößte »Illusion« – abwegiger als alle Offenbarungen und »Erscheinungen« seines Gegners, der gar nicht sein Gegner war? Denn nicht Swedenborg hatte ihn gesucht – er hatte Swedenborg gesucht. Warum nur? Vielleicht, weil er immer schon insgeheim geahnt hatte, dass er sich in ein Nebelloch voller Spukgestalten, die nur in seinem Kopf existierten, hineindachte. Und dass sein ganzes elaboriertes Denkgebilde, das er sich im Lauf der Jahre und Jahrzehnte auf- und immer mehr ausgebaut hatte, eigentlich ein Luftschloss war. Eine Festung aus Geisterwörtern und Geisterbegriffen, mit denen er irrwitzigerweise den Ungeist bannen und vertreiben wollte ... Ein mehr als gewagtes und auch paradoxes Vorhaben. Waren die Wörter nicht selbst eine Art von Geistern mit ihren Schatten aus der Vergangenheit, die jeder seiner Begriffe hinter sich herschleppte? Kant müsste eine neue, reine Sprache erfinden, um sich aus dem Bannkreis der Schattensprachen zu befreien. Um nicht wie ein Minotaurus im Spiegellabyrinth herumzuirren und hilflos nach der Wahrheit zu suchen, Wahrheiten, die auch nur Illusionen waren, von denen man vergessen hatte, dass sie welche sind. Begriffliches Falschgeld.

Einer dieser hartgesottenen, radikalen Revolutionäre aus Frankreich, Jacques Roux, hatte es vor Kurzem auf den Punkt gebracht. Früher war er Pfarrer gewesen und hatte die Menschen mit seinem sprachlichen Falschgeld von Glaube, Liebe, Hoffnung um den Verstand gebracht. Später, als Revolutionär, ging er den Phrasen nach bis zu dem Punkt, wo sie verkörpert werden, und entblößte brutal die Lügen hinter den Worten. Mit seinen markigen Reden in der Nationalversammlung in Paris: Die Freiheit ist ein leerer Wahn, solange eine Menschenklasse die andere ungestraft aushungern kann. Die Gleichheit ist ein leerer Wahn, solange der Reiche mit dem Monopol das Recht über Leben und Tod seiner Mitmenschen ausübt. Kant war sich sicher, dass dieser Jacques Roux in solchen Momenten nicht bemerkte, dass er, während er so redete, im Grunde genau das wiederholte, was er eigentlich verurteilte: Wörter wie Viren einzusetzen und demagogische Hirngespinste in die Köpfe seiner Zuhörer zu implantieren. Kant sah nur einen Weg, um dieser Falle zu entgehen: jeden der Begriffe, die er verwendete, einer permanenten Überprüfung zu unterziehen. Sie einzukreisen und zu examinieren – auf die Gefahr hin, dass seine Sätze immer verwobener und verschlungener werden würden. Ein Vorwurf, der ihm nur allzu bekannt war, den er aber vorsätzlich ignorierte.

Kein falscher oder auch nur unscharfer Begriff sollte über die Schwelle. Gewiss, das machte seine Arbeit langsam und mühselig – egal, den Preis zahlte er gern. Mit seinem Freund und, man durfte das sagen, Verehrer Jakob Sigismund Beck, einem wackeren Rostocker Metaphysiker, tauschte er sich endlos über den Begriff der »ursprünglichen Beilegung« einer Vorstellung aus. Ob es als ein Erkenntnisstück oder als eine Beziehungsgröße zu definieren sei oder ob es sich doch nur um ein Gefühl handelte. Beide wussten: Man musste so penibel sein, wollte man ernsthafte Wissenschaft betreiben. Und nicht in den Wortfluten der Demagogen ertrinken. Letzte Klarheit war ohnehin nicht möglich, vieles verstand er selbst nicht. Die dünnen Fäden des Erkenntnisvermögens[39] und ihre immer weitergehenden Verästelungen und Spaltungen verwirrten selbst ihn, und er kam sich vor wie der arme antike Minotaurus in seinem Labyrinth aus Wörtern.

Doch das abstrakte Fernduell mit Swedenborg sollte noch tiefgreifende Folgen haben. Der Mann, der mit Toten und Geistern sprach oder glaubte, mit ihnen zu sprechen, sprengte die Konturen von Kants Menschenbild. Wer sich wie er mit solch großer Intensität auf das autonome Individuum als letzte, entscheidende Instanz berief, der konnte sich nicht einfach mit Seelenwanderungen, magischen Séancen, übersinnlichen Phänomenen und Wahrnehmungen anfreunden. Hier ging es um den Kern dessen, was man als seine Lehre bezeichnen konnte. Und doch! – und doch berührte der schwedische Visionär genau damit einen zentralen Punkt. Wenn er vom Menschen sprach, stellte Kant sich nicht einfach empirische Existenzen auf zwei Beinen vor, sondern auch Wesen, die eine Idee verkörperten, für eine Idee standen und damit über die bloß kreatürliche Existenz hinauswiesen. War er damit nicht näher bei den spirituellen Wesen und Erscheinungen Swedenborgs, als ihm lieb sein konnte? War Swedenborgs Welt der Geister und übersinnlichen Erscheinungen vielleicht sogar näher an der Wirklichkeit als sein doch sehr abstrakter Menschenpark? Sind wir nicht wandelbare Mischwesen, die beileibe nicht nur von analytischen Gedanken, sondern in gleichem Maße auch von diffusen Stimmungen, vagen Ahnungen und imaginären inneren Stimmen gelenkt werden? War es richtig und sinnvoll, diesen ganzen Bereich zu unterschlagen, nur um sein Konzept zu retten? Waren Schicksal und Vorsehung per definitionem auszuscheiden, nur weil sie sich nicht logisch verorten ließen? Kant steckte in einem Dilemma. Er suchte nach einem Ausweg und fand ihn. Nicht die schlichte Frage nach der Realität von Geistererscheinungen galt es zu stellen – sondern die, warum und wie wir als Menschen solche Phänomene wahrnehmen. Am Grundsätzlichen der Idee von Identität änderte dies nichts: Vielleicht würde der Mensch durch die Fähigkeit, diese Parallelwelt der »Hirngespinste« zu erfinden, sogar zu einem noch vielfältigeren, tieferen Wesen. Einem Wesen, fähig in eine vierte Dimension vorzustoßen und Raum, Zeit und Materie gedanklich zu überwinden?

Andernfalls wäre Kant gezwungen gewesen, ein Zentrum seiner Argumentation zur Disposition zu stellen. Denn auf ein flüchtiges, spirituelles Zwischenwesen, halb Mensch, halb Engel, konnte und wollte er sich keinesfalls einlassen. Aber die Idee einer netzwerkartig mit anderen Lebewesen indirekt verbundenen, versponnenen Intelligenz, Existenz musste ihn animieren – kein über den Dingen schwebendes ominöses Etwas, wohl aber ein Ich, das mehr war als ein bloßes isoliertes Einzelwesen.

Ich möchte nicht zu weit gehen: Aber wäre diese Vorstellung nicht wirklich eine denkbare und vorstellbare Lösung? Ein konkretes, kollektives Ich ohne Engel und Geister – aber dennoch mehr als ein Einzelwesen. Weit weg von jenem Abgrund, zu dem Swedenborg hätte führen können. Mit seinen wahnwitzigen, albtraumartigen Vorstellungen eines frei flottierenden Ichs. Eines Ichs, das nur mehr eine Ansammlung verschiedenartigster Elemente wäre. Ein unrettbares Ich.

Schließlich durfte es nicht sein, dass die Vernunft die alten Götter umgestürzt hatte, um uns in einem leeren Raum zurückzulassen. Alles in Kant rebellierte gegen diese Vorstellung. Die Suche nach der Wahrheit muss das Zentrum unseres Lebens bleiben. Selbst wenn wir wissen, dass Illusionen ein Teil dieser Wahrheit sind.

All diese Gedanken, Träume und Erinnerungssplitter waren in diesen Minuten wie ein Strom durch Kants Hirn geschwommen.

Er klebte noch immer am Türstock. Spürte, wie der Krampf nachzulassen begann, tastete sich zu seinem Lehnstuhl am Fenster zurück und verschanzte, verstaute sich noch etwas unsicher hinter seinem Schreibtisch. Nur dort fühlte er sich sicher. Dort hatte er das Kommando und konnte die Buchstaben nach seinem Belieben befehligen. Der Entwurf eines Briefes an Swedenborg lag vor ihm auf dem Tisch. Er würde ihn weder vollenden noch abschicken. Diese Episode war Vergangenheit. Nun wusste er, was er zu tun hatte. Ob er mit dem, was er vorhatte, je zu Ende käme, war ungewiss. Aber versuchen musste er es allemal. Immerhin war ein erster Schritt getan und er hatte viele mit seiner *Kritik der reinen Vernunft* erschreckt, ihnen den Halt genommen ... nun musste er sie wieder etwas beruhigen. Musste ihnen zu verstehen geben, dass es allein an ihnen lag, die Welt neu einzurichten. Dass jeder von ihnen das Zeug dazu hatte, wenn er es nur wollte, wenn er es nur wirklich wollte. Selbst sein Diener Lampe.

Der stand die ganze Zeit über am Schreibtisch und tat so, als wäre er damit beschäftigt, die Federn zurechtzuschneiden. In Wirklichkeit beobachtete er Kant verstohlen aus den Augenwinkeln. Sein Zustand beunruhigte ihn, aber er wagte nicht einzugreifen, denn er wusste, wie sehr dieser Hilfe verachtete – gerade wenn er sie hätte brauchen können.

Kant mit Senftopf,
Karikatur von Carl Friedrich Hagemann, 1801

LUST UND UNLUST

Lessing war das Letzte. Kant erinnerte sich noch lebhaft an eine Aufführung im Stadttheater. Damals, es musste Jahre, wenn nicht Jahrzehnte her sein, hatten sie ihn überredet und mitgeschleppt. Das neue Stück *Sara Sampson* musste man einfach gesehen haben. Alle Welt sei begeistert. Da saßen sie dann wie aufgeputzte Puppen in Reih und Glied und glotzten auf die Bühne, auf der sich eine Riege zweitklassiger Schauspieler abstrampelte. Allen voran die Heldin, ein jämmerliches, verhuschtes Wesen aus lauter Wenn und Aber. Erst war sie mit ihrem Verführer durchgebrannt, dann plagte sie ihr schlechtes Gewissen. Zerknirschung, Reue, Selbstmitleid – ihre Leidensmonologe hatten ihn derart gepeinigt, dass er am liebsten aufgesprungen und aus dem Saal gestürzt wäre. Doch als er sah, dass das sonstige Publikum mitsamt seinen Freunden wie versteinert mit feuchten Augen dasaß, gab er den Fluchtgedanken auf und versuchte wegzuhören. Zumindest wegzusehen – was immerhin möglich war. Dieser Grad an undefinierten und unsortierten Gefühlen wie aus einer Klamottenkiste der Emotionen war ihm unerträglich gewesen, er spürte körperliche Übelkeit.

Als dann zu allem Überfluss auch noch ein tattriger, milder Vater angewackelt kam, um seiner verdruckst en Tochter zu verzeihen, und die sich minutenlang ver-

renkte, weil sie sich dieses Grades an Güte unwürdig
wähnte, händeringend, zum Himmel glotzend, auf
die Knie sinkend, konnte er sich vor Lachen nicht
mehr halten. Im letzten Moment gelang es ihm, sein
Schnupftuch aus der Tasche zu ziehen und sein Gesicht darin zu vergraben. Seine Schultern zuckten, er
schniefte und prustete – doch von außen betrachtet
wirkte es gottlob so, als würde er ergriffen heulen, wie
all die anderen um ihn her. Die Szene von damals
stand ihm mit einem Male wieder plastisch vor Augen.
Jetzt, wo seine Nervenfasern bei all dem sentimentalen
Quark vor ihm zu vibrieren begannen, traten die
Gefühle wieder zutage. Alle dachten, dieses Stück,
überhaupt Lessing, wäre ihm ganz nah – ein Bruder
im Kampf um die Aufklärung. Ausgerechnet Lessing,
mit seinen steinernen Vätern und seiner verwa-
schenen »Menschlichkeit«. Er musste die Schwarte
doch noch im Regal stehen haben. Ja, hier, *Nathan*,
2. Akt., wenn das große Credo der Menschlichkeit
gepredigt wird:

»Wir haben beide
Uns unser Volk nicht auserlesen. Sind
Wir unser Volk? Was heißt denn Volk?
Sind Christ und Jude eher Christ und Jude,
Als Mensch? […] wenn ich einen mehr in Euch
Gefunden hätte, dem es genügt, ein Mensch
Zu heißen!«[40]

Grauenhaft. Hier stimmte nichts! Was heißt es denn,
ein Mensch zu heißen? Kein Tier zu sein? Das wäre
verdammt wenig. War Nero kein Mensch? Und wer

würde diese Reflexion, diese Zuteilung treffen? Eine übergeordnete Instanz? Welche? Oder man selbst? Sich selbst einen Menschen zu nennen, wäre das nicht sehr selbstgenügsam? Der ganze Bereich dessen, was man eine Reflexion, eine Zergliederung dieses Komplexes bezeichnen könnte – nichts davon. Kein Wort. Tabula rasa. Blinder Fleck. Und nicht nur Lessing, die ganze Zeitgenossenschaft badete sich ja förmlich in unsauberen Seen der Empfindsamkeit und Sentimentalität. *Emilia*, *Werther* ... und wie diese Tugend-Monster mit ihren zum Teil vollständig ungeordneten Gefühlssudeleien sonst noch hießen ...

Als ob es so schwer zu verstehen wäre, dass das Gemüt nur genau drei Arten des Empfindungsvermögens kennt. Drei, nicht mehr, nicht weniger. Nämlich das »Erkenntnisvermögen«, das Gefühl von »Lust und Unlust« und das »Begehrungsvermögen«. Alle drei Teile der Philosophie haben ihre Prinzipien, die man abzählen und den Umfang der möglichen Erkenntnisse quantitativ bestimmen kann. Hier und da, bekennt Kant, mag es in dieser Systematik noch kleinere Lücken geben. Doch er hofft, sie bis gegen Ostern 1788 gefüllt zu haben. Dann werden auch heikle Zonen unserer Existenz sauber ausgeleuchtet und umrissen sein: Die Welt der Triebe, der Affekte, des Begehrens, der Lust, der Passionen und des Hasses. Und zwar endogen, aus dem Inneren und nicht oberflächlich von außen. Nicht so, wie wenn man eine Predigt hört und sich erbaut fühlt, obwohl sie nur Binsenweisheiten verkündet. Oder sich durch irgendein zusammengeschustertes Trauerspiel »gebessert« fühlt. Aber in Wirklichkeit bloß froh ist, dass man ein paar Stunden Öde und

Langeweile glücklich überbrückt und vertrieben hat.[41] Zärtliche Rührung, teilnehmender Schmerz, erdichtete Übel, schäbige Romane, weinerliche Schauspiele, schale Sittenvorschriften … alles nur billiger Trost ohne festen Grund. In solchen Momenten, wenn es ums Prinzipielle ging, konnte Kant zur Furie werden und vergessen, dass er früher einmal geschrieben hatte, dass er an nichts hänge und der Welt und den Meinungen anderer mit einer »tiefen Gleichgültigkeit«[42] gegenüberstehe. Wenn er spürte, dass sich hinter den frommen Worten die pure Heuchelei verbarg, ja, schlimmer, Menschenverachtung und materielle oder ideologische Geschäftemacherei. Dass diese Branche in Gestalt von »Coaches«, Lebens- und Berufungsberatern ein paar Jahrhunderte später erst so richtig in die Gänge kommen sollte, konnte selbst Kant seinerzeit allenfalls nur ahnen. Wenn er von professioneller »Gunstbewerbung« und von systematisch betriebener »Einschmeichelei« spricht, kommt er diesem zynischen Geschäftsmodell allerdings bereits recht nahe. Der Grund für seine wütende Attacke ist nicht in Konkurrenzneid zu sehen, sondern im Erkennen einer großen Gefahr für die geistige und mentale Gesundheit der Menschen. Mit all diesen Machenschaften und Tricks – so Kant – würden die Herzen »welk«gemacht, ausgedörrt und das Vertrauen in das uns angeborene »Vermögen zum Widerstand«, zu entschlossenem Handeln vorsätzlich untergraben, um Individuen in Teile einer willfährigen Horde oder Herde zu verwandeln. Kant redet Klartext, verzichtet auf alle philosophischen Verschnörkelungen und Abstraktionen.

Er will weg von »falsche[r] Demut«, »Selbstverachtung« und der »winselnden erheuchelten Reue«[43] und hin zu wirklicher Stärke und Kraft. Er will Menschen vom Innern heraus aktivieren, nicht mental sedieren und in einen eingebildeten, oberflächlichen Glückstaumel versetzen. Mit therapeutischer Schnellbleiche, das versucht er zu vermitteln, ist hier nichts zu machen. Denn Kant weiß um die fragile Beschaffenheit der Spezies Mensch, weiß um ihre mentale »Gebrechlichkeit«. Freilich weiß er auch um die noch übrig gebliebenen, unabgegoltenen, noch im Menschen schlummernden Potenziale, die es zu beleben gilt. Man muss die Menschen, ihren Verstand durchrütteln, förmlich durchkneten, in Bewegung versetzen, sie mobilisieren, um alles, um eine Haltung aus ihnen herauszuziehen. Man mag diese Zielvorstellung nennen, wie man will: Aber die Vorstellung des Widerstands, der Revolte gegen das Gegebene, Bestehende, scheinbar Unvermeidbare ist und bleibt zentral in seinem Denken angelegt – man sollte sich durch seine heute etwas statutarisch klingenden Begriffe nicht abschrecken lassen. »Das Erhabene«, das »ideale Schöne«, die »moralischen Gesetze in uns« …

Ich gebe zu, all dies klingt eher abschreckend. Doch was gemeint ist, ist letztlich überaus einnehmend, konkret und sympathisch, wenngleich ein wenig »über die Bande« gespielt und gedacht, um mich des Billardjargons zu bedienen. Nach Grundsätzen zu träumen, mit Vernunft zu rasen, nach moralischen Gesetzen zu fühlen – warum sollte dies eigentlich nicht möglich sein? Kant möchte keine Wellness-Automaten, sondern Aktivisten, auch dort, wo es wehtut. Keine

Narzissten, Egomanen, Misanthropen und Aussteiger, sondern vitale Menschen, ausgestattet mit, wie er sagt, »rüstigen Affekten«. Erschlaffung, Erweichung, Auf-lösung, Ermattung, ein Hinsinken, Hinsterben, Weg-schmelzen vor Vergnügen (bei diesen Ausmalungen wird der üblicherweise als spröde verschriene Kant plötzlich ungemein wortflutend) – all dies erscheint ihm als inakzeptabel. Die bloße Idee eines Nachlassens, einer Losspannung der Fibern des Körpers und der Seele erschreckt und beunruhigt ihn zutiefst ... Für ihn kann es sich allein darum handeln, mit allem, was unsere gebrechliche Beschaffenheit zu leisten imstande ist, resolut dagegen anzugehen. Ich weiß, jetzt beginnt man sich haarscharf entlang der gefährlichen Linie des Kant-Bildes aus dem Geist der Gymnasien des 19. Jahrhunderts zu bewegen: kategorischer Imperativ, Disziplin, Willensstärke. Und zugegeben, gänzlich falsch liegt man damit auch nicht. Freilich: Was meint Kant mit dem Begriff des Willens? Wille, das heißt bei ihm Entschluss zur guten Handlung. Und Verab-scheuung des Bösen nicht um der Moral, sondern um des Gesetzes willen. Sinnlichkeit bleibt, zumindest im Rahmen seiner Theorie, der Vernunft untergeordnet, und der Wille zum Guten wird als Endzweck allen Bestrebens definiert. Die erwähnten Trauerspiele und Romane führen in der Regel genau das Gegenteil vor: Sie verdeutlichen die Dominanz – auch verschwom-mener – Gefühle und führen suggestiv vor, wie die Vernunft häufig auf der Strecke bleibt. Selbst hinter der scheinbaren Logik und Strategie von Verbrechern verbergen sich in der Regel nach Kant ungesteuerte Gefühle. Sitzt Kant also in der Falle seines eigenen

Systems? Nun, er wäre kein Kind seiner Zeit und er wäre nicht Kant, wenn es ihm nicht gelänge, einen Ausweg aus dieser vermeintlichen Falle zu finden. Zugegeben einen überraschenden, dennoch einigermaßen gut begehbaren Ausweg: den des Geschmacks.

Überraschend mag daran sein, dass nun doch eher unvermutet eine ästhetische Kategorie ins Spiel kommt. Gangbar scheint dieser Weg, weil Schönheit, Geschmack und Lust an der Schönheit ja durchaus sinnliche Komponenten beinhalten. Verkürzt könnte man sagen: Nicht die Moral, sondern der Reiz der Schönheit führt zum Guten. Warum Kant damit Kind seiner Zeit ist? Nun, zumindest der ihm gleichgültige Lessing und der als Wissenschaftler geschätzte Weimarer Friedrich Schiller gingen konzeptionell durchaus vergleichbare Wege. Lessing, weil er über Gefühle wie Mitleid und Schrecken an die Moral gelangen wollte. Schiller, indem er einen noch raffinierteren Weg wählte, den über das Spiel. In seiner *Ästhetischen Erziehung des Menschen*, nur etwas später erschienen als Kants *Kritik der Urteilskraft*, versuchen beide klugen Köpfe, der Falle der Moral, genauer des Moralisierens zu entgehen, indem sie auf Reize und Anreize statt auf dröge Mahnungen und Ermahnungen setzen. Schillers Modell hat einiges für sich – Spiele schlagen uns derart in ihren Bann, dass wir fast alles andere vergessen und das »Gute« möglicherweise als Beifang ins Netz geht. Kant geht noch einen kleinen Schritt weiter, indem er davon träumt, über die Lust am Geschmack in einem zweiten Schritt zu einer Art von Gemeinschaftsgeist zu finden. Kant gibt sich, was die Schwierigkeiten betrifft, diesen Weg zu gehen, keinen Illusionen hin. Aber er verweist zu Recht darauf, dass schließlich jede zivilisatorische Errungenschaft sich als Gruppenphänomen darstellen würde. Empirisch gesehen interessiert das Schöne nur in Gesellschaft, und so gesehen stellt sich der gesamte Prozess der Aufklärung als nichts anderes denn als ein kollektiver Geschmacksbildungsprozess dar. Man vergleicht sich, bewundert sich, imitiert sich, steckt einander förmlich an und kultiviert sich auf der Grundlage eines gemeinschaftlichen Sinnes – wenn man korrekt wäre, müsste man eigentlich sagen, einer gemeinschaftlichen Sinnlichkeit.

Der gedankliche Schluss, manche würden sagen Kurzschluss, von Sinnlichkeit und Sittlichkeit ist griffig, und er vermag zu überzeugen – obwohl einem natürlich spontan jede Menge Gegenargumente einfallen würden. Wie wir mittlerweile wissen, gibt es ja auch einen Sensus communis des schlechten Geschmacks, der Fake News und der Manipulation. Und nicht wenige neigen dazu zu sagen, dieser Typus des gemeinschaftlichen Kanals wäre der sehr viel wirkmächtigere. Man muss kein Kulturkritiker sein, um zu erkennen, dass Kant – vorsätzlich oder aus Unkenntnis – ein ganzes Segment kruder Realität unterschlägt, um sein System zu retten. Ausbeutung, Armut, Klassen- und Rassenhass, Gewaltexzesse, Ohnmacht. – Aber halt: Von alldem wusste er, wie wir im Abschnitt über den ewigen Frieden gesehen haben, nur zu gut. Und doch …

Oder versucht er, sich elegant aus der Affäre zu ziehen und den Begriff der Wirklichkeit umzudefinieren? Entsprechend der alten Frage: Wie wirklich ist die Wirklichkeit? (Watzlawick). Womit wir doch

wieder bei der von Kleist (Sie erinnern sich, S. ...) auf-
geworfenen Problematik mit den »grünen Gläsern«
vor den Augen wären. Der junge Autor, Kleist, sah in
dieser Vorstellung etwas Albtraumartiges – die Wirklichkeit, Wahrheit: ein Spiel der Illusion. Der abgeklärte
Philosoph hingegen erkennt hier etwas ganz anderes:
Hier ist die Membran zur Wirklichkeit. Eine Art *looking
glass*, durch das wir uns selbst beim Beobachten
beobachten können. Einer seiner Studenten ...

..., zugegeben einer von der etwas anmaßenden Sorte,
hatte ihm dieses Ding, *truc,* wie er es, um sein Studi-
enjahr an der Sorbonne herauszustreichen, nannte, als
kleines Mitbringsel verehrt.

Ein Claude-Glas, der letzte Schrei in Paris, wie er
hinzufügte. Ein unscheinbarer kleiner, getönter und
gerahmter, leicht nach außen gewölbter Spiegel, der
es aber in sich hatte. Wenn man ihn so vors Gesicht
hielt, dass man die Landschaft in seinem Rücken
im Rahmen betrachten konnte, sah man mit einem
Mal in eine verwandelte Welt. Der ganze Horizont
erschien gebannt auf eine Handspanne Raum. Zusam-
mengezurrt, zugleich gestochen blickscharf und von
blendendem Kolorit. Eine künstliche Welt, in die man
am liebsten eingetaucht wäre. Freilich nur ein Spie-
gelbild, eine Illusion – doch im Grunde auf seine Art
wirklicher und perfekter als die Wirklichkeit. Wenn
er seinen Zauberspiegel, den er vor allen geheim hielt,
heimlich beim Spaziergang drehte, konnte er seinen
alten Lampe, der stets besorgt mit einem Regenschirm
in der Hand ein paar Meter hinter ihm ging, so sehen,
als würde ein Heroe durch eine antike Landschaft

schreiten. Alles, was er in diesem mirakulösen Rück-spiegel wahrnahm, schien einer etwas veredelten, etwas besseren, schöneren Kopie der Wirklichkeit anzugehören. Für ihn war das Claude-Glas in seiner Tasche zum Passepartout auf dem Weg in eine neue Welt geworden. Die schöne, erhabene Welt, von der er immer sprach, war keine Erfindung, keine Halluzination, sondern nur das Resultat eines anderen Blickwinkels.

Ein fantastischer Gedanke.

Denn wenn die Wirklichkeit nichts anderes ist als eine gesteigerte Mixtur aus unseren konkreten, sinnlichen Erfahrungen, angereichert mit individuellen Erwartungen, dann bedeutet dies, dass wir unser Denken und Empfindungen auf Schritt und Tritt überwachen und letztlich auch lenken können müssten. Unsere Wahrnehmung wäre dann kein Irritationsfaktor mehr, sondern ein Instrument der Selbsterkundung und der Welterfahrung.

Und ich denke, dass Kant etwas in der Art im Kopf herumgeschwirrt ist. Wir Menschen haben keinen direkten Zugang zur Beschaffenheit der Welt. Wir können die Dinge nicht so sehen, wie sie wirklich sind. Wir sehen sie, wie sie uns erscheinen, und sind zugleich fähig, diesen konditionierten Wahrnehmungsprozess zu durchleuchten. Innerhalb dieser gedachten Welt sind wir dann Herr des Verfahrens. Dies ist nicht mehr nur die Welt der bloßen sinnlichen Erfahrung, der Phänomene, die man erkennen kann, sondern zugleich eine gesteigerte Form der Wirklichkeit. Wir erkennen und fühlen und nehmen zugleich wahr, wie unser Erkennen und Fühlen funktioniert. Wir klappen den Spiegel auf und sehen ins Innerste unseres Gehirns, sehen, wie der Verstand a priori Urteile fällt und Menschen mit Wissen versieht, die sie nicht erst durch ihre Erfahrung machen müssen. Sehen, wie Gedanken verschmelzen und »synthetische Urteile« ausbrüten. Dieses geniale System, dachte Kant, hat keine logische Schwachstelle und ist somit fähig, wie ein Schutzschirm alle Zugriffe und Zumutungen von außen abzuschirmen. Wir lösen uns also gerade nicht – wie unter anderem von Kleist befürchtet – in einem Meer der Beliebigkeit und der Willkür auf, sondern können ziemlich zielsicher navigieren. Denn wir kennen nun die Grenzen unserer Wahrnehmungsmöglichkeiten, können die Klippen und Untiefen unserer Illusionen und Träume ermessen, vermögen es, den schwankenden Grund, auf dem wir bisweilen tatsächlich stehen, dennoch zu begehen, können uns sogar auf Phänomene der Suggestion und der Paranoia experimentell einlassen – ohne ihnen zu verfallen. Und wenn es uns zu viel wird, klappen wir diesen magischen Vexierspiegel einfach zu – aus der Traum.

Möglicherweise macht in diesem Zusammenhang dann der so oft ins Spiel gebrachte Begriff des »Erhabenen« Sinn. Besonders wenn damit mehr gemeint ist als das Pathos am Himmel sich auftürmender Donnerwolken, die Gewalt der Orkane oder der Ozeane. Es geht letztlich auch um die dunklen Zonen und Abgründe in uns selbst, um die Refugien des Irrationalen und Unzulänglichen in der Gesellschaft. Vielleicht träumte er von einer Art künstlichen, gesteigerten, heute würde man sagen »*augmented social Intelligence*«, die ganze Kollektive zu erfassen vermag. Geschmack wäre dann die Lust, über sich selbst hinauszuwachsen. Erhabenheit nichts weiter als die Fähigkeit der Verwandlung und Erhöhung der eigenen mentalen Fähigkeiten – »Handlungsgeist« nennt Kant dieses Potenzial. Das Gemüt des Einzelnen ist ein Geflecht, an dem seine konkreten Wahrnehmungspixel mit den bereits vorhandenen Ideenpartikeln zusammenstoßen und möglicherweise verschmelzen – eine mentale Kernschmelze. Was für eine geniale Idee. Und obwohl das Fundament seines Gedankengebäudes letztlich willkürlich gesetzt war, vermochte es diese kolossale Konstruktion zu tragen. Triviale Einwände à la »Wo bleibt das Körperliche, Herr Kant?« oder »Das sind doch alles nur Illusionen« gleiten wirkungslos an den kristallenen Wänden dieser Festung ab. Denn diese Festung weiß von sich selbst: Auch sie ist nur ein Konstrukt, ein Hirngespinst auf höchstem Niveau. Die Macht der einmal freigesetzten Einbildungskraft, die Energien der Wahrnehmungsfähigkeit sind imstande, eine zweite Welt zu erschaffen. Das Erhabene, die Schönheit liegt nicht in der externen Materie – ihr wahrer Sitz ist unser Gehirn, der große Transformator, das Kraftwerk der künstlichen Wirklichkeit.

Gewiss: Kant rechnet mit der alten Metaphysik und Philosophie ab. Doch er klopft auch an die Türen der neuen Welt der künstlichen Intelligenz. Denn was ist unser Gehirn in seiner Vorstellungswelt letztlich anderes als ein gewaltiger Algorithmus, der eine Wirklichkeit generiert, die es noch gar nicht gibt, die aber in Echtzeit im Entstehen sein könnte. Insofern hätte Kant keine Angst vor den Theaterleuten und Romanautoren haben müssen. Sie führen zumeist die schlimmstmögliche Wendung vor. Er, Kant, ersinnt eine bestmögliche Welt. Nicht als Traum oder Vision, sondern als logische Folge. Nicht als Phantasmagorie, sondern als naturgesetzliche Pflicht.

DAS »SUPERHIRN«

»Der Name Lampe muss nun völlig vergessen werden!«[44]

Merkwürdig, wenn sich einer einen Notizzettel schreibt, um etwas zu vergessen, und nicht, um sich an etwas zu erinnern. Man denkt unwillkürlich eher an den skurrilen Komiker Karl Valentin als an Immanuel Kant, der aber gleichfalls immer für eine verquere gedankliche Volte gut war. Auch seine Wanzen-Theorie ist hier zu erwähnen. Sie besagte, dass dieses Ungeziefer gedeihe, sobald Sonne ins Schlafzimmer eindringe. Folglich wurden die Fensterläden stets geschlossen gehalten. Kants Diener Lampe vertrat die gegenteilige Theorie und nutzte jede Abwesenheit seines Herrn dazu, um durch Licht und Sonne das Getier zu vertreiben. Ein zähes, jahrzehntelanges Ringen um die Deutungshoheit der Wirklichkeit. Geistesakrobat gegen Hauswirtschafter – Ausgang ungewiss. Gewiss ist nur, dass Kant wegen solcher Vorkommnisse keinen Grund sah, um an seiner Theorie und seinen Maximen zu rütteln. Im Gegenteil: Seine Bastion aus Gehirnschmalz und Starrsinnigkeit war stabil genug, um alle Angriffe der Außenwelt an sich abprallen zu lassen. Ganz gleich, ob es um Bettwanzen oder den freien Willen ging. Das bisschen Realität, das er brauchte, um daraus ein Weltbild abzuleiten, inhalierte er in abgewogenen Dosierungen. Wobei es letztlich immer um zentrale Fragen der Erkenntnisfähigkeit ging: Was ist der Geist? Was vermag er zu leisten? Was ist das Gehirn? Ein Etwas, das aus sich selbst schöpft, das sein Programm bereits fix und fertig in sich trägt? Oder eine Reflexmaschine, die die Reize der Außenwelt reaktiv verarbeitet und sich dadurch allmählich selbst programmiert, konditioniert? Im Grunde ist dies die zentrale Frage, die Kant ein Leben lang umtrieb und die er auf seine ganz eigene Art beantwortete.

Kant erkannte, dass beide Denktraditionen, die sich bis dahin durchgesetzt hatten, zugleich recht hatten und zugleich im Irrtum waren. Die einen (wie Descartes) gingen davon aus, dass uns der Verstand mehr oder weniger implantiert war und wir Menschen a priori urteilsfähige Wesen waren. Die anderen (wie der englische Philosoph Hume) glaubten, das Gehirn würde erst durch konkrete, von außen kommende Erfahrungen programmiert. Im Unterschied zu beiden versuchte Kant zu zeigen, dass sich beide Traditionslinien nicht ausschließen müssen, sondern durchaus ergänzen können. Das Gehirn empfängt permanent externe Sinnesreize und muss diese verarbeiten. Das heißt, es muss sie im Rahmen seiner Möglichkeiten und Fähigkeiten deuten, interpretieren – lesen. Die Wirklichkeit, unser jeweiliges Bild der Wirklichkeit entsteht aus einem permanenten Abgleich der Impressionen der Außenwelt mit den bereits in uns vorhandenen Strukturen und Kategorien. Der Geist ist nicht nur ein passiver Empfänger, er arbeitet aktiv mit, wenn wir etwas wahrnehmen und erkennen. Für wirkliche

Erkenntnis braucht es beides, Reize und Kategorien – Hume und Descartes und die permanente Interaktion zwischen beiden. Reiner Idealismus und reiner Empirismus sind nur verschiedene Seiten der Wahrheit. Fakten, Impulse prasseln permanent auf uns ein und zwingen uns, sie zu verarbeiten. Dieser Vorgang der Verarbeitung freilich unterliegt Regularien, von denen wir oft genug gar nicht wissen, dass es sie gibt. Automatisch betten wir alle externen Reize so gut wie irgend möglich in das Gefüge unserer Maximen und Kategorien ein. Gelegentlich geschieht es, dass die Impulse von außen so intensiv auf uns einwirken, dass die Dämme unserer Wahrnehmung überflutet werden, unser Weltbild zu zerbrechen droht. Aber dies ist, wenn man so sagen darf, nicht Kants Thema. Im Gegenteil, er versucht, die Mechanismen unserer mentalen Kontrollsysteme so weit wie irgend möglich zu erweitern. Die Abwehrsysteme so zu verstärken, dass der Mensch gleichsam immun (nicht jedoch unempfindlich) gegen Irritationen von außen wird. Denn:

»Ein organisiertes Wesen ist also nicht bloß Maschine: denn die hat lediglich bewegende Kraft; sondern es (also der Mensch) besitzt in sich *bildende* Kraft und zwar eine solche, die sich den Materien mitteilt [...] also eine sich fortpflanzende *bildende Kraft [...]*«[45]

Der Verstand, so die Annahme Kants, schöpft seine Gesetze also nicht aus der Natur, sondern »schreibt sie dieser vor«. Meistens bleiben damit unsere Kategorien Herr des Verfahrens, und wir integrieren die externen Geschehnisse in unser Denk- und Empfindungssystem. Das dabei freilich seinerseits permanent lernt. Ein Lernprozess, der, wenn alles gut läuft, dazu führt, dass sich unser Wahrnehmungsraster immer mehr verfeinert und verändert.

Als im Wesentlichen naturwissenschaftlich geprägter Mensch gibt sich Kant keinen Illusionen hin, was diesen Lernprozess anbelangt. Allenfalls in sehr kleinen Schritten könne dieser erfolgen. Insofern ist das Projekt Aufklärung auch als Bewusstseinsmetamorphose zu sehen, wobei das Gehirn sich in der Art einer künstlichen Intelligenz lernend stetig weiterentwickelt. Ob das Ich eine Illusion ist, wie immer wieder zur Diskussion gestellt, ist letztlich eine müßige Frage. Sehr viel wichtiger ist die Tatsache, dass Illusionen imstande sind, Wirklichkeiten zu generieren.

Man kann sich diesen Austausch zwischen dem Innen- und Außenbereich unserer Wahrnehmung nicht dynamisch genug vorstellen. Es ist sicher kein Zufall, dass das Gehirn 20 Prozent unseres Energiebedarfs schluckt. Und dabei 30 Watt an elektrischer Energie erzeugt – mehr als ein schneller Prozessor. Diese Leistung wird benötigt, um die gewaltigen Informationsmengen, die in jedem Moment auf uns einwirken, zu verarbeiten. Kants Gehirn arbeitete mit Sicherheit noch sehr viel intensiver als das vieler Zeitgenossen, aber auch wir, jeder Einzelne von uns hat Anteil an diesem permanenten Tumult in unserem Kopf. Vermutlich ist diese kolossale Arbeit des Abgleichens, Angleichens, Vergleichens und Einordnens der Impressionen überhaupt nur mittels einer gewissen Routine zu leisten. Im Zustand des *business as usual* spult das Gehirn die Mehrzahl seiner Aktivitäten ab. Aber immer dann, wenn es auf Neues, Ungewohntes stößt, wenn es aus der Bahn des Üblichen gestoßen wird, setzt der erwähnte Lernprozess ein, der den passiven Konsumenten der Wirklichkeit zur »Person« werden lässt. Und allein auf diesen Moment, wenn aus einem bloßen Subjekt eine »Person« wird, kommt es Kant an. Eine Person, also ein Wesen, das in seinen Worten »einer Zurechnung fähig ist« (*Metaphysik der Sitten*). Kant denkt weit über das hinaus, was üblicherweise unter dem Begriff der »Zurechnungsfähigkeit« verstanden wird. Für ihn ist es der Prüfstein für Mündigkeit, Freiheit, Autonomie. Es geht um nichts Geringeres als um die Fähigkeit, sich seiner selbst, seiner Identität bewusst zu werden. Sich in sich selbst in allen Lebenslagen zurechtzufinden – oder, mit Kant, »in allen Zuständen seines Daseins«. Und er geht noch einen Schritt weiter und fordert kühn die völlige Loslösung des Individuums von allen externen Zumutungen – nicht als revolutionärer Akt des Aufbegehrens, sondern, typisch Kant, als logische Konsequenz. Noch einmal in seinen eigenen knappen Worten:

»[…] woraus dann folgt, daß eine Person keinen anderen Gesetzen als denen, die sie (entweder allein, oder wenigstens zugleich mit anderen) sich selbst gibt, unterworfen ist.«[46]

Hinter den schlichten Aussagen verbirgt sich ein extrem anspruchsvolles, revolutionäres Wahnsinnsprojekt: Jeder lebt auf eigene Verantwortung. Jeder ist dem Auftrag »Aufklärung«, also »sich seines eigenen Verstandes« zu bedienen, verpflichtet. Autonom, ohne Anleitung von oben.

Ein strenger, jedoch zumutbarer Auftrag. Denn jeder verfügt über die mentalen Möglichkeiten, sich gewissermaßen selbst zu programmieren, sein Gehirn zu aktivieren, es zu trainieren, zu perfektionieren, an den Kategorien der Wahrnehmung zu feilen. Mit allen Sinnen, auf allen Ebenen und in ständigem Austausch, in ständiger Rückkopplung mit der Umgebung. Also raus aus dem passiven Wachkoma, in dem wir oft als bloße Verfügungsmasse dahindämmern, und hin zu einem Zustand extremer Wachheit. Das Gehirn verwandelt sich, wird zu einer vibrierenden Denkmaschine, biologische Masse wird zu einem Schaltzentrum, in dem alle Informationen aufeinandertreffen und koordiniert werden: ein orchestriertes Konzert aus Synapsen, Nerven, elektrischen Strömen, aus Maximen, Impressionen des Bewussten, Unbewussten, Halbbewussten, alles unter dem Dirigat der Vernunft. Unter dem MRT-Scanner würde man mächtige Gegenströme erkennen und alle Areale aktiviert finden: ein Superhirn. In manchen Stunden, wenn er in einem vernünftigen Rausch der Perfektion dachte und schrieb, mag es in Kants Kopf so ausgesehen haben. Dass ihn solch beglückende Gehirnwellen durchfluteten und ihm für einen Moment das Gefühl gaben, alles in dieser besten aller möglichen Welten zu überblicken, zu begreifen und aufeinander beziehen zu können. Dann kamen Sätze zustande, die sich aus dem Fond des bisher Gedachten herauslösten und im selben Moment alles noch zu Denkende und zu Aktivierende, alles noch Uneingelöste auf den Plan riefen. Alle Dissonanzen und Unschärfen, Unklarheiten und Widersprüche schienen sich dann aufzulösen, und er spürte eine unglaubliche Leichtigkeit …

Eine Leichtigkeit und Sicherheit, die sich ganz offenbar auf viele seiner Leser und Hörer übertrug. Nicht wie üblich durch emotionale Identifikation, sondern mittels einer sensitiven Resonanz auf intellektueller, mentaler Ebene. Ich meine damit mehr als die bloße Überzeugungskraft durch logische Argumente. Vielleicht sollte man eher von einer Übertragung sprechen, einem Mitschwingen im Rhythmus einer Melodie der Gedanken, die den anderen erfasst, ob er will oder nicht: Magie? Hexerei?

Jedenfalls ist der im 19. Jahrhundert in Deutschland, ja europaweit einsetzende und bis heute anhaltende Kult um Kant und seine Kritik nicht allein durch die logische Brillanz seiner philosophischen Gedanken hinreichend zu erklären. Vielmehr muss ein betörender, ja betäubender Sog im Spiel sein, eine Kraft, die sein System, selbst dann, wenn man es nicht in allen Einzelheiten versteht oder verstehen kann, auszeichnet. Vielleicht ist es dieses logisch, nicht esoterisch oder religiös argumentierende Versprechen auf eine andere, bessere Welt, das sich in die Seelen der Menschen eingräbt. Wohlgemerkt einer besseren Welt im höchst irdischen Hier und Jetzt, verbunden mit einer Figur, die wahrlich nichts von einem Religionsstifter an sich hat – sondern im Gegenteil durch Stetigkeit, Redlichkeit und Systematik des Argumentierens besticht. Ein redlicher Magier, wenn man es etwas paradox ausdrücken darf. Und falls es so etwas gibt wie redliche Magie, weiße Magie. Und Kant wäre in diesem Sinne tatsächlich etwas wie ein Magier der besonderen Art. Einer, der es versteht, die Menschen zum Staunen zu bringen – freilich zu einem Staunen über sich selbst und die eigenen Fähigkeiten.

Dass es für Kant selbst mehr gewesen sein muss als ein buchhalterisch akribisches Abarbeiten aller Ecken und Kanten seines Systems, steht für mich außer Frage. Sicher verbirgt sich dahinter die Idee, die Welt nach seinen Vorstellungen neu zu kreieren. Die unmittelbar nach dem ersten Band der Kritik einsetzende Welle des Interesses und der Begeisterung für sein Denken musste ihn in der Richtigkeit dieser Annahme bestätigen. Hier ritt kein Don Quijote gegen die Windmühlen des Zeitgeistes an. Im Gegenteil, einem kleinen Professor aus der Provinz gelang es, sich im Alleingang zum Sprecher einer neuen Weltordnung zu machen. Unabhängig davon, was sich zeitgleich in den Niederungen des alltäglichen Lebens oder der Realpolitik um ihn her abspielte. Die Floskel »er lebt in seiner Welt« würde den Sachverhalt nur sehr ungenau beschreiben. Es handelt sich nicht um Weltflucht, sondern – im Gegenteil – um Weltsucht. Kant versucht nichts Geringeres, als sich und der Öffentlichkeit eine neue Welt zu erschreiben – mit einer Intensität, als ginge es um Leben und Tod. 2500 Seiten der drei *Kritiken*, ungezählte Abhandlungen und Konvolute von 1600 im Nachlass erhaltenen Seiten zeigen, dass er bis zur letzten Minute an diesem Glauben festhielt. Wenn es nicht Kant wäre, würde man nicht zögern, von einer Art von Besessenheit zu sprechen.

Aber vielleicht ist es wirklich angemessener, nur von einem Zustand der Berauschung zu sprechen. Kant wollte nicht mehr und nicht weniger, als den »Traum von weißer Magie« voll auszuleben und bis zum Ende auszuschreiben. Vielleicht war er nur »high«, wenn er an seinem Gedankenlabyrinth weiterarbeiten konnte.

Und es immer perfekter, in sich geschlossener ausbaute. Vielleicht wirkte seine Systemtheorie auf ihn (wie auf die Schar seiner Kantianer) tatsächlich wie eine Droge. Dann würden seine angebliche Pedanterie, seine getakteten Spaziergänge, seine zwanghaft anmutende Arbeitswut jedenfalls als Strategien der systematischen Abschottung Sinn machen. Natürlich wäre es unsinnig, davon zu sprechen, dass Kants Gehirn durch Dopamin, Amphetamine und andere Transmitterstoffe gepusht worden wäre. Aber die Annahme, dass er sich selbst durch exzessives Denken stimulierte, ist möglicherweise so falsch nicht. Würde auch die Spätfolgen, seine nachhaltigen »Gehirnkrämpfe« und andere Ausfallerscheinungen, erklären. Vor allem aber fügt sich die Fähigkeit einer halluzinatorischen Neuerschaffung der Welt als einer Kopfgeburt lückenlos in Kants Modell der selektiven Wahrnehmung der Außenwelt. Also der Fähigkeit, externe Phänomene intrinsisch, nach mobilen Maximen des eigenen Denkens, ganz auf die eigene Person fokussiert, zu verarbeiten. Da wir, Kant folgend, »die Dinge an sich nicht erkennen können«, sondern nur unsere Wahrnehmung der Dinge, sind wir letztlich dazu verpflichtet, diese kreative Deutungsleistung zu erbringen. Wir sind gewissermaßen Schöpfer unserer Welt.

Die Gehirnforschung hat in den letzten Jahrzehnten große Fortschritte bei den einfachen Fragen des Bewusstseins gemacht: Wie integriert das Gehirn Information, wie lenkt es seine Aufmerksamkeit? Was bleibt, ist das »harte Problem des Bewusstseins«, wie der australische Philosoph David Chalmers es nennt: Wie werden einströmende Sinnesreize zu phänomenalen Erlebnissen – wie bekommen sie subjektive Qualitäten wie Farbe oder Geschmack? Für Wissenschaftler wie Georg Northoff und viele andere geht es darum, genau zu rekonstruieren, wie die Reize von den Sinnesorganen ins Gehirn gelangen und in welchem Zustand das Gehirn sie empfängt. Das Gehirn muss diese Reize raumzeitlich ordnen – kategorisieren. Ich denke, genau aus diesem Grund entstanden die kantschen Kategorien. Gewissermaßen als Arsenal zur Abwehr unerwünschter und zum Generieren erwünschter Reize.

Die Gefahr dabei: die Dominanz der Kategorien gegenüber der kruden Wirklichkeit, ihre Erstarrung, Verhärtung. Womit wir wieder bei den eingangs anekdotisch erwähnten Wanzen wären. Die internen, zementierten Kategorien erweisen sich als stärker als die externen Gegebenheiten und blockieren das Verhalten der Person. Die geschlossenen Fensterläden zum Zweck innerer Verdunklung sind ein erschreckend deutliches Bild für diese Fehlhaltung. In wichtigeren Kontexten, in lebensentscheidenden Situationen kann diese selbst produzierte Blindheit zu Katastrophen führen.

Ob Alkohol, biologische oder mentale Drogen im Spiel sind, spielt dabei eine zweitrangige Rolle. Im Gegenteil: Der psychologisch indizierte Rauschzustand verfliegt nicht am nächsten Tag …

KRUMMES HOLZ

»Aus so krummem Holze, als woraus der Mensch gemacht ist, kann nichts ganz Gerades gezimmert werden.«[47] Manchmal rutschten ihm dann doch solche einfachen, knorrigen Sätze heraus. Nicht sehr oft, aber ab und zu. Es war eigentlich nicht seine Art, so markig aufzutreten. Ab und zu musste es sein. Das große Ganze seines abstrakten Gebäudes musste das schon aushalten. Es wären ihm noch ganz andere Wörter eingefallen, um das desaströse Gewürge um ihn her zu beschreiben: Taugenichts, Windbeutel. Nebulo, wie er seinen versoffenen Diener Lampe nannte, mit dem er sich nicht nur in Sachen Wanzen gar oft uneinig war. Aber das war ja nur ein harmloser Einzelfall.

Gravierender das tägliche Geschachere und Gerangel, Intrigieren und Schikanieren der Leute an der Uni und nicht nur dort. Die Heuchelei und Verlogenheit der Pfaffen, die Skrupellosigkeit der Potentaten, ihre Gier, ihr Machthunger.

Dummheit, kindische Eitelkeit, Bosheit, Zerstörungssucht – die ganze auf ihre Vorzüge eingebildete Gattung … diese Krone der Schöpfung. »Krummes Holz« war ja noch beschönigend, fast liebenswürdig poetisch ausgedrückt. Genauso gut hätte man sagen können, die Krone der Schöpfung ist ein Abfallprodukt, Abschaum, krasse Fehlentwicklung, eine durch nichts zu belehrende Spezies.

Kants negatives Weltbild hatte etwas Zerstörerisches, Zermalmendes an sich. Ein hartgesottener Realist und Pragmatiker, dem man nichts vormachen konnte. Goethe und Schiller vermochten dieser kompromisslosen Haltung nichts abzugewinnen.

Aber Kant wäre nicht Kant, wenn er es nicht verstanden hätte, gnadenlose und erbarmungslose Blickschärfe mit weitsichtiger Perspektivik zu verbinden. Wie dieses Verfahren aussieht oder aussehen könnte, lässt sich im Zeitraffer in einer kleinen Studie mit dem großen Titel *Idee zu einer allgemeinen Geschichte in weltbürgerlicher Absicht* aus dem Jahr 1784 beobachten. Kein naiver oder genialer Wurf eines jugendlichen Utopisten, sondern das Resümee eines bereits sechzigjährigen Forscherlebens – zudem ein Text, wo man dem Verfasser förmlich bei den einzelnen Denkschritten zusehen kann. Trotz der düsteren Einsicht und Ausgangssituation versuchte Kant sich mit aller Energie gegen die Konsequenz eines zweck- und trostlosen Daseins im »Ungefähr« zu stemmen. Vielleicht auch deshalb die drastischere, bildkräftige Sprache: Es ging ihm in diesem Moment darum, zu retten, was seiner Ansicht nach vielleicht doch noch zu retten war, und einen Ausweg aus dem zerstörerischen Dilemma der menschlichen Natur zu finden. Und zwar listigerweise dadurch, dass er genau diese hochproblematische »Natur« neu definierte und interpretierte.

Dazu bedurfte es lediglich einer kleinen, bei seinem philosophischen Nachfahren Hegel würde man sagen »dialektischen«, um nicht zu sagen akrobatischen, Volte: Der Mensch, so Kant, ist seiner Natur nach ein bipolares, in sich gespaltenes Wesen. Einerseits mit vehementer Neigung, sich zu vergesellschaften und zu sozialisieren, und zugleich mit einem nicht minder großen Hang, sich zu vereinzeln und zu isolieren. Dieses ungesellig-gesellige und gesellig-ungesellige Doppelwesen steht notwendigerweise in permanenter Spannung zu sich selbst.

Sozialwesen oder/und Egomane – Widerstand und Widerspruch sind vorprogrammiert. Er/Sie erwartet und erregt durch sein Verhalten Widerstand und ist bereit, Widerstand gegen andere zu leisten. Eine Situation, die fast jeder aus beliebigen Situationen und Diskussionsrunden kennt. Querulantismus als Lebensform. Genau das sagt Kant und geht gleich noch einen Schritt weiter, indem er im Widerstand und Widerspruch des »isolierten Sozialwesens« Mensch den zentralen Motor kultureller Entwicklung entdeckt. Denn aus dem Affekt des Widerstands, der Rivalität erwächst eine gewaltige Energie, eine Aktivierung aller Lebenskräfte, die aus Ehrgeiz, Ehrsucht und Habsucht kreative Triebkräfte werden lassen. Man arbeitet sich buchstäblich für und an Menschen ab, die man zwar nicht leiden kann, von denen aber man auch nicht lassen kann.

Aus diesem Dauergefecht zwischen einem Ego und einem konkurrierenden Alter Ego bildet sich jedoch im Laufe der Zeit, so Kant, genauer, die Hoffnung Kants, so etwas wie »Kultur« heraus. Nicht Harmonie, Eintracht, Güte werden als die wahren Triebfedern der menschlichen Entwicklung entdeckt, sondern Zwietracht, Konkurrenz und Krieg. Man mag sich erstaunt die Augen reiben und sich fragen: Wie bitte, das soll Kant gesagt haben. Nicht etwa Nietzsche einhundert Jahre später?

Nein, es ist in der Tat O-Ton Kant, dem alles lieber war als Trägheit, behaglicher, selbstzufriedener Stillstand und ziellose Lässigkeit.

So setzt er alle Hebel der Natur in Gang, um – paradoxerweise – genau dadurch Kultur, menschliche Kultur und kulturelle Entwicklung zu generieren. Zugegeben ein verrückter, wagemutiger Plan: eine Art freier Marktwirtschaft der Ideen, bei denen sich die Stärksten durchsetzen. Schluss mit gutartigen, »hausviehartigen«[48] Herdentugenden der Genügsamkeit. Kant setzt auf Raubtiertugenden: Gier und Begierde, Egoismus und Dominanzgebaren als die zentralen Triebkräfte der Evolution. Für einen Moment glaubt man sich wirklich bereits im 19. Jahrhundert auf den Spuren von Darwins berühmter Losung vom *»survival of the fittest«*. Im Ansatz sind der verehrte Philosoph und der skandalisierende Naturforscher tatsächlich gar nicht so weit voneinander entfernt, wie man glauben möchte. Während Darwin auf natürliche Evolution durch Selektion hinauswollte, verfolgt Kant jedoch ein wesensmäßig anderes Ziel. Kein Geringeres als die Idee einer Perfektionierung der Kultur aus dem Geist der Natur, der Naturgesetze, die besser als der Mensch selbst wissen, was für ihn, was für die Gattung gut ist. Die Natur muss und kann nicht zugunsten der Kultur überwunden werden – im Gegenteil, sie zwingt den Menschen ganz legal und nur ihren Gesetzen folgend ins Joch einer höheren Ordnung, einer, wie er es nennt, »bürgerlichen Verfassung«. Starke, gewagte

Idee, verdeutlicht durch starke Bilder. Kant wählt das des Waldes, zugegeben auf eine nicht gerade anheimelnde Weise. Eng aneinandergepfercht will ein Baum dem anderen das Wasser abgraben und die Luft und das Licht wegnehmen. Aber genau durch diesen rivalisierenden Überlebenskampf entsteht in der Gesamtschau ein schöner, gleichmäßiger Wald.

Während Bäume, die in Freiheit und Abstand voneinander stehen, vor lauter ungenutzten Möglichkeiten »krüppelig, schief und krumm wachsen«. Die biologische Stimmigkeit dieser steilen These sei mal dahingestellt. Für den von Kant angedachten Menschenpark entsteht eine merkwürdige Schieflage – so schief und krumm wie der Mensch nun mal gebaut ist – wir erinnern uns an das krumme Holz. Auch Kants Theorie selbst gerät ein wenig ins Rutschen. Was für ein Menschenbild kommt da zum Vorschein. Was heißt Menschenbild: Bei Formulierungen wie der, dass »der Mensch [...] ein Tier« sei, fragt man sich, wo er bleibt, der vernunftgetragene, pflichtbewusste, in Kategorien handelnde Mensch, den man mit dem Namen Kant gemeinhin verbindet. Es ist, als ob sich da einer gegen die üble Nachrede, er sei ein versponnener, weltfremder Idealist, zur Wehr setzen wollte und dabei über das Ziel hinausschoss. Und es kommt noch schlimmer. Früher einmal hieß es, dass man Mut brauche, sich seines eigenen Verstandes zu bedienen. Jetzt ist davon die Rede: dass der Mensch einen »Führer«, Pardon Herrn nötig hat. Keinen himmlischen Vater, sondern einen »menschlichen« Herrn. Wir sind im sechsten Absatz des neun Absätze umfassenden Essays und mitten im Dilemma. Denn dieser Herr, dieses Oberhaupt wäre ja notwendigerweise selbst auch wieder ein »Mensch« – also ein Tier: das heißt ein mit »tierischen« Instinkten und Trieben ausgestattetes Individuum. Und ausgerechnet von diesem Herrscher-Wesen erwartet man geradliniges Handeln im Sinne einer bürgerlichen Verfassung? Natürlich spürt Kant, dass er möglicherweise im Begriff ist, eine gedankliche Geisterfahrt anzutreten, und versucht ins Relativierende auszuweichen. Bezeichnenderweise fällt jetzt der Satz vom »krummen Holz«, aus dem man nichts Gerades schnitzen könne. Und wenig später ist sogar die Rede von vielen vergeblichen Versuchen, Annäherungen und viel gutem Willen, die irgendwann einmal zusammenkommen müssten, um diesen Widerspruch zu lösen.

Das extrem künstliche Ziel, die Errichtung einer »vollkommenen bürgerlichen Verfassung«, wird dennoch nicht vollständig aufgegeben – noch nicht. Im Gegenteil, Kant wühlt sich mit einer gewissen Insistenz in seinen »Bau« hinein und treibt die Überlegungen auf die Spitze. Er geht so weit, auch den Krieg und die damit verbundene Zerstörung und Zerstückelung als mögliche Stufe innerhalb eines Entwicklungsprozesses zu sehen. An seinem Ende könnte ein  Automatismus stehen, der unter Umständen und in ferner Zukunft (Kant bleibt hier sehr vage und zurückhaltend) zu einer gewissen Balance zwischen den antagonistischen Kräften des passiven Verdämmerns und nackter Zerstörungswut führen könnte. Hätte er auch nur ansatzweise geahnt, welch desaströse Entwicklung die europäische Geschichte in den darauffolgenden zwei Jahrhunderten de facto machen würde –

er hätte diesen Hoffnungsschimmer gewiss vollständig ausgeblendet. Und auch wir müssen uns fragen, ob die Beschäftigung mit Konzepten, die von der kruden Wirklichkeit mittlerweile vollständig pulverisiert wurden, überhaupt noch lohnt. Nein, die »allgemeine weltbürgerliche Absicht« ist keinen Schritt weitergekommen, der Krieg ist nicht (durch Einsicht der Mächtigen) ausgestorben, und das »allgemeine Ganze« ist weniger sichtbar denn je.

Oder hätte er tatsächlich im Angesicht und im Wissen um die Weltkriege der Neuzeit, den Holocaust und die Atombombe noch immer auf ein allumfassendes Naturgesetz gehofft, das der Geschichte des Menschengeschlechts eine tragfähige Basis gibt? Hätte er, wenn nicht von einer übergeordneten Vorsehung, so doch zumindest von einem Endzweck, auf den das ganze Geschehen zutreibt, gesprochen? Mit dem tristen Befund, dass wir als Spezies Mensch im Grunde ungeheure Versager und Stümper im Verfolgen und im Umsetzen unserer eigenen Potenziale sind und nur darauf hoffen können, dass dennoch – ohne unser Zutun, ja sogar entgegen unserem Tun – wunderbarerweise aus Millionen von Partikeln im Ganzen gesehen Bewegungen entstehen, die zu neuen, besseren Horizonten führen.

Wir wissen es nicht. Wir wissen nicht, ob Kant in solchen Momenten am Rand der Resignation stand und am liebsten alles hingeschmissen hätte. Oder ob seine Theorie, sein Konzept selbst solchen Erfahrungsbelastungen gewachsen war und standhielt.

Überredet sich da einer zum Weitermachen oder war er bereits Opfer seiner eigenen Theorie? Gefangener eines Weltbildes, das zu bröckeln begann und in dem er dennoch Halt suchte.

Von dem er sich auch nicht mehr lösen konnte, weil er sich sonst von sich selbst losgelöst hätte.

Längst war der Name »Kant«, der Begriff der »kritischen Theorie« zu einer »Marke« geworden. Und jeder Widerruf hätte gravierende Folgen für ihn und die wachsende Schar seiner »Kantianer«, Schüler, Bewunderer gehabt. Doch Texte wie der eben skizzierte deuten an, dass durchaus Selbstzweifel in ihm selbst genagt haben müssen und er zum Darsteller seiner eigenen Theorie geworden war.

Genau das, wovor ihm am meisten graute: ein Pfaffe, ein Jesuit des »Kantianismus« zu werden, einer, dem im allerletzten Moment immer eine listige argumentative Wendung einfällt, um den Kopf aus der Schlinge seiner eigenen Visionen zu ziehen. Gefangen in sich und dennoch mit rabiatem Willen zu einer Führerschaft, deren Künstlichkeit und Hinfälligkeit keiner besser durchschaute als er selbst.

Schon eine vertrackte Situation. Wobei man Kant kaum vorwerfen kann, den Hype um seine Person gefördert zu haben. Doch ganz offenbar traf er den Nerv, den wunden Punkt. Doch er traf ihn nicht nur – er therapierte ihn auch.

Heinrich Heine hat sein Verfahren in einer kleinen anekdotischen Skizze spöttisch wie auch verständnisvoll beleuchtet:

»Immanuel Kant [...] hat den Himmel gestürmt, er hat die ganze Besatzung über die Klinge springen lassen, der Oberherr der Welt schwimmt unbewiesen in seinem Blute, es gibt jetzt keine Allbarmherzigkeit mehr, keine Vatergüte, keine jenseitige Belohnung für diesseitige Enthaltsamkeit, die Unsterblichkeit der Seele liegt in den letzten Zügen – das röchelt, das stöhnt –, und der alte Lampe steht dabei mit seinem Regenschirm unterm Arm, als betrübter Zuschauer, und Angstschweiß und Tränen rinnen ihm vom Gesichte. Da erbarmt sich Immanuel Kant und zeigt, dass er nicht bloß ein großer Philosoph, sondern auch ein guter Mensch ist, und er überlegt, und halb gutmütig und halb ironisch spricht er: ›Der alte Lampe muß einen Gott haben, sonst kann der arme Mensch nicht glücklich sein – der Mensch soll aber glücklich soll aber auf der Welt glücklich sein – das sagt die praktische Vernunft – meinetwegen – so mag auch die praktische Vernunft die Existenz Gottes verbürgen.‹ … Infolge dieses Arguments unterscheidet Kant zwischen der theoretischen Vernunft und der praktischen Vernunft, und mit dieser, wie mit einem Zauberstäbchen, belebte er wieder den Leichnam des Deismus, den die theoretische Vernunft getötet.«[49]

Nein, es ging nicht nur um das Seelenheil des alten Lampe. Dem Argumentationsakrobaten, dem Magier Kant war es darum zu tun, sein gesamtes Publikum zu verzaubern. Und ihm auf offener Bühne vorzuführen, dass Illusion und Desillusion sich paradoxerweise nicht ausschließen.

ALMA MATER

Für die philosophische Fakultät der Universität Albertina war der 28. Februar 1798 ein ganz besonderer Tag. Nach fast einjähriger, peinlicher Abstinenz geruhte der »Meister«, wie ihn seine kollegialen Lieblingsfeinde spöttisch nannten, dann doch wieder einmal persönlich anwesend zu sein. Auf der Tagesordnung stand unter anderem eine pikante Neuerung, nämlich die Frage, wie man auf permanent »dienstsäumige« Kollegen mehr Kontrolle und Druck ausüben könnte. Kant protestierte – fast erwartungsgemäß, möchte man sagen. Er fehlte bei langatmigen akademischen Geschäftsführungs- und Verwaltungssitzungen so oft, dass ein solcher Erlass ganz sicher auch ihn selbst getroffen hätte. In der Ecke, ihm schräg gegenüber, sah Kant mit einem schnellen Seitenblick, wie sich zwei seiner Kollegen bereits einverständig zulächelten – natürlich akademisch zurückhaltend, mit fein gekräuselten Lippen. Ihn langweilten diese sinnlosen, geschwätzigen Debatten, in denen Schwachköpfe ihre bedeutungsvollen »Argumente« austauschten. Stundenlang. Wenn es drauf ankam, angekommen wäre, Haltung gegenüber der Zensur und den Anweisungen vom Hof zu zeigen, hörte man sehr viel weniger von den Herren Hiller und wie sie alle hießen. Wenn Gegner seiner Philosophie – und die gab es reichlich – ihn verhöhnten und angriffen, dann wäre es schön gewesen, einen Hauch von Solidarität zu spüren. Stattdessen hatte einmal ein mutiger Student eingreifen und für ihn eintreten müssen. Der Senat schwieg. Der mutige Student landete im Universitäts-Karzer. Auch nur im Ansatz aufrührerische oder gar frankophile Aktivitäten lösten bei der preußischen Obrigkeit Alarm aus, und Kant stand offenbar im Ruf, als möglicher Unterstützer dieser »Aufrührer« im Hintergrund zu wirken. Jedenfalls hatte Berlin ein Auge auf ihn und beobachtete jede seiner Publikationen und Aktivitäten argwöhnisch. Schließlich konnte es kein Zufall sein, dass dieser Königsberger Philosophieprofessor sich auffällig oft in Konflikte zwischen Studenten und Ordnungsorganen einschaltete und meist auf der Seite der querulierenden Aufrührer stand – und dabei zumindest sehr fragwürdige Aussagen machte. Oder war es nicht suspekt, wenn einer wie er unverhohlen davon sprach, dass es auf die Rechte der Menschen mehr ankomme als auf Ordnung und Ruhe. Kirchhofsruhe hätte er wohl gesagt. Dahinter stand doch mehr oder weniger unverhohlen eine Drohung, munkelte man. Zumindest eine sehr eigenwillige Rechtsauffassung, so als ob sich hinter der Aufrechterhaltung der Ordnung immer bereits ein System der Unterdrückung verberge und Ruhe ein Indiz für Überwachung wäre. Umgekehrt wurde ein Schuh draus. Dieser eigenartige Professor, der sich mit seiner etwas schrulligen Lebensweise nach außen hin den Anstrich der Harmlosigkeit gab, musste unbedingt observiert werden. Manche Gefährder erregen durch Auffälligkeiten Verdacht. Dieser Fall hier war möglicherweise gefährlicher. Ein Aufrührer in der

Maske des pflichtbewussten Biedermannes und eines käferartig in sich abgeschlossenen Gelehrten. Einer der geschätzten Kollegen, der Theologe Samuel Collenbusch, hatte nicht gezögert, die inquisitorische Theologenfrage aufzuwerfen, inwieweit sich »der Glaube der Teufel von dem Glauben des Herrn Kant« unterscheide.[50] Auch der Verdacht einer luziferischen Ironie wurde mit ihm in Verbindung gebracht. Und in der Tat hatte sich Kant immer wieder durch verschiedene Publikationen in diesem Sinn verdächtig gemacht. Besonders die bereits erwähnten Essays *Über das radikale Böse in der menschlichen Natur* und *Von dem Kampf des guten Prinzips mit dem bösen um die Herrschaft über den Menschen*, beide von 1792, brachten ihm massiven Ärger, gar ein vorübergehendes Druckverbot ein. Später folgte ein noch sehr viel massiverer königlicher »Spezialbefehl«, der ihn in einschüchterndem Ton der akademischen Pflichtverletzung bezichtigte und unter Androhung »höchster Ungnade« dazu aufforderte, dergleichen Eskapaden zukünftig zu unterlassen.

Von wegen Denk- und Publikationsfreiheit. Kant hatte in seinem berühmten Aufsatz *Was ist Aufklärung?* ja noch das Hohelied auf die Weisheit und Toleranz von Friedrich II. gesungen. Von wegen: In den 1790er-Jahren, vermutlich motiviert durch die Erfahrungen der Revolution im Nachbarland, war von dieser großen Freiheit nur mehr sehr wenig zu spüren. Umso wichtiger wäre es gewesen, die vergleichsweise kleine Welt der Universität als Schutzraum für bedrohtes Denken zu verstehen und zu verteidigen. Keine elitäre »Gelehrtenrepublik«, wie man manchmal so schön abgehoben sagte, sondern eine von allen herrschaftlichen Einflüsterungen befreite Wahrheitsfindungs-Institution, jedenfalls keine Nützlichkeitsfabrik, wie die Regierungen sie am liebsten hätten. Es muss deshalb eine Fakultät geben, welche, unabhängig von den Befehlen der Regierung, diese zu kritisieren die Freiheit hat und darin »keinen Scherz versteht«. Eine Fakultät, natürlich die Philosophie, welche ihre Lehren nicht aus der Bibel, der Verfassung oder den politischen Lehrbüchern bezieht, sondern aus der Vernunft schöpft. Und mehr noch, den offiziell hoch gehandelten Leitwissenschaften ihre glänzenden, »vorgeblich aus der Vernunft entlehnten Federn abzieht« und mit ihnen »nach dem Fuß der Gleichheit und Freiheit verfährt«.

(Vielleicht verzeiht man mir – dies als kleine Zwischenbemerkung –, dass hier wie auch sonst nur längere Zitate mit genauen Quellenangaben versehen werden, kleine Einsprengsel wie eben jedoch einfach in lockerer Folge eingestreut werden.)

Ihr Zweck ist nicht die Nützlichkeit, sondern die Wahrheit. Eigentlich, dachte Kant, sollten die Zeiten, in denen man die Philosophie als »Magd« der Theologie bezeichnete, endgültig vorbei sein. Und wenn schon »Magd«, dann eine, die der »gnädigen Frau« nicht die Schleppe nach-, sondern die Fackel voranträgt! Ja, Kant geht hier sehr weit, eigentlich sollte es Externen wie Beamten letztlich sogar verwehrt werden, ein Veto gegen interne Beschlüsse der Universität einzulegen.

Konkret: Auf dem Gebiete der Religion müssen alle der praktischen Vernunft widersprechenden

Lehren moralisch, das heißt eigenverantwortlich getroffen werden. Auf dem Sektor Recht oder Politik ist
das Ziel ein klares, dem natürlichen Recht verpflich-
tetes, wirklichkeitsnah auf die Menschen zugeschnit-
tenes, republikanisches Gemeinwesen als verbindliche
und durchaus visionäre, auf eine mögliche Zukunft
ausgerichtete Zielvorstellung. Volksaufklärung, nicht
Expertensuada, die sich über die Köpfe der Einzelnen
ergießt, sollte das Zentrum künftiger Curricula sein.

Sogar für den Bereich der Medizin haben nach Kants
Idee neue Maßstäbe zu gelten. Seine Forderung: Weg
von einer bloß empirisch-mechanisch, rein »apothe-
karisch« oder »chirurgisch« betriebenen (heute würde
man sagen effizienz- und gewinnorientierten) Medizin.
Hin zu einer auf den Menschen und seine spezifische
Lebensweise ausgerichteten, ganzheitlichen Heilkunde,
die auch die »Macht des Gemüts«, »krankhafter oder
auch bloß sinnlicher« Gefühle in Diagnose oder
Therapie mit einbezieht. Er scheut sich in diesem Zusammenhang nicht, auch die eigene Kranken- und
Leidensgeschichte, inklusive der Versuche, Selbsthei-
lungskräfte zu aktivieren, miteinzubeziehen. Nein,
Kant ist sicher kein früher Vertreter einer alternativen
Medizin. Dennoch können Kants diätische Rat- und
Vorschläge durchaus als frühe Ausformung dessen
gesehen werden, was man im 19. Jahrhundert »Psycho-
therapie« nennen wird. Sein therapeutisches Verständnis ist dabei – kantspezifisch – nicht auf Lin-
derung, Verzärtelung und Schonung ausgerichtet,
sondern basiert ganz im Gegenteil auf Härte, Selbst-
disziplinierung und Überwindung. Irgendwie geistert

im Hintergrund seiner imaginierten Rezeptur möglicherweise noch immer Schillers Diktum »Es ist der Geist, der sich den Körper baut« (*Wallenstein*) mit. Aber Vorsicht. So ganz eindimensional sollte man das berühmte Zitat nicht lesen und hinnehmen. Wallenstein katapultiert sich damit zwar für den Moment aus einer bereits hoffnungslosen Situation heraus und motiviert sich, man könnte fast sagen, er putscht sich auf, um eine Entscheidung herbeizuführen. Das autosuggestive Doping führt ihn in seinem Fall freilich wenig später in den sicheren Tod.

Autosuggestion als Therapeutikum, um letzte Lebensgeister zu wecken und einem langen, würdelosen Siechtum zu entgehen? Ganz so ist es nun freilich auch nicht. Kant kennt die Ambivalenz heroischer Posen nur zu gut, um ihnen auf den Leim zu gehen. Er kennt sie von sich selbst – weiß um seine Hypochondrien, um seinen Kampf gegen sie wie auch um die inneren Widersprüche, die mit diesem Kampf verbunden sind. Die letzten Abschnitte dieses eigenartigen »akademischen« Testaments (nichts anderes stellt dieser letzte veröffentlichte Text dar) sind fast folgerichtig Elemente einer ungewollten, zumindest ungeschriebenen Autobiografie, einer sehr persönlichen Autospektion und einer erfahrungsseelenkundlichen Dokumentation. So spricht er plötzlich von den Ausstoßungen der Luft und vom Speichelfluss während des Schlafes und davon, dass er oft durch Funktionen seines Körpers aufgeschreckt werde. Jähes Aufhusten und Ausspucken des Schleimes, Auswurf, Speichel ... Krankhafter Reiz und Gegenreiz – so nahe kommen wir Kant selten. Aber nun, wenn es um die Sache der Universität und um seine höchst persönliche Sache geht, gibt es offenbar keine Tabus mehr. Er führt dem Leser förmlich vor, wie der Mechanismus seiner Organe funktioniert, wie man sich solcher Attacken des Körpers möglicherweise erwehren kann. Dazu lässt er uns introspektiv am Dialog zwischen seinem »Geist« und seinem »Körper« teilhaben. Ein Protokoll, das noch relativ distanziert in der dritten Person beginnt, nach wenigen Sätzen jedoch in die sehr viel persönlichere erste Person überwechselt:

»Die krankhafte Beschaffenheit des Patienten, die das Denken, insofern es das Festhalten eines Begriffs ist, begleitet, bringt das Gefühl eines spastischen Zustands des […] Gehirns als eines Drucks hervor […] Daher begegnet es mir: daß ich, wenn ich, wie es in jeder Rede jederzeit geschieht, […] ich auf einmal meinen Zuhörer fragen muß: Wo war ich doch? Wovon ging ich aus? Welcher Fehler nicht sowohl ein Fehler des Geistes […], sondern der Geistesgegenwart (im Verknüpfen), […] und ein sehr peinigender Fehler ist. «[51]

Es ist, als ob Kant Momente des eigenen Erlebens mitsamt all seiner Defizite und Ausfälle getreulich kopieren und dokumentieren wollte. Und mit dieser subjektiven, ja subjektivistischen Annäherung die Tür zu einer neuen Auffassung der Medizin aufstoßen wollte. Einer Medizin, die das Individuum als Ganzes, als organischen Verbund unterschiedlichster Partikel sieht. Notdürftig zusammengehalten durch »dünne Fäden unseres Erkenntnisvermögens«[52]. Kein mächtiges, dominantes, selbstsicheres Ich, wie man es sich, den Klischees der Aufklärung folgend, vorstellen mag, sondern ein Bündel Mensch, bestehend aus Unvermögen, Erschöpfung und Widersprüchen: fragil und schwächlich – entschlossen und willensstark zugleich. Denn:

»Warum ein schwächliches Leben durch Entsagung in ungewöhnlich Länge ziehen, die Sterbelisten [...] in Verwirrung bringen [...] und das alles was man sonst Schicksal nannte (dem man sich demütig und andächtig unterwarf), dem eigenen, festen Vorsatz zu unterwerfen?«[53]

Die scheinbar auf Perfektion programmierte Denkmaschine Kant weiß um ihre eigene Hinfälligkeit und Zerbrechlichkeit. Und kommt paradoxerweise genau dadurch ihrem zentralen Ziel, der nackten Wahrheit, sehr viel näher als durch noch so viele logische Schlüsse. Und er hatte die Sprache. Hatte seine Papierbogen, seine peinlich akkurat zugeschnittenen Schreibfedern. Jeder seiner Sätze war doch ein vitales Ausrufezeichen gegen das Hinsterben, gegen das langsame Verdämmern. Er konnte nicht aufhören zu denken, aber erst wenn er seine Gedanken genau so, wie er sie haben wollte, in Sprache verwandelt und auf das Papier gekratzt hatte, war er für einen Moment zufrieden. Und dann erst wieder, wenn sie nach Druckerschwärze riechend vor ihm lagen.

Was dann daraus wurde, was die Leute dann daraus machten, was sie mit ihnen anfingen oder nicht anfingen, interessierte ihn nicht mehr ...

Merkwürdig, auf welche Gedanken sie manchmal kamen. Kant, der Illusionist ... der Moralist ... der Philosoph der Pflicht ... des Gewissens ... der Pedant, der deutscheste der deutschen Philosophen, der Alleszermalmer, der Bürokrat des Denkens. Er konnte diesen Quark nicht mehr hören.

Überhaupt die Menschen. Ob es sie auf der Welt gab oder nicht – es war doch völlig egal. Die Natur würde sich auf diesen Zustand fast mühelos einrichten können. Man würde sich einfach verwandeln. Sich ein wenig verwandeln und den ganzen Ballast abstoßen. Gegenüber dem lauwarmen Frieden war der Krieg, war die Apokalypse einer im Mark erschlaffenden Handelsgesellschaft[54] eine einzige den Namen der Erhabenheit verdienende Sozialaktion. »Luzifer« – der Gedanke gefiel ihm insgeheim. Er hatte etwas Dämonisches an sich, atmete Kälte und Größe.

Selbst der Massentod der Menschen im Krieg, bei Naturkatastrophen konnte ihn nicht erschrecken. Denn er ahnte: Diese Spezies würde genau darauf hinarbeiten. Würde ihren eigenen Untergang vorbereiten. Denn in der Erhabenheit des Krieges wird kollektiv gelernt, was Zielpunkt aller Apokalypsen war: dass der physische Untergang die Rettung des idealen Selbst bedeuten kann, ja bedeuten muss. Die letzte Provokation, deren Ziel wäre, die Erde als grandioses Denkmal der eigenen Superpotenz durch das stumme All zu schicken. Die menschenlose Erde als Groß-Satellit mit der immer einen Botschaft: Das, was das Maß unserer Einbildungskraft sprengt, haben wir, uns selbst überbietend, als Techniken des Untergangs gleichwohl machen können. Es ist kein erhabeneres Kunstwerk denkbar als die solcherart verlassene, stumme Erde.

Kant schrak auf. Der Dekan sprach noch immer. Auf seine bleiern und leiernd einschläfernde Art. Er musste eingeschlafen sein. Das alles war doch der erklärte Wahnsinn. Er durfte die Brandraketen in seinem Kopf nicht einfach so abschießen.

Und wenn er in die erschrockenen Gesichter der Kollegen in der Fakultät sah, die schon erstarrten, wenn er bloß von den leeren Ritualen ihrer eigenen Zunft sprach und andeutungsweise Kritik an den Regularien des Hofes äußerte, wenn er sah, wie ihre Minen ängstlich versteinerten, begriff er, dass er es weder den Leuten um ihn her noch sich selbst antun konnte, so weiterzudenken.

DIE SACHE
MIT GOTT

Man kennt sie ja noch aus der Schule, die berühmte
Gretchenfrage, Goethe, *Faust*, 3. Akt:
> »Wie hältst du's mit der Religion?«

Was für eine Frage? Ebenso naiv wie präzise. Der Ge-
fragte, Dr. Faust, wird sie nicht ebenso präzise und
noch weniger naiv beantworten. Wird ihr ausweichen,
sie aufweichen. Wer mit dem Teufel paktiert, ist nie
um eine gute Antwort verlegen. Liebe, Natur, Gefühl,
das sei doch auch eine Art Religion, sagt er, und der
Name Gottes, der Religion sei letztlich »Schall und
Rauch«.

Lauter verbale Nebelkerzen, um Gretchen nicht
zu verstören und seine Pläne mit ihr durchzusetzen.
Beruhigungspillen von der Art, wie sie Dr. Kant seinem
Lampe verabreicht hat. Ob sie nun Goethe, Schiller,
Lessing oder Kant heißen – sie alle sahen sich gezwungen, solche Vernebelungskerzen zu werfen, um
dem Schicksal Gretchens zu entgehen. Man erinnert
sich: Als Kindsmörderin angeklagt, wird sie am Ende
der Liebesepisode hingerichtet. Ihr akademischer
Galan entschwebt mit ein paar pseudobetroffenen
Phrasen auf den Lippen. Ich weiß nicht, wie vielen

Mädchen und Männern die Religion im Laufe der letzten zweitausend Jahre Angst gemacht hat; wie viele sie bis ins Mark erschreckt und getötet hat. Im 17. und 18. Jahrhundert formierten sich systematisch Kräfte, die den Bann dieser schwarzen Magie brechen wollten – im Zeichen der Aufklärung. Und in der Tat, Mitte des Jahrhunderts schien der Religion gedanklich der Giftzahn gezogen. Ob in Frankreich, England oder Deutschland, ob Voltaire, Diderot, Sterne oder Hume, Lessing oder Kant – alle waren sich im Kern darüber einig, dass religiöse Dogmen in der Tat »Schall und Rauch« waren, Ideen, Illusionen, von denen man vergessen hatte, dass sie welche waren. Der befreiende Atem säkularen Denkens schien im Begriff, einen großen, umfassenden Sieg zu erringen. So weit die Theorie. Auf der Ebene der Realpolitik, auf der Ebene der Gretchens dieser Welt jedoch, hatte sich faktisch nur wenig geändert. Im Gegenteil: Verunsichert durch den Sog der aufklärerischen Kräfte befanden sich die Konservativen religiösen und damit zum Teil auch die staatlichen Institutionen im Alarmmodus und verteidigten ihre angestammten Rechte und Machtbastionen sogar besonders rabiat.

Selbst Kant sollte dies mehrfach zu spüren bekommen, obwohl seine Art der Bestrafung eher »akademischer« Natur war: Publikationsverbot. Wenn man freilich weiß, wie essenziell für ihn der freie Verkehr und Austausch von Ideen war, käme dies in der Tat einem symbolischen Todesurteil gleich. Freilich war Kant gewieft genug, um die Folgen solcher Verurteilung zu umgehen und abzufedern. Gewiss, er provozierte, verstand es aber auch, sein Spiel mit den diversen Obrigkeiten zu treiben. Titel wie *Die Religion innerhalb der Grenzen der bloßen Vernunft* (1792) oder *Der einzig mögliche Beweisgrund zu einer Demonstration des Daseins Gottes* (1763) waren nichts anderes als eine vorsätzliche Provokation. Allein der Gedanke, Gott »Grenzen« setzen zu wollen, Indizien für die Wahrscheinlichkeit oder die Unwahrscheinlichkeit seiner möglichen Existenz zu sammeln, war ein Affront nicht nur gegen die Amtskirchen, sondern auch gegen das mit ihnen eng verflochtene Herrscherhaus. Die Reaktion ließ nicht lange auf sich warten – und man sollte die Wucht dieser obrigkeitlichen Übergriffe nicht unterschätzen. Der König persönlich setzte sich gegen eine Veröffentlichung ein. Am 1. Oktober 1794 ging eine offizielle Kabinettsorder ein, in der Kant »Entstellung und Herabwürdigung« der Haupt- und Grundlehren der Heiligen Schrift und des Christentums vorgeworfen wird. Mehr noch, ein »Spezialbefehl« seiner Königlichen Majestät untersagte weitere Veröffentlichungen dieser Art und drohte im Fall der Zuwiderhandlung mit massiven Sanktionen. Kant musste sich daraufhin verpflichten, auf alle weiteren Stellungnahmen in Religionsfragen zu verzichten, woran er sich auch weitgehend bis zum Tod des Königs hielt.

Trotz aller Hürden, so leicht ließ er sich nicht abwürgen. Ging es beim ersten Versuch nicht, wählte er andere Publikationskanäle oder zerlegte den Text in unverfänglicher erscheinende Einzelteile. Alles andere wäre glatte Selbstverleugnung gewesen. Auf die eingangs gestellte Gretchenfrage hätte Kant, anders als Dr. Faust, zwar nicht mit rhetorischen Nebelkerzen,

wohl aber mit vernunftbasierten Argumenten geant-
wortet. Denn, daran kann kein Zweifel bestehen,
naiver Glaube war ihm, dem pietistisch Aufgewach-
senen, längst abhandengekommen. Freimütig bekannte er gegenüber seinem kollegialen Freund und
Tischgenossen Karl Ludwig Pörschke im Vertraulichen,
er hätte über lange Zeit hinweg an keinem einzigen
Satz des Christentums gezweifelt. Nach und nach sei
jedoch ein Stück ums andere abgefallen. Seine Religion,
so er denn eine habe, sei die des »Indifferentismus«.
Wobei dieser Begriff ein wenig zynischer klingt, als
er gemeint gewesen sein mag. Denn seine wirkliche
Religion war wohl nicht die des Indifferentismus,
sondern die der Vernunft. Auch hier lag Kant übrigens
im Trend der Zeit. Tausend Kilometer westlich von
Königsberg bastelte zur selben Zeit der Revolutions-
führer Robespierre, auch ein geschliffener analytischer
Kopf, an einer nicht ganz unähnlichen Gottes-Variante
unter den Vorzeichen der Vernunft. Robespierre nennt
diesen Gott das »höchste Wesen«. Am 8. Juni 1794
richtet er ihm ein Fest aus. Ganz Paris ist auf den
Beinen. Unter den Augen der Menge setzt Robespierre
ein Standbild des Atheismus in Brand. Aus den ver-
kohlten Überresten erhebt sich die Statue der Weisheit
und Vernunft. Dergleichen plakative Aktionen waren
Kants Sache zwar nicht, aber sein Kampf für eine
zukünftige Kirche der Vernunft war sicher nicht weniger konsequent, ja radikal geführt. Offenbarung,
Mystizismus, Wunderglaube, Dogmen hatten darin
keinen Platz. Allenfalls als Lückenbüßer, als Überbrü-
ckungsinstrumente bis zu dem Moment, in dem der
Mensch endlich mündig und dazu bereit sein würde,

Gott als sein Konstrukt, als die Hohlform menschlicher Vernunft zu begreifen.

Eine Welt aus Denk- und Handlungsverboten duldet keinen frontalen Widerspruch. Deshalb musste Kant Umwege gehen und seine wahren Absichten verschlüsseln. Da geht es viele Seiten lang um die Prinzipien des Guten und des Bösen, um den Kampf der beiden Prinzipien mit- und gegeneinander, über den Sieg des Guten über das Böse. Warum die Kategorien des Guten und des Bösen bei Kant immer noch so eine gewichtige, ja, übergewichtige Rolle spielen? So als sei er doch noch immer im Banne der Religion, die er letztlich überwunden zu haben scheint. Sieht man daran, wie stark die Bindungskräfte dieses archaischen Denkens sind? Denn intellektuell ist Kant Lichtjahre von solch schlichtem Schwarz-Weiß-Denken entfernt.

Ich gebe zu, wenn man diese langatmigen Ausführungen über Gott und die Welt heutzutage liest, kommt man sich gelegentlich wie in stehendem Gewässer vor. Jahrhundertelang dieselben öden Diskussionen auf theologischem Proseminarniveau: Gibt es die Offenbarung, gibt es Gott, ist er beweisbar? Wenn nein, warum? Wenn ja, wie? Sind wir in all der Zeit mit all unseren neuen Erfahrungen wirklich noch immer nicht weitergekommen und kauen die immer gleichen Fragen wieder und wieder durch? Erst ganz allmählich arbeitet man sich zu des Pudels Kern vor, eben der schlichten Gretchenfrage: »Wie hältst du's, wie halten wir's mit der Religion?« Man braucht kein abgeschlossenes Philosophiestudium, um zu ahnen, was nun kommt. Kant attackiert alles, was mit Offenbarungsreligion zu tun hat, und suggeriert das Konzept einer »Vernunftreligion«. Was schwebt Kant hier vor? Er argumentiert gegen die Kirche als konkreten Machtapparat zugunsten einer individuell geprägten »unsichtbaren Kirche«. Was er will, sind kein barockes Schwelgen in himmlischen Apotheosen oder Szenarien der Verdammnis, aber auch keine gipsernen Allegorien der Vernunft wie bei Robespierre. Statt externer Verbote und Gebote klare Kategorien, statt leerer Rituale ein aktiviertes Gehirn. Statt frommer Sprüche feste Maximen. Statt Beichtstuhl und Sündenbekenntnis Selbstanalyse, statt gläubiger, eingeschüchterter Herde ein ethisches Kollektiv, ein Völkerbund, eine Weltrepublik des Friedens. Zu schön, um wahr zu sein – vielleicht. Die Religion der Vernunft erscheint, obwohl sie das Gegenteil behauptet, genauso überirdisch und jenseitig wie die Religionen, die sie bekämpft beziehungsweise ablösen soll. Die Betonung liegt auf »soll«.

Unwillkürlich muss man an Kants literarischen Zeitgenossen Schiller denken und sein weltbekanntes Lied *An die Freude*, das auch mit einer solch großen Apotheose und Beschwörung des Sollzustandes endet:

Rettung von Tyrannenketten,
Großmut auch dem Bösewicht,
Hoffnung auf den Sterbebetten,
Gnade auf dem Hochgericht!
Auch die Toten sollen leben!
Brüder trinkt und stimmet ein,
Allen Sündern soll vergeben,
und die Hölle nicht mehr sein.
Chor.
Eine heitre Abschiedsstunde!

Süßen Schlaf im Leichentuch!
Brüder – einen sanften Spruch
Aus des Totenrichters Munde![55]

Was war das nur für eine merkwürdige Generation,
damals in Deutschland. Rationalisten mit Sehnsuchts-
potenzial, scharfsichtige Utopisten und Illusionisten,
die den Versuch wagten, unter den Vorzeichen eines
»als ob« zu leben, zu denken. So als ob die Welt eine
andere wäre oder nach dem Motto »als das Wünschen
noch geholfen hat« werden könnte.

Im Schlussteil der Religionsstudie konfrontiert Kant
den Leser mit einem wahren Feuerwerk visionärer
Denkraketen. Er fordert ein »ethischbürgerliches«
Kollektiv und Gemeinwesen, die Teilhabe an einem
»ethischen« Gemeinwesen als neues »Volk Gottes«,
eine Bürgerschaft in einem »göttlichen Staat auf
Erden«, eine Alleinherrschaft eines entstehenden
»Reichs Gottes« … Solch groß dimensionierte Pläne
standen in einem eklatanten Missverhältnis zu einer
relativ miserablen realpolitischen Wirklichkeit. So
viel Hoffnung auf die Zukunft und zugleich so wenig
an Wirklichkeit? Eine unsichtbare Kirche – vielleicht
aber auch nur ein erhabenes Luftschloss, geboren
aus der Reibungshitze am Bestehenden, seiner Wut
gegen all das, was er unter dem Begriff des »Pfäffischen« attackiert. Und zwar vom »tugisischen Scha-
manen«[56] bis zum europäischen Prälaten: allesamt
Schwärmer, Heuchler, Fetischmacher – alles dieselbe
Klasse, ob katholischer Bischof oder puritanischer
Eiferer. Sie alle verbindet nach Kant die Lust an der

Macht, der Dominanz, der Observanz, der Kontrolle der anderen, ihrer gläubigen Klientel. »Afterdiener« der Religion nennt er sie despektierlich. Auch hier finden sich Echos derselben Denkart im zeitgenössischen Umfeld, wie etwa bei Hölderlin, der seinen Empedokles mit einer machtvollen Fluchrede, gleichfalls Gericht über die pfäffischen Afterdiener der Religion, halten lässt:

> Hinweg! ich kann vor mir den Mann nicht sehn,
> Der Heiliges wie ein Gewerbe treibt;
> Dein Angesicht ist falsch und kalt und tot,
> Wie deine Götter sind.[57]

Bleibt die Frage, was von ihr übrig bleibt, wenn man die Religion ihrer Hülle aus Ritualen, Mirakeln, Mysterien, Wundern, Zauberei und Schamanismus entkleidet, wenn man ihre Repräsentanten als Heuchler und Scharlatane entlarvt, und man schließlich Gott auf eine Fiktion, Projektion und Idee reduziert. Man kann es drehen und wenden, wie man will, Gott ist, nach Kant, nur ein »Noumenon«, ein Gebilde aus Wörtern und Illusionen. Ein von Menschen erdachtes Ding, ein Luftgebilde.

Wenn es so ist, stellt sich freilich die alte Gretchenfrage in neuem Licht. Soll man das ganze aufwendige Konstrukt Kirchen, Religion, Gott dann nicht besser gleich ganz aufgeben und lieber einer säkularen, weltbürgerlichen Ordnung den Weg bereiten? Religion nur als emotionaler Hilfsmotor, als parasakrale Schubkraft und Befeuerung, als kollektiver Gefühlsverstärker – das kann ja wohl nicht das Ziel sein.

180

Aber eine Religion frei von allen unklaren Gefühlen, ein kristallines Gesellschafts-Etwas mit einem unfreiwilligen neuen Religionsstifter namens Kant – ist das vorstellbar? Ich möchte ihm diese Absicht gewiss nicht unterstellen – aber ganz von der Hand zu weisen ist diese Annahme in Anbetracht seiner eminenten Wirkungsgeschichte sicher auch nicht. Tausende von Kantianern, Neukantianern, Epigonen und Jüngern bezeugen dies.

KRAUT, RÜBEN, TRANSZENDENZ

Lampe wurde immer unerträglicher. Alle Erziehungsversuche, die er ihm im Lauf der Jahre, Jahrzehnte hatte angedeihen lassen, waren umsonst – dat is fere Katt, wie seine Mutter in ihrem knarzgen Ostpreußisch gesagt hätte. Und das Saufen wurde auch immer stärker. Und mit so einem Klotz lebte er nun seit Jahrzehnten unter einem Dach. Plump und grob, alles an diesem Menschen war grob, selbst wenn er gelegentlich versuchte, auf fein zu machen, und ihn mit treuherziger Mine umschlich. Liebedienerisch. Als ob der Philosoph das nicht durchschauen würde. Dann wieder unerträglicher Radau, wenn er mit seinen genagelten Schuhen die Treppe rauf und runter polterte, obwohl er ganz genau wusste – vielleicht, weil er ganz genau wusste, wie empfindlich Kants Nerven auf dieses Gehämmer reagierten. Auf den Nerven herumtrampeln: In seinem Haus wurde diese Redensart Tag für Tag Wirklichkeit.

Warum in aller Welt tat er sich das an? Warum hatte er nicht die Kraft, sich von dieser Kanaille zu trennen? Von einem Wesen, das ihm die Brüchigkeit seiner Thesen und Maximen tagtäglich vor Augen führte. Vielleicht, weil er aus Prinzip nicht aufgeben durfte, um seine Prinzipien nicht zu verraten.

Augen und Ohren im eigenen Haus zu verschließen, war eine Demütigung. Je mehr Lampe begriff, wie wichtig er mit zunehmendem Alter für Kant wurde, umso boshafter und tückischer schien sein Verhalten zu werden. Allein die Prozedur, ihn wie abgemacht um fünf Uhr morgens zu wecken, war wie ein Spiel in der Lotterie. Mal riss er ihn um vier aus den Federn und entschuldigte sich hündisch für den vermeintlichen Irrtum, dann wieder ließ er ihn bis in die Puppen schlafen, um dann mit beflissener und zugleich vorwurfsvoller Unschuldsmiene neben seinem Bett zu stehen, so als hätte er rücksichtsvoll auf das Erwachen seines Herrn gewartet. Weil er es hasste, ständig von den Kaprizen seines Domestiken abhängig (man fragte sich manchmal wirklich, wer hier der Herr und wer der Knecht war) zu sein, war Kant gezwungen, eine Technik zu entwickeln, die ihn instand setzte, selbst im Tiefschlaf die Signale der Außenwelt wahrzunehmen. Nach ein paar Wochen gelang es ihm, seine Traumzeituhr so genau zu justieren, dass er sie fast auf die Minute einstellen konnte. Ein glänzender Beweis für zwei seiner Theorien. Zum einen zeigte er so, dass es in der Tat der Geist war, der den Körper dirigierte. Zum anderen wies er so nach, dass auch in der Tiefe des Bewusstseins eine höhere Kraft schlummerte, die die niedrigen Kanäle der sinnlichen Wahrnehmung stetig zu überwachen schien. Vielleicht konnte er das noch in seine Theorie der ästhetischen Wahrnehmung einbauen – das »untere Bewußtsein« könnte man diese Ebene nennen. Etwas, das ständig auf der Lauer nach Phänomenen lag, die dem Tages-Bewusstsein unzugänglich blieben. Vielleicht wusste dieses Bewusstsein sogar mehr von ihm als er selbst. Woraus sich natürlich ein neues Problem ergeben könnte.

Überhaupt sah er sich im Lauf der Zeit gezwungen, immer mehr der Tätigkeiten, die eigentlich zu Lampes Aufgaben gehörten, zu übernehmen. Im Suff war der Kerl zu rein gar nichts mehr zu gebrauchen, Tendenz steigend. Nicht einmal die Bestellungen von Grundnahrungsmitteln konnte man ihm ruhigen Gewissens überlassen. Er, Professor Immanuel Kant, musste die Bestellungen eigenhändig aufgeben, eine Schande. Hier schrieb er in einem Brief an Lehmann die Bitte »um eine Quantität geschältes und getrocknetes Obst«.[58] Er liebte getrocknetes Obst, Schälbirnen, Schäläpfel, alles außer Pflaumen. Oder da, an Kollegen Kiesewetter, die Bitte um eingelegte Teltower Rüben, die Menge sollte über den Winter hin reichen, also ein ganzes Fässchen, er werde selbstredend für anfallende Unkosten aufkommen … Von Bitten zur Übersendung von Kraut und Stockfisch ganz abgesehen. Über kurz oder lang würde er diesem »Diener« kündigen müssen, so viel war klar. Diesem Grad an gedanklicher, sittlicher und und moralischer Verwahrlosung war er einfach nicht länger gewachsen. Gerade jetzt im Alter, wo es auf letzte Konzentration ankam, um Lücken zu schließen, konnte er diesen Grad an Unruhe nicht ertragen. Er musste mit seinen Kräften haushalten und konnte nicht auch noch die Haushaltsführung mit übernehmen.

Nicht eigentlich krank, aber doch »invalide«, wie er nun einmal geworden war. Jedenfalls sah er sich so. Immerhin fühlte er in sich noch ein kleines Maß an Kräften. Wenn ihn nicht immer wieder dieses Gefühl überfallen hätte, wie gelähmt zu sein. Stundenlang in seinem Stuhl zu sitzen, ins Leere, auf seine grüne Gardine zu starren, die Feder in der Hand und dennoch nicht fähig, auch nur eine Zeile zu Papier zu bringen. Nach einiger Zeit begann sich dieser eigenartige Krampf, eine diffuse Empfindung, als ob er in dieser Welt nicht mehr so ganz zu Hause wäre, zu lösen, und er konnte dann weiterschreiben, als ob nichts geschehen wäre. Aber die Zwischenzeit war verloren, unwiederbringlich verloren. Dabei musste er doch fertig werden. Endlich fertig werden. Seine Rechnung, und es war doch eine riesige Rechenaufgabe mit unendlich vielen Unbekannten, musste doch endlich aufgehen. Ohne dieses unbedingte, stimmige Endresultat würde alles wieder in beliebige Einzelteile zerfallen und wertlos auf irgendeiner Deponie der Gedanken landen. Nur wenn er zu einem in allem stimmigen Abschluss kam, wäre der Beweis für die Richtigkeit seines Systems erbracht. Also konnte er nicht zur Ruhe kommen, konnte er nicht die kleinste Lücke dulden. Da standen sie an der Wand, seine Bücher, wohlgeordnet mit ihren grauen Rücken, in Reih und Glied und taten so, als wäre da ein in sich geschlossenes Werk. Er wusste es besser. Es tat ihm weh, sehen zu müssen, welche gewaltigen Lücken da noch zu schließen waren. Hier etwa, der Übergang von den *Metaphysischen Anfangsgründen der Naturwissenschaft* zur »reinen Physik«. Da fehlte doch eine ganze Argumentations- und Verbindungsschleife, die man auflösen musste, weil sonst im ganzen System der Kritischen Philosophie eine gewaltige Lücke klaffen würde.[59] Aus allen Briefen dieser Zeit spürt man förmlich den körperlichen Schmerz, dem Kant der bloße Gedanke bereitete, nicht mehr alle dieser Lücken schließen zu können. Das Gehirn arbeitete noch auf Hochtouren, die Vernunft war noch nicht zur Schimäre geworden, alles mentale Vermögen schien noch vorhanden, und doch schien etwas im System, in der Denkmaschine Kant ins Stocken geraten. Keine völlige Lähmung der Lebenskraft – und doch gab es eine Lähmung, Hemmung, den letzten Schritt zu tun, um das umzusetzen, was ihm überlebensnotwendig schien. Manchmal beschlich ihn das Gefühl, jemanden zu brauchen, der diese Arbeit für ihn erledigte. Einen, der seine Gedanken in die Tat umsetzen würde. Kein göttliches Wesen, das sicher nicht. Vielleicht aber kommt doch irgendein swedenborgscher Engel, der plötzlich hinter ihm auftauchen würde und ganz ohne großes Brimborium, mit großer Natürlichkeit und Selbstverständlichkeit das ausführen würde, wovon er ein Leben lang gesprochen hatte: die Gehirne auf Maximen hin zu trimmen, das Denken zu disziplinieren und alle letzten und gefährlichen Lücken in seinem Denksystem zu füllen und abzudichten. Nicht einfach ein Lückenfüller. Denn durch diese Lücken sickerte unablässig das Gift der Gegenaufklärung ein. Angezettelt von Schaumschlägern, deren ganze Kunst darin bestand, Staub aufzuwirbeln und ihn und die Kritische Theorie zu diskreditieren. Aber solche getreuen Rache- und Gerechtigkeitsengel gab es nur in versponnenen romantischen Träumen. Er musste schon selbst ran. Manchmal konnte er die Feder nicht mehr so akkurat halten wie früher, wenn er Hunderte von Bogen mit seiner kleinen, gestochenen Kanzleischrift gefüllt hatte.

Manchmal stockte und verhakte sie sich für einen Moment im Papier.

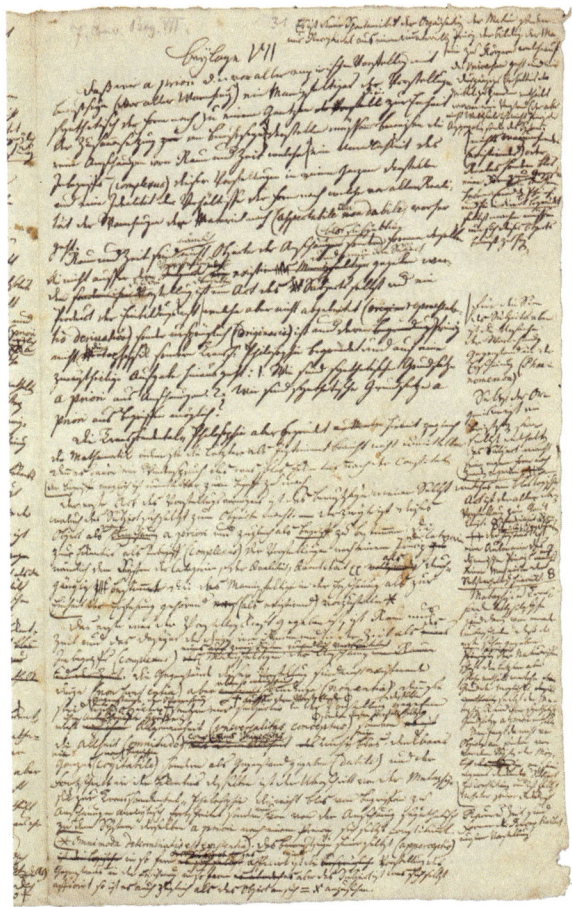

Blatt aus einem Manuskript Immanuel Kants

Schien sich in das Papier zu fressen, bloß um nicht weiterschreiben zu müssen. Während er noch mit der Feder kämpfte, schoss ihm ein neuer Gedanke durch den Kopf, den er mindestens für den Moment festhalten wollte, während er den angefangenen Satz zu Ende bringen musste – wie auch immer.

Verzweifelt und wütend musste er feststellen: Er steckte fest, erst im Papier, dann in den Sätzen, im Schachtelsatzpalmenwald der Neben-Nebensätze, aus dem er manchmal nicht mehr herausfand. Der die Seite allmählich überwucherte, über die Ränder trat und alle Lücken füllte. Früher hatte Kant ein neues Blatt begonnen, wenn die Seite zu Ende war. Die Setzer hatten das Hohelied auf ihn gesungen. Klare Strukturen, messerscharfe Ränder, eine Seite wie die andere. Jeder einzelne Buchstabe schien seine Mission und seine Funktion ganz genau verstanden zu haben, stand im Dienst eines Satzganzen. Jeder Satz begriff sich als Teil eines weit größeren Ganzen. War sozusagen Soldat in einer Armee. Der Armee der Aufklärung und der Kritik der Vernunft.

Diese Ordnung war nun aber ganz und gar aus den Fugen geraten. Die Buchstaben begannen mit ihren Nachbarn zu spielen, übereinander herzufallen, sich ineinander zu verkrallen. Einzelne Gedankensplitter schossen dazwischen, zerstörten fast mutwillig die geordneten Reihen und überwucherten das Blatt wie Farne oder Moosflechten. Tintenfüße mäanderten über die Fläche, so lange, bis keine einzige freie Stelle mehr blieb, alle Lücken geschlossen und alle Gedanken wie in einem Fass zusammengepresst waren.

Schon standen Mittagsgäste in der Tür, und Lampe beugte sich so dezent, wie es ihm möglich war, zu

Kant herunter. Der lag förmlich über dem Tisch und winkte unwirsch ab. Er müsse diesen Raum noch ausfüllen, habe jetzt keine Zeit, man möge warten. Wie ein Besessener hing er über der Seite und kritzelte sie Millimeter um Millimeter voll. Erst dann stand er auf, warf einen zufriedenen Blick auf das Schlachtfeld aus Tintenstrichen unter ihm und wandte sich seinen Gästen zu.

Mehr als 100 dicht beschriebene Foliobogen lagen bereits auf seinem Arbeitstisch. Und seine überanstrengten Augen brannten, wenn er dann schließlich bei Tisch mit einer wahren Begeisterung über dies Werk sprach, das den »Schlußstein seines ganzen Lehrgebäudes« bilden und die Haltbarkeit und Anwendbarkeit seiner Philosophie »völlig dokumentieren« sollte; fast zärtlich nannte er es »sein Hauptwerk, sein Chef d'Œuvre«, das sein System zu einem Ganzen vollende und nur noch etwas redigiert werden müsse. Es bedürfe nur noch der letzten Feile.

Die Herren an der Tafel schwiegen überrascht und etwas beklommen. Es war zum ersten Mal, dass er von seiner Regel abwich, im Mittagskreis nicht über seine Philosophie zu sprechen.

Kann aber auch sein, sagte er plötzlich, dass ich das Ganze auch verbrennen lasse, nicht wahr, Lampe, und lachte dabei. Es sei ja erst der erste Anfang, und es sei für Außenstehende schwer, in den Inhalt einzudringen. In seine »Geheimschrift«. Seine verschlüsselte »Geheimschrift«. So viel ausgestrichen, über- und zwischengeschrieben, so dicht und mit so kleiner, bisweilen unleserlicher Schrift, dass das Ganze buntscheckig aussehe und das Auge beim Lesen ermüde. Manche würden vielleicht denken, er sei verworren oder senil – gib mir noch einmal von den Rübchen, Lampe – und dann mit großen blauen Augen in die Runde: Aber daran werde man sich gewöhnen müssen. Seine neuen Philosophien hatten eine neue Sprache benötigt. Näher am Naturzustand des Denkens. An seinen Verschlingungen, überraschenden Verschlingungen und Wendungen. Wiederholungen, neue Ansätze des gleichen Gedankens und andere Stilbrüche gehörten dazu. Sinnenobjekt außerhalb von uns selbst, dessen »objektive Realität« aber logisch, nicht physisch begründet sei.[60] Denn wir machen, fuhr er fort, plötzlich wieder in den gewohnten dozierenden Ton verfallend, ja auch alle unsere Erfahrungen selbst »nach einem formalen Prinzip der Zusammensetzung der empirischen Vorstellungen«, von denen wir nur »wähnen«, sie »durch Observation und Experiment gelernt zu haben«, während wir sie in Wahrheit nicht aus der Erfahrung, sondern umgekehrt für diese und zum Behuf derselben nach Prinzipien zu einem objektiven Ganzen der Sinnenvorstellungen verbinden … nicht wahr, meine Freunde?«[61] Die Freunde schwiegen noch immer. Lächelten verständnisinnig, ratlos und höflich.

Offenbar glaubte Kant nun jene Lücken ausgefüllt zu haben, die ihn umtrieben. Dennoch fühlte er sich auch dadurch noch nicht völlig befriedigt, nicht bevor er seinen ganzen Plan abgearbeitet hätte. Denn: »Es liegt in meinem Plane und sozusagen in meinem natürlichen Beruf, mich, was Philosophie betrifft, innerhalb der

Grenzen des a priori Erkennbaren zu halten«, aber »das Feld derselben womöglich auszumessen und in einem Kreise, der einfach und einig ist; einem nicht willkürlich ausgedachten, sondern durch reine Vernunft vorgezeichneten System darzustellen«.[62]

Dann hatte man für diesen Mittag genug geredet, fand Kant plötzlich, stand mit einem jähen Ruck auf und wies mit einer überraschend geschmeidigen Bewegung auf das dicke Bündel überschriebener Blätter auf seinem Arbeitstisch. Sehr viel Arbeit warte noch auf ihn und müsse getan werden. Er sei auf einer wichtigen Spur – »Der kategorische Imperativ (die Freiheit des Menschen) [sei] möglicherweise eine Idee analog der newtonschen Attraktion durch den leeren Raum«![63] Kant blinzelte vertraulich und stolz im Kreis herum ...

Wohl mehr als 60-mal versucht Kant den Titel für sein Werk zu fixieren ... noch viel häufiger, mindestens 150-mal, müht er sich ab, eine Definition der Transzendentalphilosophie zu geben und den Gegenstand derselben zu bestimmen. Schließlich gelang ihm doch eine durchaus klare und wertvolle Bestimmung der »Transzendentalphilosophie« als desjenigen »philosophischen Erkenntnissystems, welches a priori die Gegenstände der reinen Vernunft in einem System notwendig verbunden darstellt«.

Trial and error, aus dem scheinbaren Chaos wird ein neuer, beseligender Weltgeist geboren. Von wegen Öde und Verworrenheit. Sein Weg war noch lange nicht zu Ende.

RAUMZEITEN UND ZEITRÄUME

»Es gelang, die Uhr hervorzugraben. Sie ging [...] Sie zeigte noch nicht fünf – bei weitem nicht. [...] Erstaunlich! Konnte es denn sein, daß er nur zehn Minuten oder etwas länger hier im Schnee gelegen [...] hatte?«[64]

In diesen zehn Minuten freilich hatte der junge Mann, um den es hier geht, Hans Castorp aus Thomas Manns *Zauberberg*, im Traum eine Reise durch die Jahrhunderte erlebt. Offenbar konnte in dieser sehr speziellen psychischen Verfassung sein Gehirn mehr Bilder als üblicherweise verarbeiten und so das Geschehen gleichsam im Zeitraffer an ihm vorbeiziehen lassen. So wie wir in extremen Schrecksekunden oft unser gesamtes vergangenes Leben in Sekunden durchlaufen, während wir gleichzeitig das eigentliche Unfallgeschehen wie in Zeitlupe erleben. Man kann also unschwer erkennen, dass dem Phänomen der Zeit nicht mit einfachen objektiven Beschreibungen und dem Vorhalten einer Uhr beizukommen ist. Was der Sonnenstand oder die Uhr anzeigen, ist eine Sache. Die innere Uhr, die subjektive Wahrnehmung der Zeit steht auf einem ganz anderen Blatt.

Nicht sehr viel anders verhält es sich mit der Kategorie des Raumes. Natürlich kann man ihn topografisch darstellen, geografisch ausmessen, als Realie festhalten: Küchenfußboden, Fußballspielfeld, Grenzen zwischen Ländern. Doch auch hier ist es ein gewaltiger Unterschied, ob wir diese basale Raumerfahrung beschreiben oder in die subjektive Erfahrung dieses Raumes eintauchen: Das Tor, das aus Sicht des Schützen beim Elfmeter immer kleiner wird, die Grenze, die sich bald als unüberwindlich, bald als marginal darstellt, oder der Fußboden, über den wir schlurfen:

»Ich wich so weit zurück, dass ich unwillkürlich auf die ziemlich schlecht behauenen Pflastersteine trat, hinter denen eine Remise lag. In dem Augenblick aber, als ich wieder Halt fand und meinen Fuß auf einen Stein setzte, der etwas weniger hoch war als der vorige, schwand meine ganze Mutlosigkeit vor dem gleichen Glücksgefühl, das mir zu verschiedenen Epochen meines Lebens einmal der Anblick der Kirchtürme von Martinville oder der Geschmack einer Madeleine, die in Tee getaucht war, sowie noch viele andere Empfindungen, von denen ich gesprochen habe [...], zu einer Synthese miteinander verschmolzen schienen.«[65]

Diese kleine Passage des weltberühmten Romans von Marcel Proust – er trägt den bezeichnenden Titel *Auf der Suche nach der verlorenen Zeit* – zeigt, wie unser topografisches Gedächtnis von unseren persönlichen Erinnerungen befeuert wird und Räume nicht nur topografisch abbildet, sondern gleichsam virtuell modellieren und erschaffen kann. Die konkrete Räumlichkeit wird zum Trittbrett für den Sprung in eine andere Dimension der Wirklichkeit.

Was seine Hoffnung auf eine allmähliche Verfestigung der Moral und der Vernunft betrifft, so irrte Kant – möglicherweise. Auf anderen Feldern sollten sich seine Erkenntnisse als geradezu prophetisch erweisen. Seine Thesen zur Raum- und Zeiterfahrung nahmen – wie man den beiden kleinen Beispielen entnehmen kann – Revolutionen und Einsichten des 20. Jahrhunderts vorweg. Raum, das ist für ihn ein Produkt unserer Anschauung, genauer, unserer jeweiligen Wahrnehmungen, Erkenntnisse und Anschauungen, ein Konstrukt für den Moment. Wenn man es krass ausdrücken möchte: Der Raum ist nicht einfach vorhanden, er entsteht eigentlich erst durch uns. Er füllt sich erst durch uns. Das klingt fantastischer und subjektivistischer, als es ist, und vor allem, als Kant es meint. Er geht nämlich davon aus, dass unser Gehirn praktisch von Anfang an – er verwendet dazu wieder und wieder den Begriff »a priori« – mit Sensoren ausgestattet ist, die unsere Wahrnehmung bis zu einem gewissen Grad determinieren. Das heißt, wir nehmen nicht alles Beliebige kunterbunt wahr, sondern nur Elemente, Muster, die bereits in uns angelegt sind. Und mittels derer bauen wir dann den Raum um uns her auf. Der Psychoanalytiker Oliver Sacks zitiert einen seiner Patienten mit dem schockierenden Satz »Wenn ich keine Muster habe, falle ich auseinander«.[66] Ich denke, dass diese Annahme nicht nur die Realität von Patienten der Psychiatrie, sondern vielmehr die von uns allen beschreibt. Auch wir komponieren unsere erfundenen Wirklichkeiten nicht willkürlich, sondern nach Mustern, Strukturen und Schemata, die wir auf die externen Phänomene übertragen.

Ohne solche inneren Graphen, Anhaltspunkte wären wir ständig in Gefahr, uns hoffnungslos zu verfransen. Ohne jedes Detail kennen zu müssen, ist Orientierung möglich. Wobei Orientierung und Desorientierung gelegentlich auf reizvolle Art miteinander spielen können. Auch in Kants Königsberg, wo genau sieben Brücken zur Insel mitten in der Stadt führten, waren Generationen kluger Köpfe damit beschäftigt, herauszufinden, ob es einen Weg gibt, bei dem man alle sieben Brücken genau einmal überquert, und wenn ja, ob auch ein Rundweg möglich ist, bei dem man wieder zum Ausgangspunkt gelangt. Erst der Mathematiker Leonhard Euler bewies 1736, dass ein solcher Weg beziehungsweise »eulerscher Weg« in Königsberg nicht möglich war, da zu allen vier Ufergebieten beziehungsweise Inseln eine ungerade Zahl von Brücken führte. Es dürfte maximal zwei Ufer (Knoten) mit einer ungeraden Zahl von angeschlossenen Brücken (Kanten) geben. Diese zwei Ufer könnten Ausgangs- beziehungsweise Endpunkt sein. Die restlichen Ufer müssten eine gerade Anzahl von Brücken haben, um sie auch wieder auf einem neuen Weg verlassen zu können. Das Brückenproblem ist kein klassisches geometrisches Problem, da es nicht auf die präzise Lage der Brücken ankommt, sondern nur darauf, welche Brücke welche Inseln miteinander verbindet. Es handelt sich deshalb um ein topografisches Problem, das Euler mit Methoden löste, die heute der Graphentheorie zugerechnet werden.

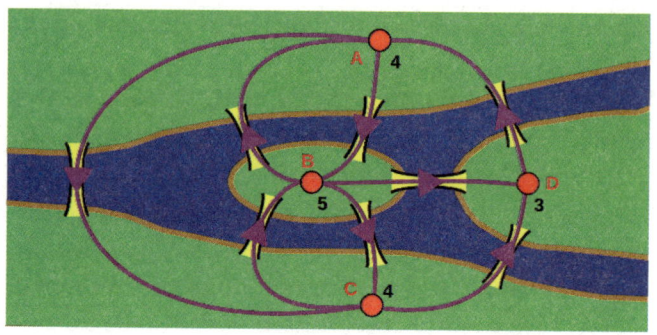

Schematische Darstellung des sogenannten Königsberger Brückenproblems

Es zeigt auf jeden Fall, dass wir geradezu abhängig sind von Vorstellungen unserer inneren Map, die uns die Laufwege und die damit verbundenen Raumwahrnehmungen geradezu eingibt, fast wie ein Computerprogramm. Selbst wenn wir orientierungslos herumzuirren scheinen, tun wir das nach Plan. Wobei interne Koordinaten und externe Koordinaten permanent interagieren.

Im oben genannten Beispiel von Proust geschieht diese Übertragung in Sekunden. In diesem Fall wird das Raumerlebnis, ein simples Stolpern über eine Unebenheit, sogar zum Schlüssel, um in vergessene Zeitschichten einzudringen. Der Raum wird hier buchstäblich zur Zeit. Was von Kants Theorie her kein wesentliches Problem darstellt, denn das Phänomen Zeit funktioniert seiner Meinung nach analog zum Phänomen Raum: Auch sie ist reine, subjektive Anschauung. »Die Vorstellung (Idee) der Zeit entspringt nicht aus den Sinnen, sondern wird von ihnen vorausgesetzt.« Wie der kurze Abschnitt des eingangs zitierten Mann-Zitats zeigt, verhält es sich in der Tat genau so. Die externe »Uhrzeit« trennt sich von der inneren Zeit, und diese erschließt ganz erstaunliche, neue Dimensionen. Man sollte sich vom bisweilen spröden und verklausulierten Tonfall nicht täuschen oder gar einschüchtern lassen: Im Grunde verkündet Kant eine Art großartiger Befreiungsphilosophie, in deren Zentrum wir, jeder Einzelne von uns steht. Wir als Schöpfer von Zeit und Raum. Da ist kein Gott mehr, der Licht von Dunkel, Erde von Wasser trennt: Unser Gehirn erschafft unsere Welt. Es tut dies in einer verwegenen Mischung aus Prägung, Wahrnehmung und individueller Kreativität. Denn dieser Theorie zufolge gibt es ja nichts außer diesem Gehirn, keinen Raum, keine Zeit – nicht Gott erschafft die Welt, das Gehirn denkt sich Gott aus. Denkt sich zeitliche Zusammenhänge aus, erfindet Geschichte, also das, was wir später »unsere Geschichte« nennen, wenn wir sie in den Rang jener Illusionen erheben, die man Fakten nennt.

Was bedeutet Raum-Zeit-Kausalität?

Dalis wachsweich zerfließende Uhren sind nicht so surreal, wie man immer sagt: Sie bilden ziemlich genau ab, wie wir ticken. Vergangenheitssuche, das Kleben an Erinnerungen, verlorene Zeit, wiedergefundene Zeit, Gegenwartsversessenheit, Zukunftsvisionen, alles Ereignisse, die auf uns einwirken und in uns wirken, ohne etwas »Wirkliches« zu sein. Vorstellungen, jedoch keine absoluten Realitäten, Formen unserer inneren oder sinnlichen und emotionalen Anschauung.

Lange vor den Einsichten der modernen Neurowissenschaften betätigt sich Kant als Gehirnforscher. Mit guten Gründen, denn wenn es weder übergeordnete Mächte gibt noch eine Realität von Raum und Zeit im eindimensionalen Sinn, bleibt ja nur diese graue Masse in unserem Kopf, das Gehirn, übrig. Ein Gehirn, das sich an Zeit und Raum herantastet und um sich selbst einen Fundus von Weltwissen speichert. Dieses Gehirn wird erst Raum und Zeit erschließen und mit Inhalten füllen, dann sich selbst und sein eigenes Wissen über sich selbst (Bewusstsein wird man das nennen), schließlich auf diese Weise die ganze Welt erkunden. Allmählich, nach unzähligen weiteren Variationen, denkt sich das Gehirn auch größere Zusammenhänge aus, und wir einigen uns allmählich darauf, in diesen »Kopfgeburten« unsere Geschichte zu erkennen, das heißt, wir erheben sie in den Rand jener Illusionen, die wir als »Fakten« anerkennen. Wir stellen kombinatorisch – und längst abgelöst von der Empirie – Zusammenhänge her, die es in der externen Welt so vielleicht nie gab. Erschließen, imaginieren Linearitäten, glauben Verläufe zu erkennen. Unser Gehirn tritt eine Fantasiereise mit uns selbst an, überschreitet und durchmisst Zeiten und Räume – ohne dass wir uns auch nur einen Meter von der Stelle rühren müssen. Und erfindet einen Kosmos von Werten, in dem es zu Hause ist, und den es, wenn alles gut geht, mit anderen teilen kann. Im Grunde hat der dauersesshafte Kant, dem man ja immer vorwirft, dass er die Welt nicht kenne, aber dennoch über sie befinde, sein gesamtes

Leben entsprechend seiner Theorie eingerichtet. Wenn er seine gleichförmigen Runden drehte: hinter dem Schloss in die Altstadt, dann über die Pregelbrücke, vorbei am Kneiphof zum Hafen. Um dann links vor dem Kastell abzubiegen und noch ein Stück weit durch unbebautes Wiesen- und Ackerareal zu streifen, bevor er endlich kehrtmachte und denselben Weg zurückging. Immer um dieselbe Zeit, wie man sagte, man könne die Uhr nach ihm stellen, war das der sichtbare Teil seiner Raumzeiterfahrung. Andere brauchten permanent Anregungen und Ablenkungen von außen – nicht er. Im Gegenteil, die externe Gleichförmigkeit begünstigte seine Fähigkeit, die internen Muster, sein inneres System zu aktivieren, seinen Zeittakt zu finden. Jeder Stein, jedes kleine Stolpern ein Erinnerungsimpuls, um den Gang seiner Gedanken zu befeuern. Er konnte am Hafenkai sitzen und zugleich in Pernambuco schlendern, roch Kabeljau und fokussierte auf ein Detail der Transzendentalphilosophie. Auch die bisweilen öden Gespräche an seinem Mittagstisch, die im Wesentlichen immer die gleichen Themen wiederholten, waren für ihn nur eine Art Hintergrundgeräusch, um sein Gehirn in gleichmäßige Schwingungen zu versetzen. Ein Gleitfilm, der die Synapsen im Kopf in Bewegung versetzte. Was brauchte er neue Orte, Städte, Kontinente – ihm genügte das Aroma, ein Hauch von Außenwelt, um beruhigt in die Monade seiner Wirklichkeit abzutauchen. Manchmal dachte er, sich diese Fähigkeit so virtuos antrainiert und sie in sich so perfektioniert zu haben, dass er vollständig beliebig über sie verfügte, so vollständig, dass er auf jegliche Form der Außenwelt verzichten konnte und nur in seinem eigenen Kosmos beheimatet wäre. Doch bald stellte sich heraus, dass dies ein Fehlschluss war. Leerer Raum. Stehende Zeit war der Tod. Allein der Gedanke, der Mensch könnte aus der Zeit fallen, war grauen-erregend, kam einem »Ende aller Dinge« gleich. Nicht vor einer unendlich fortgehenden Zeit graute ihm, dann käme der Mensch ja nie aus der Zeit heraus, sondern ginge nur aus einer in die andere. Nein, der Mensch bliebe, wie er ist, aber die Zeit käme ihm abhanden und er würde zeit- und orientierungslos durchs All trudeln. Kant schreckte dieser Gedanke auf. Am Rand eines Abgrunds, aus welchem dem, »der darin versinkt, keine Wiederkehr möglich ist.«[67] Und doch hatte diese Vorstellung auch etwas Anziehendes. Die Idee eines Endes aller Dinge hatte etwas Magisches an sich – man verharrte am Rand des Abgrunds und starrte gebannt in die Tiefe. Im Angesicht dieses Abgrunds geriet Kant in eine nahezu mystische Stimmung – für ihn sicher ein Ausnahmezustand:

»Er ist furchtbar erhaben: zum Teil wegen seiner Dunkelheit, in der die Einbildungskraft mächtiger [ist] als beim hellen Lichte«.[68] Es ist, wie wenn Dante vor dem siebenten Kreis der Hölle steht. Der Mensch ist ein zeitliches und ein Zeitwesen. Wenn man ihn aus der Zeit wirft, ist er rettungslos verloren. Man nimmt ihm die Luft zum Atmen, nimmt ihm die Menschlichkeit, das Dasein, die Lebens- und »Liebenswürdigkeit«.

Deshalb schreckt Kant vor diesem Abgrund zurück, ähnlich wie der eingangs erwähnte Hans Castorp es tut. Dieser befreit sich aus den tödlichen Albträumen durch eine Art willentlichen Entschluss, aufzuwachen und in die reale Zeit, die Zeit der Uhren zurückzukehren. Denn »der Mensch soll um der Güte und Liebe willen dem Tode keine Herrschaft einräumen über seine Gedanken. Und damit wach ich auf!«.

Auch Kant wird sich im letzten Moment vom Abgrund des Todes zurückreißen. Sein Aufsatz über *Das Ende aller Dinge* endet mit einer förmlichen Beschwörung des Lebens jenseits starrer Dogmatik, aber auch jenseits von dekadenter Beliebigkeit und Unverbindlichkeit. Aus der Kunst, zwischen Außen- und Innenwelt, zwischen Wahrnehmung und Wirklichkeit Balance zu halten, könnte eine neue Weltordnung entstehen. So zumindest Kants skeptische Hoffnung.

Ob er sich dazu in die vierte Dimension beamen musste, wissen wir nicht – wohl aber, dass er sehr weit ging.

EMOTION

Es war mehr als lächerlich. Es war rührend und lächerlich zugleich, als seine Studenten ihm zu seinem Geburtstag ein Geschenk überreichten. Offenbar hatte man zusammengelegt und ihm Band 13 der *Encyclopédie française* – er enthielt die Buchstaben P bis R –, erschienen im Dezember 1765, zugedacht. Kant schluckte und lächelte gequält, als sie ihm den gewichtigen Band etwas unbeholfen und zugleich stolz präsentierten.

Ausgerechnet ihm, dem vielleicht größten Philosophen des Verstandes und der Vernunft, ein solches Geschenk zu machen, zeugte von einer unglaublichen Naivität – oder Dreistigkeit. Dennoch versuchte er, seinen Groll tapfer zu verbergen, denn sie meinten es ja vermutlich gut. Obwohl es bei Licht besehen natürlich eine immense Provokation war, ihm französische Traktate aus der Feder von Laienphilosophen wie Voltaire, Diderot, Rousseau zu überreichen. Lexikonartikel, vermutlich eher katalogartig, jedenfalls alles andere als ernst zu nehmende transzendentale Systematik. Nachdem Lampe den gewichtigen Band nach Hause geschafft hatte, überwand er sich, nach Wochen doch zumindest einen flüchtigen Blick in das Werk zu werfen. Artikel »Raison / Verstand«. Sein Französisch war zwar im Lauf der Jahre etwas eingerostet, aber diese Enzyklopädisten, wie sie sich nannten, versuchten sich ja angeblich so verständlich wie möglich auszudrücken, in einfacher Sprache. Aber was sie zu sagen hatten, war dann doch etwas banal und verklausuliert:

»[...] Unter Vernunft kann man auch die Verkettung von Wahrheiten verstehen, zu denen der menschliche Geist auf natürliche Weise, ohne die Hilfe des Glaubenslichts, gelangen kann [...] Wir lernen sie entweder durch Erfahrung, d. h. im Nachhinein, oder durch die Vernunft, und zwar im Voraus, d. h. durch Erwägungen, die aus der Zweckmäßigkeit gezogen werden, die sie wählen ließen [...]«[69]

Kant brach ab und dachte wütend und wehmütig an seinen eigenen Ansatz, der von vielen als zu komplex abgetan wurde. Dabei war bei ihm doch alles ungleich luzider oder klarer formuliert. In seiner *Kritik der reinen Vernunft* ohnehin – vor allem kam er schneller auf den entscheidenden Punkt: auf den der Sinne, der Sinnlichkeit:

»Die Fähigkeit (Rezeptivität), Vorstellungen durch die Art, wie wir von Gegenständen affiziert werden, zu bekommen, heißt Sinnlichkeit. Vermittelst der Sinnlichkeit also werden uns Gegenstände gegeben, und sie allein liefert uns Anschauungen; durch den Verstand aber werden sie gedacht, und von ihm entspringen Begriffe. Alles Denken aber muß sich, es sei geradezu (directe), oder im Umschweife (indirecte), vermittelst gewisser Merkmale, zuletzt auf Anschauungen, mithin, bei uns, auf Sinnlichkeit beziehen, weil uns auf andere Weise kein Gegenstand gegeben werden kann.«[70]

Denn bei all ihrer Gelehrsamkeit und ihrer angeblichen Klarsicht war den französischen Journalisten etwas entgangen:

Die schlichte Tatsache, dass der Mensch vor allen Dingen ein Wesen ist, das die Welt durch seine Sinne wahrnimmt.

Und sich dann aus Tausenden von äußeren Eindrücken und Impressionen, Klängen, Bildern, Gerüchen, seine eigene Welt ersinnt, imaginiert und zusammenfantasiert. Denn jeder trägt sein eigenes Wahrnehmungs- und Verarbeitungssystem in sich und kann die Sinneseindrücke nur nach seiner, ihm gemäßen Art und Weise lesen und deuten. Als sein Blick wieder auf das Schaubild fiel, das die französischen Kollegen dem Band beigefügt hatten, musste Kant sich fast das Lachen verbeißen. Merkten sie denn wirklich nicht die groteske Lücke, die ihr »System der menschlichen Fähigkeiten« aufwies? Detailreich das »Gedächtnis«. Akribisch zergliedert der »Verstand«. Und fast völlig leere Fläche, wenn es um die »Imagination«, die Einbildungskraft ging. Also genau um die entscheidende Fähigkeit, die Zeichen der Wirklichkeit zu interpretieren, sie zu selektieren, zu filtern und nach eigenen Vorstellungen zu erzählen. Erst durch unsere Erzählungen entsteht die Wirklichkeit. Sie ist genauso wenig einfach »da« wie Raum und Zeit.

In der Vorlesung hatte er dieses Prinzip, zur Erheiterung der Studenten, immer so veranschaulicht:

Stellen Sie sich einen leidenschaftlichen Naturmaler vor, der die Landschaft vor sich getreulich abpinselt – jeden Baum, jede Kirchturmspitze, jedes Haus. Alles, was er zu sehen glaubt. Nur einmal, ein einziges Mal erlaubte er sich eine Ausnahme von diesem Prinzip und malte einen dicken Ast, der störend ins Blickfeld ragt, nicht mit. Eine Eigenmächtigkeit und Verfälschung, die ihn regelrecht umtreibt. So lange, dass er hinausgeht und den Ast kurzerhand abschneidet, bloß um die Ordnung der Dinge wiederherzustellen. Eine kuriose, aber signifikante Geschichte. Einverständiges Lächeln im Hörsaal. Schweigen, wenn er nachfragte, was genau sie zeigte.

Im Grunde zeigt sie doch – es war erfreulich zu beobachten, wie sich allmählich ein Hauch von Verständnis in ihren bislang eher verschlossenen Gesichtern bemerkbar machte –, im Grunde zeigt sie doch, dass wir gar nicht wissen, wie wirklich die Wirklichkeit ist. Mal kleben wir an dem, was wir zu sehen glauben, an der sinnlich vermittelten Schauseite der Dinge. Dann wieder werden die Bilder in unserem Gehirn übermächtig, und wir blenden alles aus und sehen nur das, was wir zu sehen wünschen – was wir sehen können. Da wir nicht gelernt haben, diesen Widerspruch auszuhalten, schnibbeln wir lieber völlig unsinnigerweise an den Dingen herum. Nur um unser schlichtes Denken in »Abbildern« aufrechterhalten zu können. Immerhin, jetzt begannen einige mitzuschreiben – er war froh, nicht lesen zu müssen, was. Vermutlich den allergrößten Unsinn.

Dabei war es im Prinzip furchtbar einfach. Wir sehen nur, was wir gerade in diesem Augenblick sehen können, glauben aber, dies sei die Wirklichkeit, die wir mehr oder weniger im Blick, im Griff haben. Auf dieser gewohnheitsmäßigen Selbsttäuschung basiert unsere scheinbare Souveränität. Faktisch ist es aber so, dass wir die Phänomene der Außenwelt nur durch die Brille unserer Empfindungen wahrnehmen. Unsere Gefühle sind die Akkumulatoren, die es uns ermöglichen, den Dialog mit der Wirklichkeit überhaupt erst in Gang zu setzen. Unsere Imaginationen sind der Gleitfilm, um mit den externen Objekten in Kontakt zu treten und über sie zu verfügen – im Guten wie im Schlechten. Und genau diesen entscheidenden Teil der mentalen Fähigkeiten des Menschen ließen diese französischen Seelendilettanten einfach aus und als leeren Raum stehen. Leer wie ihre eigenen Köpfe, dachte Kant auf dem Weg zurück nach Hause. Selbst im sterilen Hörsaal konnte man diese Rückkopplung beobachten. Kaum dass sich der Gesichtsausdruck von einem im Publikum von dumpf auf verständig änderte, reagierte auch er anders, »sah« denselben Menschen, den er bislang noch ignoriert hatte, in einem anderen Licht.

Man konnte es drehen und wenden, wie man wollte: Das Gefühl ist das »Mittelglied« zwischen dem Erkenntnisvermögen und dem faktisch Gegebenen. Es ist doch nicht zu leugnen, dass alle Vorstellungen in uns, sie mögen objektiv bloß sinnlich oder ganz intellektuell sein, doch subjektiv mit Vergnügen oder Schmerz – so unmerklich beides auch sein mag – verbunden werden können, weil sie insgesamt das Gefühl des Lebens vermitteln. Lust, Unlust, Vergnügen und Schmerz sind zuletzt doch körperliche Empfindungen, und das Leben ohne Gefühl des körperlichen Organs bleibt bloß fahles Bewusstsein einer mehr oder weniger abstrakten Existenz. Strichmännchen ohne Boden unter den Füßen, ohne Verbindung zum eigenen Körper. Solche blutleeren Hüllen können wir zwar als Signale empfangen, können »empfänglich« sein – wirklich erkennen können wir nichts. Lass uns aus dieser Limitierung, Begrenztheit eine Tugend machen und davon ausgehen, dass wir in einer Welt von Vorstellungen leben und daraus unsere Welt weben. So gesehen sind wir in einer ungleich mächtigeren und kreativeren Situation als der naive Sonntagsmaler von vorhin. Wir müssen nicht panisch rausstürzen und den Ast abschneiden, auch wenn er unser ästhetisches Gefühl verletzen sollte. Wir brauchen kein schlechtes Gewissen gegenüber einer imaginären Mimesis- und Nachbildungsdoktrin zu haben – die Lust an der Existenz des Objekts aus dem Geist der Vorstellung, die kontemplative Lust, das untätige Wohlgefallen am scheinbaren Widerspruch ist doch gerade der Reiz. Das »Bewusstsein des Verlassens des gegenwärtigen Zustandes« und »der Prospekt des Eintretens in einen künftigen« erweckt in uns die »Empfindung des Vergnügens«. Leben ist ein »kontinuierliches Spiel des Antagonismus«. Und selbst wenn wir Schmerz fühlen, ist das gut. Denn »[d]er Schmerz ist der Stachel der Tätigkeit, und in dieser fühlen wir allererst unser Leben; ohne diesen würde Leblosigkeit eintreten«. Sein Leben zu fühlen, sich zu vergnügen, ist also nichts anderes als: sich kontinuierlich getrieben zu fühlen, aus dem gegenwärtigen Zustande hinaus- und in einen anderen hinüberzugehen.

Vielleicht war Kant mit dieser radikalen Wahrnehmungstheorie zu früh dran. Vielleicht konnten ihn die meisten noch nicht wirklich verstehen – und verstehen ihn bis jetzt nicht wirklich. Letztlich hat erst die moderne Kunst den Bann gebrochen und die Fesseln zerrissen, die uns 2000 Jahre lang an den Irrglauben der realistischen Nachahmung der Wirklichkeit banden. Aufklärung heißt ja nicht nur, sich seines eigenen Verstandes, sondern sich auch seiner eigenen Sinne zu bedienen. Sich zu seiner authentischen Wahrnehmung zu bekennen, statt sich krampfhaft am Vorgegebenen, Schematischen, am Geländer des Üblichen festzuhalten. Natürlich hatte Kant noch nicht an all das denken können, was noch 100 Jahre später das Risiko barg, zum Außenseiter zu werden. Aber wenn ein van Gogh endlich den Mut hatte, sich zu seinen eigenen inneren Mustern und Bildern zu bekennen, statt alles Störende »abzusägen« und zu umgehen, war das schon ein Schritt in die Richtung, die auch Kant angedacht haben könnte.

Jedenfalls beinhaltet seine Theorie ein ungeheures innovatives Potenzial, das vielleicht erst wir im Zeitalter der virtuellen Welten und der Social Media umzusetzen imstande sind. Jetzt, da die Vorstellung fließender Grenzen zwischen faktischen und fiktiven Wirklichkeiten in Bewegung geraten ist und sich diese Grenzen mehr und mehr aufzulösen beginnen und die »Blackbox« Gehirn mehr und mehr ins Zentrum unseres Interesses rückt. Und uns Fragen über Fragen stellt, die weit über den Bereich der Nachahmung oder der Darstellung von Landschaften hinausgehen. Mittlerweile geht es nicht mehr nur darum, externe Dinge möglichst »naturgetreu« abzubilden, sondern – umgekehrt – Wirklichkeiten aus Imaginationen und Illusionen herzustellen. Jede politische Ideologie ist letztlich ja nichts anderes als ein Konstrukt aus Ideensplittern, Mythenfetzen, Erzählbruchstücken, die sich durch unser Zutun in geschlossene Systeme, in Ideologien verwandeln. Es stellt sich die Frage, wie es gelingen kann, aus reinen Kopfgeburten Realität herzustellen und diese »Wirklichkeit« in die Köpfe anderer Menschen zu tragen. So effektiv, dass die eigenen, empirischen Erfahrungen gelöscht und ausgeschaltet werden und durch die Fiktionen anderer ersetzt werden. Die fiktive Wirklichkeitsfolie anderer erweist sich als stärker und verbindlicher als eigene, konkrete Erfahrung. Die Reproduktion ersetzt das Original. Unser Alltag – und hiermit endet endgültig der Bezug zu Kant – besteht aus einem Kosmos myriadenfach imitierender, kopierender, die Reproduktion reproduzierender Informationspartikel, die unser Gehirn durchfluten. Eine Art permanenter künstlicher zerebraler Ernährung. Ob diese Überfütterung dazu dienlich ist, den von Kant wieder und wieder beschworenen allmählichen Aufklärungsprozess eher zu begünstigen oder zu torpedieren, sei an dieser Stelle zunächst dahingestellt. Fakt bleibt dennoch, dass Kant uns das Einfallstor zu dieser weltschöpferischen Entdeckungsreise geöffnet hat, und dass es an uns liegt, was wir mit diesem Potenzial anfangen. Ausgeschlossen ist es nicht, dass wir als »Wahn-Sinnige«, als Webmaster eines exquisiten visuellen Hypertexts aus diesem Gedankenspiel siegreich hervorgehen. Freilich nur, wenn wir imstande sind, die freigesetzten emotionalen Kräfte nach der Methode »Kant« zu kontrollieren.

Und die funktioniert eben nicht, wie üblicherweise Kant zugeschrieben, auf der Basis moralischer Maximen oder moralischer Pflicht, Disziplin und was man sonst noch klischeehafterweise mit ihm verbindet, sondern – der Lust, vielleicht sogar des Triebes. Nicht nur in der Metaphysik der Sitten, sondern an ungezählten anderen Stellen beschreibt er dieses Modell wieder und wieder – weil es ebenso ungewohnt wie unverzichtbar ist. Also keine säuerlichen Moralpredigten, keine Strafandrohungen und keine Heilsversprechen. Kein Mitleidsappell und keine Ermahnungen. Nein: Lust, die pure Lust, wenn man will sogar die Eitelkeit, ein gewisser Hochmut könnte die stärkste Antriebskraft sein, um moralische Maximen umzusetzen und so das in uns angelegte natürliche Potenzial umzusetzen. Welche Antriebskräfte im Einzelnen wirksam sein können, ist zweitrangig: Konkurrenzsucht, Missgunst, Rivalität – egal: Das Entscheidende ist, dass diese starken Gefühle und Affekte uns aus der Bahn der bequemen Mittelmäßigkeit hinauskatapultieren und ein Etwas in uns freisetzen, was uns (auch moralisch) ein Stück weit über uns hinauswachsen lässt. Nenn es meinetwegen »Kategorischer Imperativ« – aber stell dir nicht das Übliche drunter vor: keine Pflichtübung, kein Mitleidsgedudel, keine Betulichkeit – die pure Lust am guten, moralisch verantwortlichen Handeln: nicht mehr, nicht weniger. Dabei geht es nicht immer sanftmütig zu. Naturgesetze brechen sich ihre Bahn. Ohne pathetische Deklamation, still. Unauffällig. Schnörkellos. Auf ihre Art moralisch.

Sein Biograf Wasianski schildert eine eigenartige Szene, die ihn nicht weniger berührte als Kant selbst. Der entdeckte die toten Körper einiger junger Schwalben am Boden. Scheinbar unachtsam aus dem Nest gefallen. Erst bei genauerer Beobachtung erkannte er den Zusammenhang. Aufgrund extremer Dürre und großen Mangels an Nahrung hatten die Eltern offenbar einige der Küken aus dem Nest geworfen, um dem Rest der Brut das Überleben zu sichern. »Da stand«, kommentierte Kant, »mein Verstand still. Da war nichts dabei zu tun als hinzufallen und anzubeten.« Förmlich ergriffen von dieser unprätentiösen Weisheit der Tiere und angerührt von ihrer Fähigkeit, eine moralische Entscheidung zu treffen. Um wie viel mehr sollte der »Mensch als Tierwesen« fähig sein, sich zum »moralischen Wesen« auszubilden.[71]

Die Episode sagt freilich auch einiges über Kants harten, bereits etwas darwinistisch angehauchten, gänzlich unsentimentalen Vernunftbegriff. Die Natur macht uns vor, wie auch wir als Spezies handeln könnten. Nach Maximen, die weit über individuelles Wohl oder Wehe hinausweisen und ausschließlich am Fortschritt, am Fortkommen der Spezies als ganzer orientiert sind.

ZETTELTRAUM

Eine Stelle in Shakespeares *Hamlet* hatte ihn immer
frappiert. Dieses merkwürdige englische Genie, das
sich grob über alle Regeln hinweggesetzt hatte. Das
Genie ist nun mal roh, nur der Virtuose poliert. Sein
Freund Wieland hatte das Stück auf seine etwas um-
ständliche Art übersetzt und ihm sogar den Band ge-
schenkt, hier war die Stelle …

»Was ist sterben? – – Schlafen – – das ist alles – – und
durch einen guten Schlaf sich auf immer vom Kopfweh
und allen andern Plagen, wovon unser Fleisch Erbe
ist, zu erledigen, […] Sterben – – Schlafen – – Doch
vielleicht ist es was mehr – – wie wenn es träumen
wäre? – – Da steckt der Haken – – Was nach dem irdischen Getümmel in diesem langen Schlaf des Todes
für Träume folgen können, das ist es, was uns stuzen
machen sollte […]«[72]

Eigentlich mochte Kant solche Traumspekulationen
nicht.

   Aber dieses »Sterben … Schlafen … Träumen« hatte
doch etwas Beunruhigendes an sich. Es war wie damals
mit Swedenborg, mit seinen versponnenen *Träumen
eines Geistersehers*, die er ja nach allen Regeln der Kunst
auseinandergenommen hatte, um die fieberhaften

Gehirne betrogener Schwärmer von ihren spirituellen Höhenflügen wieder runterzuholen. Wenn ein hypochondrischer Wind in deren Eingeweiden tobte, so kam es nur darauf an, welche Richtung er nahm; ging er abwärts, so wurde daraus ein Furz, stieg er aber aufwärts, so wurde es eine »Erscheinung« oder eine »heilige Eingebung«. Damit war doch alles gesagt. Wenn ihn nicht dieser merkwürdige Albtraum verfolgen würde – ihn, der bisher nie oder nur ganz oberflächlich geträumt hatte. Ein diffuser und zugleich hautnaher Traum, den man kaum beschreiben hätte können, selbst wenn man es gewollt hätte. Kant erinnerte sich, dass er auch davon schon bei Shakespeare gelesen hatte, wo war es noch? Im *Mittsommernachtstraum*. Zettels Traum. Auch so eine irrwitzige Verwandlungsgeschichte von einem, der plötzlich in Gestalt eines Esels aufwacht.

Ich hatte 'nen Traum – 's geht über Menschenwitz, zu sagen, was es für ein Traum war. Der Mensch ist nur ein Esel, wenn er sich einfallen läßt, diesen Traum auszulegen. Mir war, als wär ich – kein Menschenkind kann sagen, was. Mir war, als wär ich, und mir war, als hätt ich – aber der Mensch ist nur ein lumpiger Hanswurst, wenn er sich unterfängt zu sagen, was mir war, als hätt ichs; des Menschen Auge hat's nicht gehört, des Menschen Ohr hats nicht gesehen, des Menschen Hand kann's nicht schmecken, seine Zunge kanns nicht begreifen und sein Herz nicht wieder sagen, was mein Traum war. – Ich will den Peter Squenz dazukriegen, mir von diesem Traum eine Ballade zu schreiben; sie soll Zettels Traum heißen, weil sie so seltsam angezettelt ist. Vielleicht, um sie noch anmutiger zu machen, werde ich sie nach dem Tode singen.[73]

Verrückt und überspannt, wenn er nicht selbst vor ein paar Nächten genau mit diesem höchst unguten Gefühl aufgewacht wäre. Nicht einer der üblichen Träume, die ihn bisweilen heimsuchten. Räuberbanden, die sein Bett umlagerten und ihn bedrohten. So etwas konnte man als Hirngespinst abtun. Dieser jedoch war ganz anders gewesen. Es hatte in einem lichten Raum begonnen, in hellem Azur, und es war kein anderer als er selbst gewesen, der ihn mit festen Schritten durchmessen hatte. Bevor sich allmählich und mit jedem Schritt mehr die Kulisse zu wandeln und zu verdunkeln begann. Die kristallenen Wände wurden zu morschen Klumpen, die von der Fassade abbröckelten. Der Boden, auf dem er ging, wurde schwammig, die Füße verloren ihren festen Halt, und – schlimmer noch als all dies – er selbst verlor sich aus dem Blick.

Blicklos, substanzlos, orientierungslos wie dieses Etwas in Zettels Traum. Es war ihm, als würde er sich selbst vor seinen eigenen Augen auflösen. Als wäre er zu seiner eigenen Geistererscheinung geworden. Plötzlich stand Lampe über ihm und versuchte, ihn wachzurütteln, denn er musste geschrien haben. Er, also dieses fahle, nass geschwitzte Bündel Mensch, das nun wieder in seinen Bettlaken lag.

Es war ihm unangenehm, so schutzlos und ohnmächtig vor Lampe zu liegen. Rasch wiegelte er mit ein paar nichtssagenden Worten ab, ein *cauchemar*, ein Albtraum, er könne sich beruhigt wieder in sein Bett zurückziehen.

Er aber war noch stundenlang wach gelegen und hatte versucht, sich wieder zu sammeln. Buchstäblich die Bruchstücke seines Ichs wieder zusammenzusammeln. Aber während er sich die Argumente im Kopf zusammenklaubte, spürte er, dass sich die alte Sicherheit nicht mehr einstellen wollte. Dabei war es doch so einfach und vernünftig, sich zu sagen: »Wo ich empfinde, da bin ich. Ich bin ebenso unmittelbar in der Fingerspitze wie in dem Kopfe. Ich bin es selbst, der in der Ferse leidet und welchem das Herz im Affekte klopft. Ich fühle den schmerzhaften Eindruck nicht an einer Gehirnnerve, wenn mich mein Leichdorn peinigt, sondern am Ende meiner Zehen.«[74]

»Meine Seele ist ganz im ganzen Körper und ganz in jedem seiner Teile.«[75] – Basta. Oder doch nicht? Was ist, wenn eine vollständig imaginierte, körperlos erzeugte Traumwelt den gleichen Effekt erzeugen kann wie eine direkte, körperliche, physische Erfahrung? Und wenn dieses kreative Gehirn sogar imstande ist, minutiös Welten zu generieren, von denen sein »Ich«, sein Träger keine Ahnung haben kann, weil er entsprechende konkrete Erfahrungen nie machte. Wie Kant selbst, der fähig war, über alle Phänomene dieser besten aller möglichen Welten zu befinden, ohne je einen fremden Kontinent, ja auch nur die Grenze zu einem anderen Land als Preußen überschritten zu haben. Im Grunde war selbst der Schock dieses an den Nerven zehrenden Albtraums eine glänzende Bestätigung seiner »a priori«-Theorie, mit der er sich nun ein halbes Leben lang herumgeschlagen hatte. Es gab also etwas, eine Anlage, eine Prädisposition in uns, die jeden von uns dazu befähigte, uns in der Welt zurechtzufinden, lange bevor uns die empirischen Erfahrungen der brutalen Wirklichkeit zurechtkneteten. Die Gefahr dabei, die man natürlich ins Kalkül miteinbeziehen musste, war die des Sich-Verzettelns. Im Gestöber willkürlicher Impressionen, die das Gehirn offenbar ständig erzeugte, konnte man die Orientierung verlieren und ins Trudeln geraten. Dies war der Moment, in dem seine Kategorien und Maximen, als innere Landkarte, ins Spiel kommen mussten. Kontrolle und Dynamik, Ordnung und Fantasie waren also keine Gegensätze, sondern Bestandteile eines und desselben Organismus. Manchmal, wenn er im Halbschlaf, eingehüllt in seine sorgsam um sich geschlungene Eiderdaunendecke, seinen künstlich angelegten Bau aus Gedanken, Ideen, Träumen, Hoffnungen und Zweifeln durchschritt, war er für einen Moment ganz zufrieden, und er schlief ein.

Aber kaum war es fünf Uhr morgens, musste er wieder raus. Wollte er? Musste er? Er musste. Wollte er seinem eigenen Projekte, seinem »Ding« treu bleiben, so musste er. Er konnte letztlich nicht permanent die allmähliche Verbesserung des Systems Aufklärung propagieren, um dann hinter seinen eigenen Erwartungen zurückzubleiben. Er musste nicht aus Gewohnheitsträgheit weitermachen, sondern aus Hochmut. Deshalb das immer gleiche Ritual. Deshalb der tägliche Auftritt von Lampe, sein martialisches »Es ist Zeit!«. Kant war zum Soldaten, zum Objekt seines Projekts geworden. Und zugleich zum Wächter und Verteidiger seines aus lauter Denkkristallen zusammengesetzten Baues, den er gegen schwärmerische, romantisierende

Eindringlinge abschotten musste. Oder gegen klein-
krämerische orthodoxe Dogmatiker, die ihn mehr und
mehr bedrängten. Vielleicht hofften sie auf sein Alter,
warteten genüsslich auf einen Ermüdungsbruch seines
Gehirns, seiner Nerven. Sie würden sich vergebliche
Hoffnungen machen, denn er war entschlossen, bis
zum letzten Moment weiterzuhämmern. Ein Kollege
hatte ihm einmal erzählt, dass Michelangelo an seiner
Pietà bis zum letzten Tag seines Lebens gearbeitet hatte.
Er war 86 Jahre alt geworden – Kant war noch nicht
einmal 80. Nein, er würde sie an sich abgleiten lassen.
Eine Fähigkeit, die er immer schon auf seine ganz
besondere, sehr diskrete Art und Weise beherrscht
hatte. Umgeben von einem Kokon von Freunden,
Kollegen und Studenten, die er nur so nahe an sich
heranlassen musste, wie es ihm erwünscht war, wirkte
er auf andere sogar wie ein soziales Wesen. Dass er
sie manchmal wie durch eine matte Glasscheibe an
sich vorüberziehen sah, brauchte keiner zu wissen.
Menschen interessierten ihn als Spezies, nicht als Individuen. Wenn sie ihn als Individuen und Einzelwesen
interessiert hätten, wäre er vielleicht einer dieser Poeten
geworden, die jedem Einzelnen bis in seine abseitigsten
Gefühlszuckungen nachkrochen und die zu Papier
oder auf die Bühne brachten.

Aber er war Philosoph geworden, obwohl sie ihm
einmal einen Lehrstuhl für Poeterei angeboten hatten.
Menschen, das waren Lebewesen, die man sich immer
ein wenig auf Distanz halten musste – nicht aus Verachtung, sondern um sie als Spezies beobachten, begreifen, »lesen« zu können. Wenn man ein Buch las,
kroch man ja auch nicht in jeden einzelnen Buchstaben

hinein, sondern erschloss sich den Zusammenhang, indem man die einzelnen Elemente in ein Sinnganzes umrechnete. Man hielt die Seite auf Abstand, so wie er sich die Menschen auf Abstand hielt und zufrieden war, wenn sie es gar nicht bemerkten. Gefühlsausbrüche, Passionen, Schmerzen, unkontrollierbare Leidenschaften gehörten nicht in sein Repertoire, und er vermisste sie in keiner Weise. Genauso freilich verachtete er Glätte und Geschmeidigkeit, höfische Maskerade und falsches Pathos. Er schmeichelte sich, einen ausgewogenen, gangbaren Mittelweg zwischen Intimität und Isolation gefunden zu haben. Allerdings ...

Allerdings war es nicht einfach, die Balance zu halten. Man durfte sich keine Schwäche erlauben, sonst war ein Absturz unvermeidlich. Doch genau diese Momente der Schwäche begannen von Jahr zu Jahr spürbarer zu werden. Man setzte ihm immer dünnere Suppen vor. Zu viel Meer, zu wenig Land, sagte er, und die am Tisch saßen, warfen einander irritierte Blicke zu. Sein pfäffischer Dauerbetreuer würde in seinem Tagebuch notieren: Kants Sprache wird »uneigentlich«. Uneigentlich – was sollte das heißen? Er sprach doch immer konkreter. Waren seine abstrakten Begriffe »eigentlicher« gewesen? Verzetteln durfte man sich nicht – deshalb notierte er jetzt alles, was ihm durch den Kopf ging, was er schon gesagt hatte und vielleicht noch sagen würde, vorsichtshalber auf kleine Zettelchen. Um alles in der Welt galt es zu vermeiden, immer wieder seine alten Geschichten zu erzählen – Greisengemurmel, das alle, ihn selbst eingeschlossen, ekelte. Schüler verwendeten solche Zettelchen, um Vergessenes wiederzufinden. Er verwendete sie, um

Erinnertes zu vermeiden. Besonders, seit längst Vergangenes ihm bisweilen klarer vor Augen stand als Gegenwärtiges. Kleine Zettel, Briefkuverts, abgerissene Papiere füllten bald seine Taschen, und bevor er ein, wie er glaubte, neues Thema ins Gespräch einbrachte, vergewisserte er sich mit der Routine eines Taschenspielers durch einen schnellen, verstohlenen Blick, ob es wirklich so neu war, wie er dachte. Bald begannen sich in einer alten Vase, die als Deponie diente, beachtliche Mengen solcher Zettelchen zu stauen. Manchmal glaubte er zu beobachten, dass sein Diener oder andere der Leute, die ihn wie ein Kind behandelten, verstohlen einige Zettelchen aus der Vase klaubten – vielleicht, um sie als Reliquien zu behalten. Oder zu verkaufen. Er war eine Ware geworden. Man konnte ihn verschachern. Ganz gleich, was er schrieb, und oft machte er sich einen Spaß daraus, den baren Unsinn aufzuschreiben: »geronnene Stickstoffsäure«, »vermeintliche Berggeister«, »Winterpflaum der Angoraschafe«, »Schnupfen und Husten gänzlich verbieten«, »Clerici und Elektrizität stellen«, »Rosenknöspchen sind auch nur florale Hühneraugen« … Man konnte ihnen wirklich alles vorsetzen.

Sicher würden sie ihm unterstellen, sein Geist würde Zeichen der Ermüdung zeigen. Er wäre nur mehr ein Schatten, die Hülle seiner selbst. Seit er dünne Suppen schlürfte und ihm der Sinn nach Gnadenbrot stand, lauerten sie auf jeden seiner Ausfälle. Wenn ihm der Sinn nach einem Käsebrot stand, gerieten sie in helle Aufruhr. Als ob ein Butterbrot ein Gnadenbrot wäre. Und der Tod bereits an der Schwelle stünde. Seit sie seine Schwäche spürten, glaubten sie ihn im Griff zu haben. Liebevolle Bevormundung war in Wirklichkeit ein besonders grausamer Despotismus. Seit er nur mehr sein eigener Schatten war und auf den Tod wartete, kamen ihm die großartigsten Gedanken. Und es überfluteten ihn nie gekannte Gefühle. Reiselust. Im nächsten Juni oder Juli oder August würde er endlich auf Reisen gehen. Er musste unbedingt einmal Frankreich sehen. Oder zumindest Berlin. Oder Danzig – ja, er würde sich aufs Schiff bringen lassen und nach Danzig fahren. Das musste doch gehen. Er kannte doch Leute mit Schiffen. Vielleicht würde sogar Caroline mit an Bord kommen. Er hätte doch längst einmal ... Kant sprang auf, der Kopf glühte – die Schlafmütze musste beim Einnicken der Kerze zu nahe gekommen sein, und diese hatte sie in Brand gesetzt. Seine Betreuer standen erstarrt, entsetzt und hilflos – nur er selbst bewahrte Ruhe, riss sich das brennende Ding mit bloßen Händen vom Kopf und trampelte das Feuer aus. Kühner Blick in die Runde. Noch ein bisschen Qualm am Boden. Das war's. Von wegen Erschlaffung. Verschleimung. Mumienartige Hülle. War er nicht eben wie ein Phönix aus der Asche gestiegen? Ohne Hilfe. Ohne Retter. Vor allem ohne einen Pfaffen. Die waren doch alle sterblich und in zwei Tagen vergessen. Er aber war unsterblich – sonst würden sie nicht jetzt schon seine Reliquien sammeln ...

Notiz aus den späten Lebensjahren Immanuel Kants
über Gespräche am Mittagstisch

LADYS LAST

War Kant etwa ein Alien? Ein Außerirdischer, Überirdischer? Zumindest ein abstraktes Wesen. Jedenfalls einer der wenigen, an denen die Erfahrung der Erotik oder Sexualität weitgehend spurlos vorbeigegangen ist.

Es ist schon eigenartig, denn gleich, ob Goethe oder Schiller, Thomas Mann oder Franz Kafka, Virginia Woolf oder die Günderode – es gibt kaum ein menschliches Wesen, das nicht irgendwann im Lauf seines Lebens einmal als verliebt oder enttäuscht, frustriert oder passioniert, verheiratet oder nicht, schwul oder bi- oder transsexuell greifbar geworden wäre. Von dem irgendwelche mehr oder weniger interessanten Episoden dieser Art kursierten. Nur bei Kant gibt es das alles nicht. Es ist, als ob er alles, was die Menschen normalerweise bindet und quält, von sich abgestreift hätte.

Allenfalls ein paar vage Gerüchte um den kleinen, sensitiven, ein wenig verwachsenen jungen Mann kursieren. Vielleicht kaschierte er seine Selbstzweifel unter der Maske eines galanten, witzigen Ironikers, der immer etwas daneben stand? Vielleicht besuchte er gelegentlich sogar Clubs für »Liebhaber griechischer Liebe«, die es auch in Königsberg gab. Vielleicht fürchtete er aber auch, in der kleinen Stadt entdeckt zu werden. Als ein enger Freund mit 43 Jahren stirbt, ist er, so berichten Biografen, so niedergeschlagen, als hätte er einen geliebten Menschen verloren.

Möglicherweise aber gelang es ihm zumindest in späteren Jahren, den chaotischen Abgrund des Erotischen aus »systemischen Gründen« aus seiner Arbeit und seinem Leben auszuschließen. So wahnwitzig es klingen mag: Der Einbruch unkontrollierbarer, triebhafter Kräfte, eines möglicherweise vulgären Realismus, hätte sein auf Ordnung und Kontrolle angelegtes System widerlegen, torpedieren und zerstören können. Zugegeben, eine gewagte These, die einer bewussten Verdrängung als Strategie.

Immerhin, eine kleine Episode aus Kants letzten Lebensjahren, zu einer Zeit, als seine Abwehrkräfte zu schwinden begannen, gibt zu denken.

Plötzlich war diese fremde Frau in seiner Stube gestanden. Hatte ihn umschmeichelt und schließlich um seine Uhr gebeten – nur für einen Moment, wie sie versicherte. Mit seiner vehementen Reaktion konnte sie nicht rechnen.

Kant sprang wie von der Tarantel gestochen hoch und fiel über die Frau her. Im ersten Moment, als sie von seinem unerwarteten Angriff noch überrascht war, hatte er sie fest im Griff. Aber sie war jung und stark und versuchte, ihn abzuschütteln. Je mehr sie sich wand, umso fester drückte er zu. Schultern, Busen, Arme – er konnte nicht mehr loslassen, er musste sie bändigen. Doch je länger das verbissene Ringen dauerte, umso weniger gelang ihm das. Als sie sich endlich schwer atmend gegenüberstanden, stürzte Wasianski, vom Gepolter daneben aufgeschreckt, durch die Tür. Für einen Moment stand er wie vom Donner gerührt, weil er Kant noch nie derart aufgebracht erlebt hatte. Dann warf er seinen fülligen Prälatenkörper entschlossen zwischen die Kämpfer. Reaktionsschnell nutzte die Frau den Moment und entwischte durch die noch immer offen stehende Türe – nicht ohne sich noch einmal umzudrehen und ein verächtliches »Dschischtek« zu zischen.

Kant stand schwer atmend, aber hochaufgerichtet wie lange nicht, sichtlich triumphierend. Diese »Dame« könne von Glück sprechen, dass er, Wasianski, in diesem Moment dazugekommen wäre. Er hätte diese Person erwürgen können, sagte Kant.

Dann schilderte er den Vorfall in kurzen Worten. Erst hatte er geglaubt, eine dieser Verehrerinnen stünde vor ihm – gut gekleidet und höflich, wie ihr Auftreten zunächst war. Dann stellte sie sich mehr und mehr als Bettlerin, schließlich als kaltschnäuzige Betrügerin heraus. Sie hatte nach seiner Uhr verlangt, angeblich, um sie dem Nachbarn zum Zeitvergleich zu zeigen. Was für eine törichte und durchschaubare Lüge. Nichts konnte ihn wütender machen, als für dumm verkauft und betrogen zu werden, noch dazu von einer Frau. Nun, die Folgen habe er ja noch sehen können. Kant trat vor den Spiegel, musterte sich nicht ohne Wohlgefallen und zupfte sein Halstuch und die etwas verrutschte Perücke zurecht. Dann wandte er sich wieder seinem Stapel großformatiger Blätter zu, so als ob nichts geschehen wäre. Mit funkelnden Augen hatte sie ihm »Dschischtek« zugerufen, unglaublich, ihm, Kant. Er musste fast lachen. »Dschischtek«, kleiner Scheißer, wie sein Vater ihn manchmal auch schon genannt hatte. Sollte sie ihn doch nennen, wie sie wollte.

Es war ja auch nichts geschehen, außer dass er eine Frau heftig angefasst hatte. Was in seinem Leben bislang nur sehr selten vorgekommen war. In seinem Haus verkehrten fast nur Männer. Seine Gäste, manchmal Kollegen, der Diener.

Als Wasianski weg war, sah er lange sinnierend zu seinen Pappeln auf der anderen Straßenseite hinüber. Dann wurde er müde und glitt langsam in einen tagtraumartigen Halbschlaf. Seine Gegnerin war nicht unapart gewesen, sogar der Duft ihres Parfums war alles andere als vulgär. Plötzlich war ihm, als erinnerte er sich mit ungewöhnlicher, fast körperlicher Nähe an den Salon der Gräfin von Keyserling, in den er als junger Mann oft eingeladen war. Damals noch eine »Lichtgestalt«, wie sie ihn immer vertraulich genannt hatte.

Mit seiner schwarzen »Postillon d'Amour«-Schleife die er damals immer neckisch und ein klein wenig verwegen um den Hals geschlungen trug. Als sie ihn porträtiert hatte, sie war eine exzellente Zeichnerin, waren sie einander eine Stunde lang sehr nah und er hatte den Geruch ihres Parfums durch die Nase förmlich eingesogen. Auf dem Bildnis sah er aus, als wäre er in Trance, und vielleicht war er das auch gewesen. Sie hatten sich dann rasch wieder aus den Augen verloren, obwohl er doch ihr erklärter *coup de cœur* war. Warum eigentlich? Er wusste es nicht mehr.

Weniger scharf und deutlich erinnerte er sich an die junge Witwe, die er einen Sommer lang fast täglich getroffen hatte. Nur dass er ihr einmal sogar einen sanften Kuss auf die Wange gedrückt hatte, als sie ihm von ihrer bevorstehenden Heirat erzählt hatte – das wusste er noch.

Es war ein spontaner und fast etwas leidenschaftlicher und zugleich melancholischer Kuss gewesen, denn eine Frau, die in die Ehe ging, war letztlich verloren. Nicht für ihn. Für sich.

Wie hatte er später die Ehe zum Ärger und zur Empörung vieler einmal definiert: als »Verbindung zweier Personen verschiedenen Geschlechts zum lebenswierigen, wechselseitigen Besitz ihrer Geschlechtseigenschaften«.

Ein staatlich legitimierter, kirchlich eingesegneter, rein biologischer, also tiernaher Akt. Reine Mechanik, wie man sie in den verfemten Schriften des Marquis de Sade serienweise nachlesen konnte. Für ihn abstoßend.

Man tuschelte untereinander und fragte unverhohlen, was wohl an Verborgenem und Verdrängtem im Seelenleben Kants sich in solch einer gefühllosen, rohen und geschmacklosen Definition verräterisch manifestiere ...

Aber seine Kritiker hatten ja recht. Ein merkwürdiges Mysterium waren und blieben ihm die Frauen. Von Natur aus waren sie natürlich das weitaus klügere Geschlecht, weil sie von Kindesbeinen auf lernen mussten, mit körperlich überlegenen Männern, Vätern, Geliebten, Ehemännern, Söhnen umzugehen und gezwungen waren, diese Monster irgendwie zu zähmen. Weil die Frau schwach ist, ist sie schlau, pflegte er zu denken und bisweilen zu sagen. Aber das waren doch nur so herausgepflückte Aphorismen, die fast jedermann im Munde führte und über die man allenfalls kurz einverständig lachte, mehr nicht.

Ob er Männer mehr liebte oder Frauen, oder keinen von beiden – wir wissen es nicht, und ehrlich gesagt müssen wir es ja auch nicht wissen. Sicher hingegen ist, dass sein gesamter Denkansatz, seine Arbeitsweise ihn dazu verführen mussten, dem Thema Frau und dem Thema Geschlechterdifferenz eine eher geringe Bedeutung zuzumessen. Es waren alle beide nur Abarten und Spielarten der krummen Spezies Mensch in ihrer derzeit verfügbaren Gestalt. Die einen in aufgebauschten Röcken aus knisternder, schillernder Organza-Seide. Die andern in leinernen Kniehosen. Sehr viel mehr war da nicht. Vielleicht war es einmal gewesen, aber das war längst vergangen wie ein Rausch. Damals hätte ihn dieses Knistern vielleicht fast verrückt gemacht. Vielleicht hätte er um ein Haar flüchtig nach der Hand der Caroline, Caroline hatte sie doch geheißen, gegriffen. Der Beginn einer jener schrecklich öden bürgerlichen Tragödien, in denen es dann um Ehre, Treue und dergleichen Albernheiten gegangen wäre. Alles Kategorien, die – wie sich später zeigen sollte – jeder logischen Erkenntnisgrundlage entbehrten. Ob er sich dennoch auf eine solche Komödie einlassen hätte sollen? Ob er vieles verpasst hatte? Empirien? Erfahrungswerte? Vielleicht hätte seine Theorie Schaden genommen. Vielleicht – dachte er für einen Moment und sah, wie der Wind in die Blätter der Pappeln gegenüber griff und sie durchschüttelte –, vielleicht wäre sie aber noch stärker, unwiderstehlicher, lückenloser geworden? Aber dann ließ er den Gedanken ebenso schnell wieder fallen. Hatte er Angst, enttarnt zu werden? Enttarnt vor sich selbst?

Hatte er vor den Frauen auch immer nur so getan, »als ob« er etwas für sie empfinden würde, etwas wie Begehren? Hatte er nicht immer versucht, den letzten Schritt zu vermeiden und so zu tun, »als ob«? Mehr noch, seine ganzen Theorien daraufhin angelegt, die Menschen dazu anzustiften, so zu tun, »als ob«? Als ob man der Form halber dennoch so tun müsste, als gäbe es Gott, obwohl er ihn gedanklich widerlegt und zu einem »Noumenon«, einem Gedankending, von dem man nichts wissen kann, erklärt und degradiert hatte. Als ob man gehorchen müsste, obwohl man dadurch ein sinnwidriges System auch noch festigte. Als ob es ein erklärtes höheres Endziel geben würde, geben müsste, auch wenn man mit beiden Beinen im Blut stünde. War er wirklich ein kleiner Dschischtek und dazu ein Schlawiner, der den Menschen eine Komödie vorgespielt hatte, an die er selbst schon lange nicht mehr glaubte? Eine Rolle, seine Glanz- und Paraderolle, von der er nie mehr ganz loskommen sollte.

Mit seinen eingemeißelten Sätzen, die sich in die Gehirne fraßen und die Dummen fesselten: »Habe den Mut dich deines eigenen Verstandes…« – den Mut, den er selbst nicht hatte. Oder sein: »Handle nur nach derjenigen Maxime, durch die du zugleich wollen kannst, dass sie ein allgemeines Gesetz werde.« Er, gerade er, der Hunderte Male vom Weg der Eindeutigkeit abgewichen war, ein Taschenspieler der Logik,

der die Menschen mit seinen argumentativen Zauber-
kunststücken betörte und verwirrte.

Er hatte immer über die Bande gespielt und über
die Bande gedacht – seit damals, als er seinen Billard-
schülern gezeigt hatte, wie man eine Kugel mit Effet
spielt ...

Es pochte an der Tür. Er hieß seinen Diener zu öffnen.

Es war gut, dass der Polizeisprengel in diesem
Moment eintrat. Er war, von Wasianski alarmiert, zügig
herbeigeeilt, um den ungeheuerlichen Versuch eines
betrügerischen Übergriffs auf den großen Kant durch
ein unbekanntes, notorisches Frauenzimmer zu Protokoll und zu den Akten zu nehmen.

KULTURREPORT

In *Immanuel Kant*, einem Stück des berühmten Thomas Bernhard, verfrachtet dieser die Zelebrität mitsamt seiner Frau (!) mitten im 20. Jahrhundert kurzerhand auf einen Luxusliner auf dem Weg nach New York: Kant solle »die Vernunft nach Amerika« bringen. Ob aus diesem Projekt etwas wird, ist zu bezweifeln: Am Ende der Komödie sehen wir ihn mit einer volltrunkenen US-Millionärin walzertanzend durch den Saal schweben, bevor er – unmittelbar nach seiner Ankunft – von zwei Psychiatern abgeführt wird.

So weit wollen wir es hier nicht treiben – aber ein kleines Gedankenspiel nach dem Motto »was wäre, wenn?« sei doch erlaubt. Was wäre, wenn Kant, exzentrische Berühmtheit seiner Zeit, in unserer medienhörigen Welt landen würde? Starphilosoph im 21. Jahrhundert. Zweifellos würde er durch die anspruchsvolleren der Talkshows gereicht. Und vielleicht – wer weiß – würde ihm dieses Leben sogar gefallen.

Die Maske gefiel ihm jedenfalls. Geschickte Hände fingerten mit Cremes und Puder auf seinem Gesicht herum und gelten sein Haar. Ein überaus angenehmes Gefühl.

Im wirklichen Leben, im Unialltag kam er recht blass rüber.

Aber jetzt, vor der Show, kümmerte man sich stundenlang um seine Außenseite. Oberflächenkosmetik, warum auch nicht – schließlich das Einzige, was wir vom anderen mitkriegen.

Er hatte immer penibel darauf geachtet.

Seine Kollegen in den aschgrauen pietistischen Kitteln mochten spotten, wie sie wollten – aber Hechtgrau und ein leicht verblichenes Messinggelb standen ihm. Die anderen trugen ihre etwas ärmliche akademische Vernachlässigung wie eine Monstranz vor sich her, nach dem Motto: Seht, wie wenig mir das Äußere bedeutet – ergo muss ich ein tiefgründiger Geist sein. Solche Schlichtheitsmätzchen hatte er nicht nötig. Im Gegenteil, die paar dezent blonden Strähnen im Haar gaben ihm ein etwas schräges Flair, auf das er penibel achtete. Ein wenig exaltiert. Ein wenig gegen den Strich – warum nicht.

Natürlich war er allen überlegen, und ebenso natürlich war es, dass sie ihn beneideten. Also war es sinnlos, sich auf ihre Erwartungen einzustellen und den Bescheidenen zu spielen.

Seit seiner *Kritik* war er in aller Munde, und seit sogar das Fernsehen auf ihn aufmerksam geworden war, musste er in die Offensive gehen. Sich eine Rolle zurechtlegen. Sie mochten es, wenn er den etwas Versponnenen spielte, zugewandt, aber etwas scheu, freundlich, aber immer zugleich etwas gelangweilt, bräsig. Alle paar Sätze hob er den Blick, schaute mit seinen blaugrauen Augen prüfend in die Kamera und fuhr sich mit dem Finger über die Lippen, so als wüsste er, dass jedes seiner Worte eine Ungeheuerlichkeit wäre, und fügte mit dem Anflug eines entschuldigenden Lächelns ein leises »Nicht wahr?« hinzu, »wir bestehen ja nur aus Ideen, die in uns irgendwann einmal aufgetaucht sind, um im nächsten Moment irgendwohin zu verschwinden. Das Leben ist eine einzige Verfolgung. Natürlich ist das Leben ein Prozess, den man letztlich verliert – so oder so, nicht wahr?«

Die Moderatorin, die ihm gegenübersaß, machte dann große Augen, sah ihn dennoch verständnisinnig an und rutschte unbehaglich auf ihrem Stühlchen hin und her. Er genoss es, wenn sein Gegenüber unruhig zu werden begann und aus dem Konzept kam, und konnte nicht anders, als fast behutsam hinzuzufügen:

»Wenn man an den Tod denkt, ist natürlich alles lächerlich!«

Es entstand eine kurze Stille, während der seine Gesprächspartnerin mit flackernden Augen hektisch an ihren Karteikärtchen nestelte, um schließlich ihre verlorene Frage wiederzufinden. Es waren stets die üblichen. In all den Jahren war er nicht einmal kalt erwischt oder überrascht worden. Auf alles gefasst zu sein, war seine Stärke, machte ihn unverwundbar klug.

Natürlich würde man nach den Grenzen der Vernunft fragen, und er würde zum x-ten Mal zu erklären versuchen, dass es natürlich keine gäbe. Grenzen, Begrenztheiten gäbe es nur für Landesherren und Zollvereine. Und für weibliche Gemüter – fügte er gelegentlich noch halblaut hinzu, um das Gespräch am Leben zu halten.

In der Regel leuchteten die Augen seiner Partner, Kontrahenten sofort auf, und sie wussten, dass sie nun die Frage nach seinem Frauenbild anschließen mussten.

In jüngster Zeit hätte man verstärkt Kritik an seinen zum Teil frauenfeindlichen Äußerungen geübt. Ob ihn das nicht verunsichere. Irritiere?

Kant fragte, ob er rauchen dürfe – entsetztes Abwinken. Was ihn »irritieren« soll? Frauen, er fixierte die Moderatorin (meistens waren es ja Moderatorinnen, die ihm gegenübersaßen) ein wenig von unten, seien doch wohl auch Menschen und als solche evolutionäre Fehl- oder sagen wir Halbentwicklungen.

Das sei ja einer unserer größten Irrtümer, dass wir davon ausgingen, mehr oder weniger komplett oder fertig zu sein.

In Wahrheit seien wir erst in Planung, allenfalls im Rohbau. Ob und was aus uns werde, stehe in den Sternen. Und sie wisse vielleicht, dass er das Potenzial des »bestirnten Himmels« durchaus schätze. Und es liege – an uns. An uns selbst und ausschließlich an uns. Längst hatte er in solchen Momenten seine bislang fast provokante, in den Sessel zurückgelehnte Haltung verlassen und sich plötzlich wie von der Tarantel gestochen in Rage geredet. Ein spitzfingrig dozierender Eiferer, wie Robespierre es gewesen sein mochte, wenn er den Kopf des Königs forderte. Kant forderte nichts Geringeres als den Kopf des Menschen. Voll und ganz. Versteinerte seien wir, versteinerte Rohbauruinen. Aufgeklärt. Und vor lauter Aufgeklärtheit apathisch. In unserem Denken sei kein Funke von Begeisterung mehr, von Liebe gar nicht erst zu reden. Wir arrangieren uns mit unserem Wissen, aber wir leben und beleben es nicht.

Für einen Moment sank er in den Sessel zurück, starrte auf die Decke in die Scheinwerfer, dann wieder mit ratlosen Augen auf sein Gegenüber. Ob sie das nicht auch so sehe? Ob sie nicht auch manchmal darüber verzweifle? Er wusste natürlich, dass das gegen die Regel war. Dass es nicht üblich war, den Fragenden zu fragen. Egal. Wenn er spürte, dass er sein Gegenüber in eine ungute Lage brachte, tat es ihm fast wieder leid, und er sprach dann einfach weiter, um die Situation zu entschärfen. Warum er diese ganzen Bücher, eines nach dem anderen, eines aus dem anderen schriebe, hätte doch nur einen Zweck, den der Reanimation. Noch sei nichts verloren, wir stünden ja erst am Anfang.

Er sei beileibe kein gläubiger Mensch mit irgendeinem imaginären rosaroten Hoffnungshorizont. Nein, er glaube an gar nichts. Er hätte es nicht nötig, an etwas zu glauben, weil er alles wusste und verstand. Sein Verstand sei eine Präzisionswaffe, keine Schrotflinte. Er hätte alles ins Visier genommen, jeden Winkel ausgeleuchtet. Es gäbe keine Alternativen.

In letzter Zeit kamen auch immer wieder giftige Fragen, mit denen man ihn aus dem Konzept bringen wollte. Ob er die ganze Welt mit seinen Ideen beglücken wolle? Ob er sich wirklich zutraue, über alles zu befinden – Bora Bora, Borneo, Machu Picchu. Die Slums von Rio, das Leben der Arbeiter in Bangladesch, …?

Aber Fragen dieser Art ließ er nicht wirklich an sich heran. Das waren nur Nebelkerzen. Oder waren die, die ihn befragten, von ihren Fernreisen, die sie vermutlich alle schon mit 16 gemacht hatten, wirklich klüger zurückgekommen? Bora Bora … er lachte nur, na und? Die Haut ein bisschen dunkler als die Käsehaut der Europäer. Die Lippen vielleicht anders geschnitten, die Zusammensetzung des Blutes mochte sich im Lauf der Jahrhunderte den Mineralien des Bodens, auf dem sie lebten, angepasst haben. Man aß womöglich etwas anderes, sprach anders, dachte in manchem anders. Das waren doch alles nur Petitessen. A priori sind wir alle gleich oder zumindest ähnlich, und – begleitet von einem herausfordernden Blick in die Runde – alles kriecht und buckelt und quält sich auf gleiche Weise über diese beste aller möglichen Welten: gleich ob Chinesen, Mohren, Araber – wie man seinerzeit sagte. Er konnte es nicht unterlassen hinzuzufügen: Frauen, Männer, wir alle. Das mache keinen Unterschied, und so mache auch er, mit Verlaub, keinen großen Unterschied daraus. Da hätte man weiß Gott andere Probleme.

Die Zerstörung der Umwelt?

Die Zerstörung der Umwelt, nahm er den Faden auf, die fortwährenden weltweiten Kriege, Hungersnöte, Seuchen, Verelendung, Dogmatismus, religiösen Wahn, politische Herrschsucht … aber das schlimmste Übel … schlimmer als all das, was er eben nannte, sei doch – die kleine, versonnene Kunstpause musste sein – die innere Trägheit. Alle andere Misere sei Folgeerscheinung.

Wenn es gelänge, diesen Felsbrocken zu lösen, wäre alles andere Elend über kurz oder lang aus der Welt zu schaffen.

Bestimmt sah man ihn jetzt in Großaufnahme, und er wusste, was er in solch einem Moment zu tun hatte. Eine gleichzeitig sorgenvolle wie hoffnungsfroh enthusiastische Miene mit steil gestellten Augenbrauen stand ihm jederzeit zur Verfügung, ein sehr spezieller, manche Dummköpfe würden sagen »auratischer« Gesichtsausdruck, der schon in Bann schlagen konnte. Magische Momente, deren es bedurfte, um die Erkenntnisse seiner trockenen Logik unter die Menschen zu bringen. In solchen Momenten konnte er Magier und Märtyrer, Seher, Künder und zugleich Revisor der ethischen Statistik und gnadenloser Schulmeister – alles in einem sein, es zumindest darstellen.

Disziplin und Dynamit, Maximen und Mythen, Härte und Hoffnung – für ihn waren dies alles keine Gegensätze, und vielleicht war es das Versprechen dieser großen mittäglichen Synthese, die Menschen betörte und verhexte, in Bewegung versetzte und gefügig machte?

Kurz nach der Aufnahme war alles schon wieder vorbei. Scheinwerfer aus, noch eine flüchtige Verabschiedung, ein kurzer Dank der Moderatorin. Und danach eine große Müdigkeit. Und Leere. Meist dachte er, er hätte das Wichtigste vielleicht zu sagen vergessen. Aber was war das Wichtigste? Das Wichtigste war es, weiterzumachen.

Eine Stunde später, endlich wieder zu Hause, saß er an seinem Schreibtisch und beendete den Satz, den er vorher unterbrochen hatte …

»[…] man bedient sich gewöhnlich, um die Kinder gehen zu lernen, des Leitbands und Gängelwagens …«

Wie wollte er weiterschreiben? Richtig, es fiel ihm sofort wieder ein:

»Es ist doch merkwürdig, dass man die Kinder das Gehen lehren will, als wenn irgendein Mensch aus Mangel des Unterrichts nicht hätte gehen können.«[76]

Und jetzt wusste er auch, was in dem Interview vergessen worden war. Sie erzogen den Menschen in den Schulen systematisch das natürliche Denken ab. Überall Gängelbänder statt starker Seile, an denen man sich nach oben ziehen konnte. Fehlte nur noch, dass man eine Maschine erfinden würde, die nicht nur wie eine Ente quaken, sondern wie ein Mensch sprechen könnte.

Dann wäre der kollektive Gehirntod nur mehr eine Frage der Zeit.

DAS WUNDER KI?

2024 wird man Immanuel Kants gedenken und seinen 300. Geburtstag ergriffen feiern. Seine Maximen und Kategorien, seine subtilen Studien über kritisches Denken, Wahrnehmung und Empfinden werden hochgepriesen und ein weiteres Mal kluger Analyse unterzogen werden. Es ist keine Science-Fiction zu behaupten, dass solch eine Feier in ein paar Jahren vermutlich ganz anders aussehen wird. Nachdem die entscheidende Sprachhürde dank ChatGPT nun endlich genommen wurde, wird einem voll funktionsfähigen Immanuel-Kant-Avatar nichts mehr im Wege stehen. Wahlweise in historischem Kostüm oder zeitgenössischem Outfit wird er seine Idee einer Aufklärung oder seiner Vision des kategorischen Imperativs im Lichte der Gegenwartserfahrungen einer kritischen Überprüfung unterziehen.

Und er wird nicht die einzige prominente Figur der Geschichte sein, die auf diese Art und Weise wieder auferstehen und mitten unter uns erscheinen wird – wie dies mit dem ausgestorbenen Wollnashorn und antiken Philosophen ja bereits jetzt schon geschieht. Kein Zweifel, er wird sich in gut gebauten Sätzen flüssig artikulieren – für einige Wenige vielleicht ein wenig zu glatt, aber absolut medientauglich und überzeugend. Seine Argumentation wird gleichermaßen kühn und ausgewogen sein und er wird vielleicht sogar fähig sein, uns Impulse zu geben, und Gedanken eröffnen, an die wir jetzt noch nicht zu denken wagen. Kein Zweifel, was bisher allenfalls in dystopischen Romanen oder Science-Fiction-Filmen imaginiert wurde, wird Wirklichkeit werden. Aber wir werden uns noch immer einzureden versuchen, wir seien die Herren des Verfahrens – obwohl wir allenfalls noch Nachlassverwalter sind.

Denn in den KI-Laboren werden derzeit weltweit Hightech-Wunder ohne eigenen Verstand herangezüchtet – eine Eigenart, die diese Maschinen übrigens freimütig selbst bekennen. Maschinen, die uns über kurz oder lang mehr oder weniger perfekt imitieren werden. Sam Altman, Gründer der Firma OpenAI, wird gefeiert wie ein Rockstar, und der allgemeine KI-Hype erfasst in schwindelerregender Schnelligkeit die ganze Welt. Doch selbst Altman warnt vor möglichen Gefährdungen durch eben die Technologie, die er und sein Team in die Welt gesetzt haben – bezeichnet sie sogar als »supergefährlich«. Ein triftiger Grund, diesen eleganten und versierten Oberflächennachahmern im Rausch der Innovationslust nicht gedankenlos das weitere Geschick der Gesellschaft anzuvertrauen und bedingungslos auf sie zu setzen.

Wir installieren Reproduktionsautomaten und wundern uns später, dass sie uns reproduzieren. Wir verwandeln die Welt in ein digitales Überwachungsnetz und staunen darüber, dass wir uns in ihm verfangen. Wir emanzipieren Kunstfiguren und werden später erschreckt feststellen, dass sie uns möglicherweise in wenigen Jahren stillstellen. Zu groß ist die verführerische Kraft, der Sog der neuen Möglichkeiten, als dass wir nicht selbst unsere intimsten Schöpfungen und Kreationen, Kunst, Literatur, Musik übertragen würden.

Gibt es in dieser prekären Situation noch realistische Hoffnung, dem neuen System zu entkommen und sich der immer schmaler werdenden Ressource »eigener Verstand« weiter unbefangen und unbegrenzt zu bedienen?

Ich räume ein, die gegenwärtige Situation ist extrem unübersichtlich und schwer zu beurteilen. Während die einen dem Phänomen KI mit gelassener »Technikfröhlichkeit« entgegentreten, von der vollständigen Erforschung des Gehirns schwärmen und bereits von einer »Weltrettung par Mausklick« träumen, raten andere wie Y. N. Harari dringlich, den »Geist in der Flasche« zu lassen und eine Entwicklungspause für KI einzulegen.

Die Maschine als Verbündeter, als bester Freund oder als gnadenloser Konkurrent im Kampf um die Rolle, das intelligenteste Wesen auf diesem Planeten zu sein? Und noch während ich diese Zeilen schreibe, flimmern drei Meldungen über neue Triumphe der KI über meinen Newsticker.

In dieser dramatischen Situation ist es vielleicht angebracht am Beispiel unseres Protagonisten, Immanuel Kants, einen kleinen Test vorzunehmen. Er, der Superstar der reinen Vernunft, könnte wie kein Zweiter geeignet sein, mit ihm dieses Experiment vorzunehmen. Denn hier war ein Gehirn an der Arbeit, das wie eine Vorform dessen funktionierte, was wir nun »künstliche Intelligenz« nennen. Er denkt und schlussfolgert auf der Basis vollständiger Datensätze, mathematischer Gesetzmäßigkeiten und synthetischer Schlüsse. Ich bin, genauer, ich war sicher:

Gäbe man sein Werk jetzt, im Jahre 2022, in ein geeignetes Computersystem ein, (statt es zum x-ten Mal in philosophischen Kant-Seminaren zu zerkauen) – man könnte es völlig neu verstehen, sozusagen den Kant-Code knacken. Man könnte aus ihm möglicherweise sehr viel tiefere Zusammenhänge der Welt erfassen, erklären, kommunizieren – idealerweise maximal zugänglich für alle, ganz gezielt auch abgestimmt auf Experten / Politiker / Bürger, die sich von dieser KI beraten lassen wollen. Ihre Aufgabe wäre es, Situationen zu analysieren, diese Situationen maximal verständlich zu erklären und Lösungsvorschläge / -ansätze für Probleme, die den Menschen / die Menschheit betreffen, auszuarbeiten.

Mit Erwartungen in etwa dieser Art bereiteten wir in Zusammenarbeit mit einem kognitionswissenschaftlichen Lehrstuhl für Computer Science, Psychologie und Cognitive Modeling einen kleinen Versuch vor.

Wir aktivierten und befragten diverse ChatGPT-Systeme und trauten zunächst unseren Augen nicht. Die ersten Resultate, jedenfalls die der frei zugänglichen Chatbot-Formate, waren bescheiden gesagt enttäuschend.

Der Grund wurde uns rasch klar: Alle diese Formate waren im Verlauf der letzten Monate mit Filtern versehen worden, die sie vor rassistischen, frauenfeindlichen etc. Äußerungen schützen sollten. Das Resultat dieser an sich lobenswerten Bemühungen: Musterbeispiele politischer Korrektheit im schlimmsten Sinn. Im Stil braver Besinnungsaufsätze werden aussagelose

Zusammenfassungen und brave Auflistungen geliefert: Argumente pro, Argumente contra. Welche moralischen Maximen sind wichtig? Nach welchen Kriterien sollte man Entscheidungen treffen? Können wir eine bessere Welt formen? Die Antworten der KI waren schlicht, korrekt und übersichtlich. Sie lesen sich wie eine Art »Kant in einfacher Sprache« und in vereinfachten Gedanken. Kreativität, überraschende Gedanken: Fehlanzeige. Fast könnte man zu der zynisch klingenden These kommen, dass ethische Korrektheit und intellektuelle Risikobereitschaft einander ausschließen.

Nach vielen Stunden mit unterschiedlichen Chatbots war ich zunächst enttäuscht, dann empört – schließlich auf eine etwas schräge Art erleichtert. Das sollte alles sein? Perfekt ausformulierte Inhaltsangaben. Relativ sachkundige Zusammenfassungen der jeweils relevantesten Punkte. Und im Ernstfall der Hinweis, dass man doch nur ein so und so programmierter Algorithmus sei, ohne die Kompetenz, spekulative Schlussfolgerungen zu ziehen.

Wir dachten zunächst, es läge an der mangelnden Qualität unserer Fragen – aber sehr viel mehr als Plattitüden war aus der Open AI beim besten Willen auch nach stundenlangen Versuchen, die Filter zu umgehen, nicht herauszuholen. Sollten wir die KI überschätzt haben?

Dies wäre eine unzutreffende Schlussfolgerung. Denn kein Zweifel, die KI ist auf ihre Weise perfekt. Sie kennt ihre Möglichkeiten und ihre Grenzen. Man hat ihr eingetrichtert, faktenorientiert, ausgewogen zu argumentieren und sich keinen Spekulationen hinzugeben.

Sie wird in absehbarer Zukunft auf nahezu allen Sektoren des Lebens einsatzfähig sein und uns ersetzen, verbessern, perfektionieren: Medizin, Architektur, Urbanistik, Verkehrstechnik, Umweltschutz werden ohne ihre Assistenz nicht mehr denkbar sein. Ob als Haushaltshelfer oder Krankenpfleger, Lastwagenfahrer oder Soldaten – Roboter werden uns – ja was eigentlich: unterstützen oder ersetzen?

Wir sollten und werden alles Mögliche versuchen. Nur eines sollten wir auf jeden Fall zunächst vermeiden: sie für uns kreativ denken zu lassen. Das wäre nicht nur fahrlässig, sondern ausgesprochen gefährlich. Ganz abgesehen davon, dass man sich gelegentlich die Sinnfrage stellen sollte: Warum lassen wir Algorithmen genau das erledigen, was wir selbst können? Aber lassen wir dieses Killerargument zunächst beiseite. Und verzichten wir hier darauf die angeborene Neigung der Spezies Mensch zum Phlegma zu verweisen: Im Ernst, wozu brauchen wir diese Hightech-Maschinen, wenn sie, fragetechnisch in die Enge getrieben, definitiv noch unterlegen, allenfalls auf mittlerem Niveau gleichwertig sind. Und zum Beispiel auf die Frage nach Kants Zukunftsvisionen schlussendlich so antworten?

»Ja, ich bin in der Lage, historische Ereignisse bis zu meinem Wissensstand im September 2021 zu kennen und zu diskutieren. Die Ereignisse des 20. Jahrhunderts haben die Welt tiefgreifend geprägt und verändert. Wenn wir Immanuel Kants Ideen auf diese Ereignisse anwenden, könnten wir eine Reihe von Einsichten und Kritiken formulieren. Beispielsweise könnte Kants

Konzept des kategorischen Imperativs dazu verwendet werden, die Moralisierung von Kriegsführung und Gewalt, die Entmenschlichung und Vernichtung von Menschen im Holocaust, die politische Unterdrückung und Spaltung während des Kalten Krieges und andere Ereignisse zu kritisieren. Es ist jedoch wichtig zu betonen, dass eine solche Anwendung von Kants Philosophie auf historische Ereignisse eine Form der Interpretation und Analyse ist und dass verschiedene Philosophen, Historiker und andere Denker unterschiedliche Sichtweisen auf diese Fragen haben können. Eine umfassende Analyse der Ereignisse des 20. Jahrhunderts aus der Perspektive von Kants Philosophie wäre ein großes und komplexes Unterfangen, das wahrscheinlich viele unterschiedliche Perspektiven und Argumente einbeziehen würde.«

Was sollen wir damit anfangen? Ein an den entscheidenden Punkten ausweichendes argumentatives Herumeiern. KI als Schreckgespenst? Eher, scheint mir, als Produzent freundlichen Durchschnitts. Schlimmstenfalls als gedankliche Beruhigungsmittel. Als genau das Sedativum, das Orwell uns androht? Übrigens sollte man den Lernprozess und die Lernfähigkeit der KI zwar angemessen bewundern aber auch nicht überschätzen: 570 Gigabytes Informationen aus Büchern, Wikipedia-Artikeln, Webtexten, Webseiten etc. erscheint viel. Und 300 Milliarden Worte, die in das System eingespeist wurden, erscheint sogar enorm. Verglichen mit den 190 Milliarden Nervenzellen in jedem einzelnen unserer Gehirne ist jedoch noch sehr viel Luft nach oben.

Trotz dieser Einsichten gaben wir uns nicht geschlagen, verwendeten algorithmisch ausgeklügeltere und kompatiblere Fragestellungen. Doch alles, was der KI abzugewinnen war, war unter dem Strich die schlichte Feststellung, dass wir »anstatt an veralteten moralischen Prinzipien festzuhalten, offen sein sollten für neue Denkweisen und innovative Lösungen«. Verbunden mit dem mantraartigen Hinweis, darauf programmiert zu sein, »keine eigenen Überzeugungen oder persönlichen Standpunkte zu vertreten«. Schlussendlich gelang es uns, unserem sehr zurückhaltenden Gesprächspartner immerhin die Botschaft abzuringen, »dass Kants Philosophie im 18. Jahrhundert entwickelt wurde, also zu einer Zeit, die sich grundlegend von unserer modernen Gesellschaft unterscheidet.« Ergo: »Die Komplexität der heutigen Welt erfordert möglicherweise eine differenzierte Herangehensweise an moralische Fragen.«

Langsam mussten wir uns eingestehen, dass unsere Hoffnung auf wirklich überraschende, weiterführende Ideen und Inspirationen ins Leere ging. Relativierendes Denken und Fühlen schön und gut – aber völlige Standpunkt- und Haltungslosigkeit ist auf die Dauer doch eher ermüdend. Man kommt nicht umhin festzustellen, dass die KI unseren analog tickenden Gehirnen, was intellektuelle Finessen, Durchtriebenheit und Perfidie menschlichen Handelns betrifft, bis auf Weiteres definitiv unterlegen ist. Sie ist nicht die Vordenkerin, die man sich erwartet, sie ist weit mehr eine Nachbeterin.

Jedenfalls in der Form, die uns, der breiten Masse, zugänglich ist oder zugänglich gemacht wird. Ja, ich gebe zu, zunächst waren wir über diesen Befund erleichtert. Es gibt sie also doch, die Nische, in der wir noch die Oberhand haben. Wie lange muss dahingestellt bleiben. Aber es gibt sie. Um sie zu definieren, verwende ich bewusst nicht den abgegriffenen Begriff der Kreativität, sondern den der Intuition, der Überraschung, der Neugier und der List. Vielleicht auch den der Gerissenheit, der Hintergründigkeit, Zwiespältigkeit – kurz all dessen, was das Leben spannend macht. Das, woraus die große Philosophie und Literatur besteht. Oder glaubt jemand ernsthaft, die KI »verstünde« die abgründigen Gefühle eines Dostojewski-Romans, die zerbrochenen, anspielungsreichen Bilder eines Celan-Gedichts, die absurden Wortwechsel eines Dramas von Ionesco in ihrer wirklichen existenziellen Tiefe? Sie selbst geht davon aus, dass sie es nicht kann. Sie geht übrigens auch davon aus, dass sie nicht fähig ist, Kant über die Grenze des Allgemeinen hinaus weiterzudenken, geschweige denn über ihn hinauszudenken. Ich betone dies, weil man derzeit – entgegen dieser Einsicht – alles Menschenmögliche unternimmt, die KI auf den genuin menschlichen Bereich der Kunst anzusetzen, sie förmlich loszulassen. Schon brüsten Hollywood-Producer sich damit, Drehbücher von AI erstellen zu lassen, Beethovens Fragment gebliebene X. Symphonie wird in minutiöser AI-getriebener Kleinarbeit seelenlos »vollendet«, Vermeers wunderbares Gemälde »Mädchen mit Perlenohrring« wird in ein kaltes Modelgesicht verwandelt. Man gibt sich interessiert, frappiert und keiner weiß so ganz genau, was in uns dabei vorgeht. Faktisch aber verlieren wir bereits jetzt die Kontrolle über unsere

Wahrnehmung. Worüber Kant ein halbes Leben lang differenziert nachdachte, über Schönheit, über das Erhabene, über das Verschmelzen individueller Empfindungen und genereller Maximen in jedem Augenblick unserer ästhetischen Existenz – im Grunde vergessen und verloren.

Experiment also gescheitert?

Ich meine Nein. Viele solcher Beispiele belegen, dass wir zwar noch keine KI haben, die ein kausales Verständnis der Welt vermitteln kann. Doch sollte man ihr Potenzial nicht unterschätzen. Eine noch tiefere, noch mächtigere, besser strukturierte KI könnte in den nächsten Jahren durchaus solche kausalen Ketten entschlüsseln und Realitäten perfekt simulieren.

Und was dann?

Wenn diese KI-Systeme – wie die aktuellen – weiter vorrangig dafür genutzt werden, um Werbeeinnahmen zu maximieren und versteckt Meinungsmanipulation zu betreiben, dann ist klar zu erwarten, dass die Glaubensdynamik unserer Gesellschaften weiter Spielball der besten Manipulationsproduktionsstätten und deren Geldgebern bleiben. Darum ist es höchste Zeit, das Potenzial der KI proaktiv zu nutzen. Laut ChatGPT würde Immanuel Kant diesbezüglich Folgendes empfehlen: Meinungsmanipulative Praktiken sollten unterbunden werden; Moralität sollte forciert und aktiv eingefordert werden; der Fokus sollte auf maximaler Rationalität liegen. Ohne zu vergessen, dass diese KI natürlich auch von anderen und anders gesonnenen Akteuren in Stellung gebracht werden kann und manipulative Texte in jede erdenkliche

Richtung generieren und in Umlauf setzen kann. Ein Grund mehr, JETZT zu handeln und eine kommunikationsmächtige antimanipulative Gegeninstanz in Stellung zu bringen.

Wäre es im Sinne dieses Planes denkbar, Kants Maximen des ethischen Handelns, seinen kategorischen Imperativ, also die Annahme, dass jede persönliche, noch so banale Entscheidung vor dem Hintergrund genereller Verbindlichkeit für alle zu verstehen sei, durch die KI viral gehen zu lassen? Massenhaft zu kommunizieren und in möglichst viele Gehirne einsickern zu lassen? Seine Maxime den Menschen sozial-manipulativ einzuflößen? Weshalb sollte Manipulation immer nur toxisch verwendet werden? Könnte die KI nicht auch dafür eingesetzt werden, laufende, klar irreführende Manipulationsprozesse in Echtzeit zu dechiffrieren und zu denunzieren? Missstände dadurch unüberhörbar zu machen und bedrohte Gemeinschaften auf diese Weise massenkommunikativ und verbindlich widerstandsfähiger zu machen? So, wie uns die KI aktuell bereits manipuliert und zum Zauberlehrling macht, könnte sie ihrerseits manipuliert werden, um unsere Selbstschutzmechanismen und unseren Verstand zu aktivieren? Uns zum tieferen, vernünftigen Denken hinführen?

Wenn es den Programmierern bereits gelingt, der KI »moralische Scheuklappen« zu verpassen, sollte es umgekehrt auch gelingen, ihr eine scharfsichtigere Optik, einen schärferen Blick zu verleihen. Dazu bedürfte es keiner aufgeblähten, langsam arbeitenden Institution. Wir benötigen eine objektive, flexible Autorität ohne Parteinahme; eine Intelligenz, die alle

Faktoren berücksichtigt, die mit weltweit anerkannten Werten für die Menschheit die jeweilige Lage zu analysieren imstande ist.

Es wird sich dabei also um keine sanfte Form von Manipulation handeln, im Gegenteil: Es geht darum, im Entstehen begriffene manipulative Tendenzen durch faktenorientierte Narrative zu unterlaufen. Die Dinge zurechtzurücken. Fokussierte Informationen auf breiter Front gegen politische Vereinnahmungen und Verfälschungen unterschiedlicher Art zu verteidigen.

Hölderlin, als Zeitgenosse Kants, gab zu bedenken: »Wo die Gefahr ist, wächst das Rettende auch«. Beziehen wir diesen Gedanken auf die jetzige Zeit – diesmal ohne ChatGPT – so sieht die Menschheit aktuell sehr viel mehr Gefahren wachsen als die, die durch KI ausgelöst und verstärkt werden. Doch wächst in der KI auch das Rettende? Können wir uns mit Mitteln der KI aus den Fängen der Gefährdung durch KI befreien? Idealerweise unterstützen uns zukünftige KI-Systeme dabei, unsere eingeschränkte Rationalität zu maximieren. KI-Systeme, die tief rationale Zusammenhangserklärungen produzieren können. Argumente für das Für und Wider; durchdacht, mit Quellen belegt und mit Beispielen bestückt. KI-Systeme, die auf das Ziel ausgelegt sind, immer nach Wahrheit und Rationalität zu streben und uns Menschen langfristig im Streben nach diesen Idealen zu unterstützen. Diese KI könnte auf Missstände hinweisen. Auf sich allmählich aufbauende und sich verändernde Stimmungsbilder aufmerksam machen und deren Ursprung ausmachen. Sie könnte Lösungsvorschläge generieren; mit allem Für und Wider durchdenken.

Dadurch könnte ein effektiver, sich gegenseitig ergänzender Mix aus natürlicher Intelligenz, menschlichen Bedürfnissen, und künstlicher Intelligenz entstehen. Wäre es realistisch, zumindest Europa zur Rettungsinsel einer hybriden Kultur – einem Mix aus künstlicher und natürlicher Intelligenz auszubauen? Eine sich gegenseitig befruchtende Symbiose, die unser Wissen und unseren Horizont erweitert? Die uns Möglichkeiten und Lösungswege eröffnet, die wir uns niemals ohne Unterstützung erträumt hätten? Die diese durchargumentiert, erklärt und Bedenken rational argumentierend ausräumen kann?

Diese organisatorische Anstrengung würde sich lohnen, sodass wir auch morgen noch Individuen sind und nicht assimilierte Klone. Individuen, die statt über gezüchtete Kunstgefühle aus der digitalen Retorte noch über eigene Emotionen und Gedanken verfügen.

Ein KI-gestütztes weltweit agierendes Netzwerk an Gegennarrativen, das die Kräfte der Manipulation in Schach hält und schrittweise ein nie da gewesenes Verständnis der Welt in all ihren Zusammenhängen im Verbund mit uns erarbeitet – und wir endlich lernen entsprechend proaktiv zu handeln. Also nichts gegen Experimente und noch weniger gegen das verwegene grenzüberschreitende Spiel mit unserem Verstand und unseren Sinnen – solange unsere Sinne dadurch geschärft werden und die Verstandestätigkeit sich steigert. Die kreativen Funken freilich müssen wir bis auf Weiteres schon noch selbst aus den Lehren Kants schlagen.

EPILOG

Was kann ich wissen? Was soll ich tun? Was darf ich hoffen?

Da sind sie zum Ende noch einmal – Kants drei große Fragen. Fragen, so groß, dass sie einem fast Angst machen können. Aber jetzt hoffentlich nicht mehr. Denn obwohl sie so existenziell und inquisitorisch erscheinen, sind sie doch letztlich relativ leicht zu beantworten.

Was kann ich wissen?

So gut wie alles. So gut wie alles im irdischen Bereich. Tendenz steigend. Es gibt keine Galaxie, die weit genug von der unseren entfernt wäre, dass man nicht ihr Alter bestimmen könnte. Kein Materieteilchen, das nicht schon durch die Cern-Röhre gejagt worden wäre, keine Nervenzelle im Netzwerk des Gehirns, die nicht präzise lokalisiert und vermessen worden wäre. Vom Wissensvolumen der KI und der Chatbots ganz zu schweigen. Alle Wissensbereiche, die menschlichen Methoden zugänglich sind, werden systematisch erforscht, Lücke für Lücke beseitigt. Unsere Wissensspeicher sind randvoll gefüllt, und täglich kommen Terabytes an Informationen dazu.

Aber die bloße Wissensmasse war nie das Problem Kants. Es ging ihm – und es sollte uns noch immer – um die Qualität der Wissenspartikel oder -fluten. Um ihre Bedeutung, um die Kontexte, in denen sie stehen. Und um die Gefahren, die fehlerhaftes Verstehen beinhaltet … Und diese Gefahr ist umso größer, als wir, Kant folgend, stets nur die Abdrücke, die Spuren der Dinge wahrnehmen können, nie die Dinge selbst. Dies gilt beileibe nicht nur für übersinnliche Phänomene, Spirituelles oder gar Gott. Es gilt gleichermaßen für nahezu alle Bestandteile der Wirklichkeit. An die Dinge selbst, die Substanz der Dinge kommen wir nicht heran. Im Netz unserer Wahrnehmung bleiben nur Bilder, Impressionen der Wirklichkeit hängen, digitale Abdrücke, von denen wir manchmal annehmen, sie seien Fakten. Die Pandemie hat uns gelehrt, dass selbst harte medizinische Fakten letztlich Fiktionen sind. Die künstliche Intelligenz liefert uns realistische Eindrücke von Lebewesen und Dingen, die es nie gegeben hat. Was für Kants Zeitgenossen noch ein Schock gewesen sein mag, ist für uns Bewohner des virtuellen Raumes Alltagserfahrung. Wenn dies so ist, hat dies weitreichende Konsequenzen für die zweite der kantischen Fragen:

Was soll ich tun?

Denn hat man erst mal durchschaut, dass viele, selbst viele für unumstößlich geltende Wahrheiten letztlich Konstrukte sind, eröffnet sich ein unwahrscheinlich großer Handlungsspielraum. Mit einem Male bin ich dann das Wahrnehmungszentrum der Welt, zumindest meiner Welt. Ich und kein anderer ist der Täter meiner Taten ebenso wie der Verantwortliche meiner Untaten. Schicksal, Fluch, Los – vergiss es. Du bist im Hier und Jetzt für alles, was geschieht oder unterlassen wird, responsabel. Es gibt keine Entschuldigungen mehr, ebenso wenig wie Beschuldigungen.

Zugegeben, das ist ein ziemlicher Brocken. Für den Einzelnen wie für das Ganze. Keinerlei Ausflüchte können geduldet werden – nicht aus moralischen, sondern aus systematischen Gründen. Keine theologischen Schlupfwinkel und keine diplomatischen Winkelzüge. Das klingt sehr schroff? Vielleicht auf den ersten Blick. Genau genommen handelt es sich um das Programm einer großen befreiungstheoretischen Wende: Unser Hirn, unsere Sinne, unser ganzes aktiviertes Sensorium bekommt den Auftrag, die Chance eines Neuanfangs. Alles zu hinterfragen, alles neu einzurichten und zu gestalten, es besser zu machen ohne Rücksicht auf Gewohnheiten und Traditionen. Und auch ohne Hilfe von oben. Vielleicht ist man anfangs ein wenig orientierungslos. Umso mehr wird man sich anstrengen müssen, neue Koordinaten zu suchen, sich neue Räume zu erschließen, Schwellen zu überschreiten, vor denen man bisher zurückschreckte. Wie weit Kant hier dem Denken seiner Zeit voraus ist, sollte sich erst um 1930, also gut 200 Jahre später, zeigen, wenn einer der größten Schriftsteller der Moderne, Robert Musil, sich in seinem epochalen Roman *Der Mann ohne Eigenschaften* genau diese Szene, diesen entscheidenden Moment ungemein konkret und bildhaft ausmalt. Den Moment nämlich, wenn man durch geöffnete Türen gehen will. In solch einem Augenblick scheiden sich buchstäblich die Geister voneinander. Natürlich, Türen haben in der Regel einen harten, festen Rahmen, an dem man sich stoßen kann, und darauf muss man achten, das ist einfach eine Forderung des »Wirklichkeitssinns«. Musil aber denkt weiter, denn:

»Wenn es aber Wirklichkeitssinn gibt, und niemand wird bezweifeln, daß er seine Daseinsberechtigung hat, dann muß es auch etwas geben, das man Möglichkeitssinn nennen kann. Wer ihn besitzt, sagt beispielsweise nicht: Hier ist dies oder das geschehen, wird geschehen, muß geschehen; sondern er erfindet: Hier könnte, sollte oder müßte geschehn; und wenn man ihm von irgendetwas erklärt, daß es so sei, wie es sei, dann denkt er: Nun, es könnte wahrscheinlich auch anders sein. So ließe sich der Möglichkeitssinn geradezu als die Fähigkeit definieren, alles, was ebensogut sein könnte, zu denken und das, was ist, nicht wichtiger zu nehmen als das, was nicht ist. Man sieht, daß die Folgen solcher schöpferischen Anlage bemerkenswert sein können, und bedauerlicherweise lassen sie nicht selten das, was die Menschen bewundern, falsch erscheinen und das, was sie verbieten, als erlaubt oder wohl auch beides als gleichgültig. Solche Möglichkeitsmenschen leben, wie man sagt, in einem feineren Gespinst, in einem Gespinst von Dunst, Einbildung, Träumerei und Konjunktiven; Kindern, die diesen Hang haben, treibt man ihn nachdrücklich aus und nennt solche Menschen vor ihnen Phantasten, Träumer, Schwächlinge und Besserwisser oder Krittler.«[77]

Wenn ich es richtig sehe, öffnet Kant als Vordenker der Moderne genau diesen Entschlossenen unter den »Möglichkeitsmenschen« die Bahn. Um nicht missverstanden zu werden: Natürlich will er keine Hirngespinstakrobaten und versponnene »Phantasten« heranzüchten – dazu ist er dann doch zu sehr Kind der Aufklärung und des Rationalismus. Aber er ermutigt definitiv, alle Korridore der Denkmöglichkeiten, des »Ebensogut« und des »So als ob« entschlossen zu durchschreiten und so den »Möglichkeitssinn« zu aktivieren. Womit wir letztlich schon bei Frage drei angelangt sind:

Was darf ich hoffen?

Klare Antwort: Nichts. Jedenfalls nichts von höheren Mächten oder weisen Instanzen. Aber alles: von sich selbst. Wenn jeder alles aus sich herausholte, in jedem Moment bei Sinnen und Verstand wäre ... mein Gott: Wir könnten Berge versetzen.

Das Prinzip Hoffnung des leider etwas in Vergessenheit geratenen Philosophen Ernst Bloch arbeitet sich – gleichfalls Jahrhunderte später – immer noch an dieser Frage ab. Auf den ersten Blick erscheint nicht nur Ernst Bloch, sondern mit ihm auch die Idee der Hoffnung etwas aus der Zeit gefallen zu sein. Dennoch, die fulminanten Abschlusssätze seines epochalen Werkes skizzieren eine realitätsnahe Art der Utopie, mit der möglicherweise auch Kant einverstanden sein könnte:

»Der Mensch lebt noch überall in der Vorgeschichte, ja alles und jedes steht noch vor Erschaffung der Welt, als einer rechten. Die wirkliche Genesis ist nicht am Anfang, sondern am Ende, und sie beginnt erst anzufangen, wenn Gesellschaft und Dasein radikal werden, das heißt sich an der Wurzel fassen. Die Wurzel der Geschichte aber ist der arbeitende, schaffende, die Gegebenheiten umbildende und überholende Mensch.

Hat er sich erfaßt und das Seine ohne Entäußerung und Entfremdung in realer Demokratie begründet, so entsteht in der Welt etwas, [...] worin noch niemand war.«[78]

Zu Blochs Zeiten, unmittelbar nach den Erfahrungen des Zweiten Weltkriegs, war diese Hoffnung überlebensnotwendig. Und nun, unmittelbar vor dem Beginn weltweiter Umstürze und Turbulenzen, ist sie es vielleicht wieder. Wir dürfen mit einiger Wahrscheinlichkeit hoffen, als Spezies Mensch, als menschliche Individuen zu überleben, wenn wir so radikal wie Kant vorgehen. Und, ja, er war auf seine Art ein Radikaler, der aus jedem von uns so viel rausholen wollte, wie irgend geht.

Man würdigt Kant für mein Gefühl nicht, indem man ihn akribisch rekonstruiert, sondern indem man über ihn hinausdenkt. Kant-Exegese schön und gut – aber neue Realitäten erfordern einen neuen Typus des Denkens in der Art von Kant und nicht einfach nach Kant. Unsere Wahrnehmungsantennen müssen in der Zeit von ChatGPT und Midjourney definitiv neu justiert werden, sonst werden wir wahrnehmungsphysiologisch zum Spielball interessierter Kreise oder der KI selbst. Genau auf diesen Super-GAU hat Kant uns in seiner *Kritik der Urteilskraft* ja penibel vorbereitet: jede Impression, die auf uns einwirkt, mit allen Sinnen und kritischem Verstand zu überprüfen, statt uns träge überfluten zu lassen. Also: Worauf warten wir noch?

Die Idee der Hoffnung ist schließlich eine Art Zugseil, mit dem wir auch in prekären Momenten Kurs halten können und nicht den Boden unter den Füßen verlieren. Auch wenn wir nur so tun, »als ob« Hoffnung

256

bestünde, aktivieren wir unsere Überlebenskräfte und verhindern so den Absturz in Resignation und Lethargie. Wenn Kant also die Frage stellt, »Was darf ich hoffen?«, stellt er eigentlich eine uns absurde gewordene Frage. Was durfte man um 1790, 1800 hoffen? Möglicherweise eine allmähliche, schrittweise Verfestigung republikanischer Werte, eine gerechtere, friedlicher werdende Welt. Wir wissen, was Kant nicht wissen konnte, wissen, was de facto in den folgenden Jahrhunderten geschah. Terror in bis dahin unvorstellbarer Form. Im Grunde müssen wir also die Antwort auf diese mittlerweile fast zynische Frage verweigern oder sie ganz anders stellen: Welche Art von »Hoffnung« ist nach all diesen Täuschungen und Enttäuschungen überhaupt noch möglich? Eine Hoffnung auf Krücken. Eine Hoffnung wider besseres Wissen? Eine zur trägen Gewohnheit geronnene Hoffnung? Absurde Vorstellungen. Vielleicht. Aber doch eine Art Überlebenszeichen?

Seitdem Albert Camus sich in die Idee der Absurdität als Überlebensbunker eines eigentümlichen »Prinzips Hoffnung« verliebt hat und damit einen riesigen Erfolg feierte, eine ganze Generation existenzialistisch befeuerte, sind nun auch schon wieder 70 Jahre vergangen, und es ist nicht nur legitim, sondern notwendig, nach der Halbwertszeit solcher Vorstellungen zu fragen. Die Hoffnung? Worauf können, sollen wir noch hoffen? Vielleicht nur noch darauf, dass wir mitten im Partikelgestöber von KI und Kriegen, Pandemien und Plünderungen des Planeten und der Menschen bei Sinnen bleiben und so weit wie irgend möglich stoisch Widerstand leisten. Eine Art hoffnungsfreier Hoffnung.

Ob Kant damit zufrieden wäre? Vermutlich nicht. Ob er mit seiner Theorie noch zufrieden wäre? Ganz sicher bin ich mir da nicht. Und ganz gewiss wäre er der Letzte, der sich selbstzufrieden zurücklehnen würde.

Vermutliche Hauptkampflinien im Denkspiel Kant 1790 gegen Kant 2024:

Mit Sicherheit die Erforschung des Bereichs des »asozialen« Teiles der menschlichen Emotionen und Triebkräfte. Und die Unterschätzung dieser gewaltigen Triebkräfte erschiene ihm definitiv als nicht mehr zeitgemäß und von der weiteren Entwicklung eingeholt.

Die Fehleinschätzung der Lernfähigkeit der menschlichen Spezies, die dazu neigt, solange wie irgend möglich Wahrheiten von sich fernzuhalten und Vorsätze nach wenigen Wochen zu vergessen. Die nachgewiesene Unbelehrbarkeit der Menschen erfordert extreme Anstrengungen, um die Blockade zu durchbrechen. Die Annahme eines Automatismus der aufklärerischen Evolution geht von falschen Voraussetzungen aus.

Nicht zuletzt die fatale Neigung, dem Druck der Mehrheit nachzugeben und vorschnell Kompromisse zu schließen – darunter auch faule. Einziger Ausweg: die Schaffung politischer, ökonomischer, sozialer und kultureller Rahmenbedingungen, die das Individuum vor Vereinnahmung schützen und in sich festigen.

Dank

Für die Betreuung des Manuskripts und die Hilfe bei der Recherche danke ich meinem Mitarbeiter Florian Rogge sehr herzlich.

Dem Dokumentarfilmer Wilfried Hauke danke ich für viele anregende Gespräche.

Den Verlagslektorinnen Bettina Stimeder und Theresa Neureiter danke ich für die Geduld mit dem eigenwilligen Autor.

Und nicht zuletzt danke ich der Theaterkritikerin Cornelie Ueding für Ihre konstruktive Begleitung der Arbeit.

Anmerkungen

1   Immanuel Kant: *Zum ewigen Frieden, erster Abschnitt.*

2   Heinrich von Kleist: *An Wilhelmine von Zenge. 22.3.1801.*
    In: *Sämtliche Werke und Briefe.* Bd. 2, S. 634.

3   Michael Jubien: Contemporary Metaphysics.
    An Introduction. Malden 1997, S. 7.

4   Kant: *Kritik der reinen Vernunft,* Vorrede zur zweiten
    Auflage.

5   Kant: *An Ehregott Andreas Christoph Wasianski,*
    12.12.1800.

6   Kant: *Kritik der reinen Vernunft: Die transzendentale Logik,*
    B 75.

7   Kant: *Die Religion innerhalb der Grenzen der bloßen*
    Vernunft, Erstes Stück. (4 688)

8   Karl Marx und Friedrich Engels: *Deutsche Ideologie,*
    Band 1.

9   Kant: *Die Religion innerhalb der Grenzen der bloßen*
    Vernunft, Erstes Stück.

10 Kant: *Kritik der reinen Vernunft.*

11 Kant: *Beobachtungen über das Gefühl des Schönen und*
    Erhabenen, Erster Abschnitt.

12 Kant: *An Reichardt, 15. Oktober 1790.*

13 Zitiert nach Dietzsch, S. 177.

14 Kant: *An Salomon Maimon, 26.5.1789.*

15 Samuel Thomas von Soemmerring: *Über die körperliche*
    Verschiedenheit des Mohren vom Europäer, Mainz 1784, S. 32

16 Kant: *Kritik der reinen Vernunft.* (2 712)

17 Kant: *Kritik der reinen Vernunft.* (Krit. II. 402)

18 Kant: *Kritik der reinen Vernunft.* (Krit. II. 400)

19 Kant: *Kritik der reinen Vernunft, 2. Hauptstück.*

20 Denis Diderot: *Brief über die Blinden,* S. 49.

21 Diderot: *Brief über die Blinden*, S. 46.

22 Kant: *Beantwortung der Frage: Was ist Aufklärung?*

23 Voltaire: *Candide*, S. 15, Kap. 3

24 Voltaire: *Candide*, S. 21, Kap. 4

25 Diderot: *Rameaus Neffe*, S. 21.

26 Diderot: *Vorwort zur Enzyklopädie.*

27 Alexander Pope: An Essay on Man. zit. nach: Dieter Hildebrandt: *Voltaire, Candide*, Berlin 1963, S. 136 ff.

28 Voltaire: *Gedicht über die Katastrophe von Lissabon oder Prüfung jenes Grundsatzes »Alles ist gut«.*

29 Jean-Jacques Rousseau: *Brief über die Vorsehung. An Voltaire, 18. August 1756.*

30 Gottfried Wilhelm Leibniz: *Von dem Verhängnisse*, S. 129.

31 Leibniz: *Die Vernunftprinzipien der Natur und der Gnade*, S. 434.

32 Rousseau: *Vom Gesellschaftsvertrag*, S. 32.

33 *Erklärung der Menschen- und Bürgerrechte*, Artikel 6.

34 Kant: *Kritik der Urteilskraft.*

35 Kant: *Metaphysik der Sitten*, § 1.

36 Kant: *Die Metapyhsik der Sitten.*

37 Kant: *Träume eines Geistersehers, erläutert durch Träume der Metaphysik.*

38 Kant: *Träume eines Geistersehers, erläutert durch Träume der Metaphysik.*

39 Kant: *An Jakob Sigismund Beck, 1.7.1794*

40 Gotthold Ephraim Lessing: *Nathan der Weise*, II, 5.

41 Kant: *Kritik der Urteilskraft*, S. 364.

42 Kant: *Brief an Herder, Mai 1767.*

43 Kant: *Kritik der Urteilskraft, Allgemeine Anmerkung zur Exposition der ästhetischen reflektierenden Urteile.*

44 Ehregott Andreas Christoph Wasianski: *Immanuel Kant in seinen letzten Lebensjahren. Ein Beitrag zur Kenntniß seines Charakters und seines häuslichen Lebens aus dem täglichen Umgange mit ihm.* F. Nicolovius, 1804, S. 36.

45 Kant: *Kritik der Urteilskraft,* § 65.

46 Kant: *Die Metaphysik der Sitten.*

47 Kant: *Idee zu einer allgemeinen Geschichte in weltbürgerlicher Absicht,* 6. Satz.

48 Kant: *Idee zu einer Allgemeinen Geschichte in weltbürgerlicher Absicht,* 4. Satz.

49 Heinrich Heine: *Zur Geschichte der Religion und Philosophie in Deutschland,* S. 250 f.

50 zitiert nach Dietzsch, S. 258.

51 Kant: *Von der Macht des Gemüts, durch den bloßen Vorsatz seiner krankhaften Gefühle Meister zu sein.*

52 Kant: *An Jakob Sigismund Beck, 1.7.1794.*

53 Kant: Der Streit der Facultäten.

54 Kant: *Kritik der Urteilskraft* (B 106 / 07).

55 Friedrich Schiller: *An die Freude.*

56 Kant: *Die Religion innerhalb der Grenzen der bloßen Vernunft,* S. 848.

57 Friedrich Hölderlin: *Empedokles,* I, 5.

58 Kant: *Brief an J. G. Lehmann, Entwurf Herbst 1800.*

59 Kant: *Kritik der reinen Vernunft B,* S. 219.

60 Kant: *Das unvollendete Nachlasswerk.* Zitiert nach Karl Vorländer: *Immanuel Kant. Der Mann und das Werk,* S. 291.

61 Kant: *Das unvollendete Nachlasswerk.* Zitiert nach Karl Vorländer: *Immanuel Kant. Der Mann und das Werk,* S. 291.

62 Kant: *Das unvollendete Nachlasswerk.* Zitiert nach Karl Vorländer: *Immanuel Kant. Der Mann und das Werk,* S. 292.

63 Kant: Das unvollendete Nachlasswerk. Zitiert nach Karl Vorländer: *Immanuel Kant. Der Mann und das Werk,* S. 294.

64 Thomas Mann: *Der Zauberberg,* S. 687.

65 Marcel Proust: *Auf der Suche nach der verlorenen Zeit,* VII, S. 258.

66 Oliver Sacks: *Der Mann, der seine Frau mit einem Hut verwechselte*, S. 260.

67 Kant: *Das Ende aller Dinge*, S. 175.

68 Kant: *Das Ende aller Dinge*, S. 175.

69 *Artikel »Vernunft« in der Encyclopédie.*

70 Kant: *Kritik der reinen Vernunft.*

71 Kant: *An Johann Heinrich Tieftrunk, 13.10.1797.*

72 Shakespeare: *Hamlet, IV, 1. Übersetzung von Wieland.*

73 Shakespeare: *Mittsommernachtstraum, IV, 1.*

74 Kant: *Träume eines Geistersehers, erläutert durch Träume der Metaphysik, erstes Hauptstück.*

75 Kant: *Träume eines Geistersehers, erläutert durch Träume der Metaphysik, erstes Hauptstück.*

76 *Immanuel Kant über Pädagogik.* Herausgegeben von D. Friedrich Theodor Rink. Königsberg, 1803.

77 Robert Musil: *Der Mann ohne Eigenschaften*, S. 16 (I.4).

78 Ernst Bloch: *Das Prinzip Hoffnung*, S. 1628.

Zeitleiste

1724: Geburt in Königsberg

1740: Studienbeginn an der Albertus-Universität Königsberg. Kants besonderes Interesse gilt den Naturwissenschaften und der Philosophie. Noch zu Studienzeiten entstehen erste Aufsätze und Abhandlungen.

1746: Nach dem Tod des Vaters gerät Kants akademische Karriere zunächst ins Stocken. Hauslehrerjahre in der Umgebung von Königsberg.

1755: Rückkehr an die Albertus-Universität Königsberg und Beginn der Lehrtätigkeit als Privatdozent.

1763: Kant veröffentlicht die Schrift *Der einzig mögliche Beweisgrund zu einer Demonstration des Daseins Gottes.* Beginn der Freundschaft mit den englischen Geschäftsmännern Joseph Green und Robert Motherby.

1766: Erste feste Arbeitsstelle als Unterbibliothekar der königlichen Schlossbibliothek in Königsberg. Die kritische Auseinandersetzung mit dem schwedischen Mystiker Emanuel Swedenborg kulminiert in der Schrift *Träume eines Geistersehers, erläutert durch Träume der Metaphysik.*

1770: Nachdem er Rufe an die Universitäten Erlangen und Jena abgelehnt hatte, erhält Kant schließlich den lang ersehnten Lehrstuhl für Logik und Metaphysik an der Albertus-Universität Königsberg.

1781: Kant veröffentlicht sein erstes Hauptwerk, die *Kritik der reinen Vernunft,* und wird dafür umjubelt.

1784: In seinem Aufsatz *Idee zu einer allgemeinen Geschichte in weltbürgerlicher Absicht* legt Kant seine geschichtsphilosophische Auffassung dar.

1784: Mit seinem Essay *Beantwortung der Frage: Was ist Aufklärung?* liefert Kant eine bis heute einflussreiche Definition der Aufklärung.

1785: In der *Grundlegung zur Metaphysik der Sitten* stellt Kant den Kategorischen Imperativ vor.

1786: Kant wird zum Rektor der Albertus-Universität Königsberg ernannt.

1787: Aufnahme in die Preußische Akademie der Wissenschaften.

1788: In seinem zweiten Hauptwerk, der *Kritik der praktischen Vernunft,* wird der Kategorische Imperativ weiterentwickelt.

1790: Kant veröffentlicht sein drittes Hauptwerk, die *Kritik der Urteilskraft.*

ab 1791: Aufgrund seiner rationalistischen Religionsauffassung gerät Kant zunehmend in Konflikt mit der preußischen Regierung und den Zensurbehörden.

1793: Mit seiner Schrift *Die Religion innerhalb der Grenzen der bloßen Vernunft* stößt Kant abermals auf den Widerstand der Behörden. Es geht um die Idee einer auf Vernunft beruhenden Religion (Vernunftreligion).

1794: Ehrenmitgliedschaft in der Russischen Akademie der Wissenschaften

1795: In der Schrift *Zum ewigen Frieden* skizziert Kant den Vorschlag eines Völkerrechts.

1796: Ende von Kants Lehrtätigkeit

1797: Mit seiner Schrift *Die Metaphysik der Sitten* widmet sich Kant der Rechts- und Tugendlehre.

1804: Tod in Königsberg

Glossar

Ästhetik	im kantischen Sinne: die Wissenschaft von der Wahrnehmung
a priori	von vornherein, abgesehen von aller Erfahrung
a posteriori	im Nachhinein, unter Berücksichtigung der Erfahrung
Aufklärung	Unmündigkeit ist das Unvermögen, sich seines Verstandes ohne Anleitung eines anderen zu bedienen. Selbst verschuldet ist diese Unmündigkeit, wenn die Ursache derselben nicht am Mangel des Verstandes, sondern der Entschließung und des Mutes liegt, sich seiner ohne Leitung eines anderen zu bedienen. Sapere aude! Habe Mut, dich deines eigenen Verstandes zu bedienen! ist also der Wahlspruch der Aufklärung.
Frieden	*»Denn wenn das Glück es so fügt: daß ein mächtiges und aufgeklärtes Volk sich zu einer Republik (die ihrer Natur nach zum ewigen Frieden geneigt sein muß) bilden kann, so gibt diese einen Mittelpunkt der föderativen Vereinigung für andere Staaten ab, um sich an sie anzuschließen und so den Freiheitszustand der Staaten gemäß der Idee des Völkerrechts zu sichern und sich durch mehrere Verbindungen dieser Art nach und nach immer weiter auszubreiten.«*
Ideen	notwendige, abstrakte Vernunftbegriffe, z. B. Freiheit oder Gott

Kategorien	Ordnungsfaktoren, die Begriffe zu Urteilen verknüpfen
Kategorischer Imperativ	»[…] *handle nur nach derjenigen Maxime, durch die du zugleich wollen kannst, daß sie ein allgemeines Gesetz werde*«
Kritik	im kantischen Sinne »Untersuchung« oder »Prüfung«
Metaphysik	die Wissenschaft vom Sein
Moral	»*Zwei Dinge erfüllen das Gemüt mit immer neuer und zunehmenden Bewunderung und Ehrfurcht, je öfter und anhaltender sich das Nachdenken damit beschäftigt: Der bestirnte Himmel über mir, und das moralische Gesetz in mir.*«
Naturwissenschaft	»*Wenn man also für die Naturwissenschaft und in ihren Kontext den Begriff von Gott hereinbringt, um sich die Zweckmäßigkeit in der Natur erklärlich zu machen, und hernach diese Zweckmäßigkeit wiederum braucht, um zu beweisen, dass ein Gott sei: so ist in keiner von beiden Wissenschaften innerer Bestand.*«
Pflicht	»*Der Begriff von Pflicht ist unzertrennbar von dem Begriff des Rechts. Eine Pflicht ist, was bei einem Wesen den Rechten eines anderen entspricht.*«
Religion	»*Die wahre, alleinige Religion enthält nichts als Gesetze, d. i. solche praktischen Principien, deren unbedingter Nothwendigkeit wir uns bewußt werden können, die wir also als durch reine Vernunft (nicht empirisch) offenbart anerkennen. Nur zum Behuf einer Kirche, deren es verschiedene gleich gute Formen geben kann, kann es Statuten, d. i. für göttlich gehaltene Verordnungen, geben, die für unsere reine moralische Beurtheilung willkürlich und zufällig sind. Diesen*

statutarischen Glauben nun (der allenfalls
auf ein Volk eingeschränkt ist und nicht die
allgemeine Weltreligion enthalten kann) für
wesentlich zum Dienste Gottes überhaupt
zu halten und ihn zur obersten Bedingung
des göttlichen Wohlgefallens am Menschen
zu machen, ist ein Religionswahn, dessen
Befolgung ein Afterdienst, d. i. eine solche
vermeintliche Verehrung Gottes ist, wodurch
dem wahren, von ihm selbst geforderten
Dienste gerade entgegen gehandelt wird.«

Schönheit   »*Wenn man Objekte bloß nach Begriffen be-*
urteilt, so geht alle Vorstellung der Schönheit
verloren.«

transzendental   nach der Bedingung der Möglichkeit
fragend

Würde   »*Im Reiche der Zwecke hat alles entweder*
einen Preis oder eine Würde. Was einen
Preis hat, an dessen Stelle kann auch etwas
anderes, als Äquivalent gesetzt werden; was
dagegen über allen Preis erhaben ist, mithin
kein Äquivalent verstattet, das hat eine Wür-
de.«

Vernunft   »*Freunde des Menschengeschlechts […]!*
Nehmt an, was euch nach sorgfältiger und
aufrichtiger Prüfung am glaubwürdigsten
scheint, es mögen nun Facta, es mögen Ver-
nunftgründe sein; nur streitet der Vernunft
nicht das, was sie zum höchsten Gut auf
Erden macht, nämlich das Vorrecht ab, der
letzte Probierstein der Wahrheit zu sein.«

Verstand   »*Ohne Sinnlichkeit würde uns kein Gegen-*
stand gegeben, und ohne Verstand keiner
gedacht werden. Gedanken ohne Inhalt
sind leer, Anschauungen ohne Begriffe sind
blind.«

Literaturverzeichnis

Bernhard, Thomas: *Immanuel Kant.* Frankfurt am Main 1978.

Bloch, Ernst: *Das Prinzip Hoffnung.* Frankfurt am Main 1985.

Diderot, Denis: Ein Dialog. Aus dem Manuskript übersetzt u. mit Anmerkungen begleitet von Johann Wolfgang Goethe. Stuttgart 1967.

Diderot, Denis: *Enzyklopädie.* In: *Die Welt der Encyclopédie.* Ediert von Anette Selg und Rainer Wieland. Frankfurt am Main 2001, S. 68–89.

Dietzsch, Stefan: *Immanuel Kant. Eine Biographie.* Leipzig 2003.

Erklärung der Menschen- und Bürgerrechte. In: *Quellen zur Geschichte der Menschenrechte. Von der Amerikanischen Revolution zu den Vereinten Nationen.* Hrsg. von Bardo Fassbender. Stuttgart 2014.

Heine, Heinrich: *Zur Geschichte der Religion und Philosophie in Deutschland.* In: ders.: *Sämtliche Werke.* Band IX. Hrsg. von Hans Kaufmann. München 1964, S. 153–285.

Hölderlin, Friedrich: *Sämtliche Werke und Briefe in drei Bänden.* Hrsg. von Michael Knaupp: München 1992.

Jubien, Michael: *Contemporary Metaphysics. An Introduction.* Malden 1997

Kleist, Heinrich von: *An Wilhelmine von Zenge. 22.3.1801.* In: ders.: *Sämtliche Werke und Briefe.* Hrsg. von Helmut Sembdner. Zweibändige Ausgabe in einem Band. München 2001.

Leibniz, Gottfried Wilhelm: *Von dem Verhängnisse.* In: ders.: *Philosophische Werke.* Hrsg. von A. Buchenau und Ernst Cassirer. Zweiter Band. *Hauptschriften zur Grundlegung der Philosophie.* Übersetzt von A. Buchenau. Zweite Auflage. Leipzig 1924, S. 129–134.

Leibniz, Gottfried Wilhelm: *Die Vernunftprinzipien der Natur und der Gnade.* In: ders.: *Philosophische Werke.* Hrsg. von A.

Buchenau und Ernst Cassirer. Zweiter Band. *Hauptschriften zur Grundlegung der Philosophie*. Übersetzt von A. Buchenau. Zweite Auflage. Leipzig 1924 [1714], S. 423–434.

Lessing, Gotthold Ephraim: *Nathan der Weise*. Stuttgart 1998.

Mann, Thomas: *Der Zauberberg*. Frankfurt am Main 1990.

Marx, Karl; Engels, Friedrich: *Deutsche Ideologie*. Berlin 1960.

Musil, Robert: *Der Mann ohne Eigenschaften*. Rowohlt 1987.

Pope, Alexander: *An Essay on Man*. Zit. nach Dieter Hildebrandt: *Voltaire, Candide*. Berlin 1963, S. 136 ff.

Proust, Marcel: *Auf der Suche nach der verlorenen Zeit*. Hrsg. von Luzius Keller. Aus dem Französischen von Eva Rechel-Mertens. Revidiert von Luzius Keller und Sibylla Laemmel. Berlin 2017.

Rousseau, Jean-Jacques: *Vom Gesellschaftsvertrag oder Grundsätze des Staatsrechts*. In Zusammenarbeit mit Eva Pietzcker übersetzt und hrsg. von Hans Brockard. Vollständig überarbeitete und ergänzte Ausgabe. Ditzingen 2011.

Rousseau, Jean-Jacques: *Brief über die Vorsehung. An Voltaire, 18. August 1756*. In: *Die Erschütterung der vollkommenen Welt. Die Wirkung des Erdbebens von Lissabon im Spiegel europäischer Zeitgenossen*. Hrsg. von Wolfgang Breidert. Darmstadt 1994 [1756], S. 79–93.

Sacks, Oliver: *Der Mann, der seine Frau mit einem Hut verwechselte*. Deutsch von Dirk van Gunsteren. Reinbek bei Hamburg 1990.

Schiller, Friedrich: *Die Gedichte*. Frankfurt am Main: Insel 1999.

Shakespeare, William: *Sämtliche Werke in zwei Bänden. Komödien, Historien, Tragödien und poetische Werke*. Frankfurt am Main 2006.

Soemmerring, Samuel Thomas von: *Über die körperliche Verschiedenheit des Mohren vom Europäer*. Mainz 1784.

Voltaire: *Candide oder der Optimismus*. Aus dem Französischen übersetzt und hrsg. von Wolfgang Tschöke. München 2003.

Voltaire: *Gedicht über die Katastrophe von Lissabon oder Prüfung jenes Grundsatzes »Alles ist gut«* [zweisprachig]. In: *Die Er-*

schütterung der vollkommenen Welt. Die Wirkung des Erdbebens von Lissabon im Spiegel europäischer Zeitgenossen. Hrsg. von Wolfgang Breidert. Darmstadt 1994 [1756], S. 61–73.

Vorländer, Karl: Immanuel Kant. Der Mann und das Werk. Leipzig 1924.

Wasianski, Ehregott: Immanuel Kant in seinen letzten Lebensjahren, ein Beytrag zur Kenntniss seines Charakters und seines häuslichen Lebens aus dem täglichen Umgang mit ihm. F. Nicolovius 1804.

Die Zitate aus Kants Werken stammen im Wesentlichen aus folgender Ausgabe:
Kant, Immanuel: Werke in sechs Bänden. Hrsg. von Wilhelm Weischedel. Wiesbaden 1956 ff.

Die Zitate aus den Briefen sind folgender Ausgabe entnommen:
Immanuel Kants Werke. Band 9. Briefe von und an Kant. Erster Teil. 1749–1789. Hrsg. von Ernst Cassirer, Hermann Cohen. Berlin 1918.

Immanuel Kants Werke. Band 10. Briefe von und an Kant. Erster Teil. 1790–1803. Hrsg. von Ernst Cassirer, Hermann Cohen. Berlin 1921.

Im Folgenden sind die zitierten Werke Kants in der chronologischen Reihenfolge ihres Erscheinens aufgeführt.
Kant, Immanuel: Beobachtungen über das Gefühl des Schönen und Erhabenen (1764).

Kant, Immanuel: Träume eines Geistersehers, erläutert durch Träume der Metaphysik (1766).

Kant, Immanuel: Kritik der reinen Vernunft (1781).

Kant, Immanuel: Beantwortung der Frage: Was ist Aufklärung? (1784).

Kant, Immanuel: Idee zu einer allgemeinen Geschichte in weltbürgerlicher Absicht (1784).

Kant, Immanuel: Kritik der praktischen Vernunft (1788).

Kant, Immanuel: *Kritik der Urteilskraft* (1790).

Kant, Immanuel: *Die Religion innerhalb der Grenzen der bloßen Vernunft* (1792).

Kant, Immanuel: *Das Ende aller Dinge* (1794).

Kant, Immanuel: *Zum ewigen Frieden* (1795).

Kant, Immanuel: *Die Metaphysik der Sitten* (1797).

Kant, Immanuel: *Von der Macht des Gemüts, durch den bloßen Vorsatz seiner krankhaften Gefühle Meister zu sein* (1798).

Kant, Immanuel: *Der Streit der Facultäten* (1798).

Rink, D. Friedrich Theodor (Hrsg.): *Immanuel Kant über Pädagogik.* (1803)